I0902249

# SPONTANEITÄT

# SPONTANEITÄT

Unmittelbarkeit, Schnelligkeit, Authentizität in westlicher und ostasiatischer Kunst

Herausgegeben von
Yannis Hadjinicolaou und Monika Wagner

Deutscher
Kunstverlag

Wir danken der Fritz Thyssen Stiftung und der Liebelt-Stiftung Hamburg für die Finanzierung der Publikation.

ISBN 978-3-422-80090-8
e-ISBN (PDF) 978-3-422-80091-5

**Library of Congress Control Number: 2024943282**

**Bibliografische Information der Deutschen Nationalbibliothek**
Die Deutsche Nationalbibliothek verzeichnet diese Publikation in der Deutschen Nationalbibliografie; detaillierte bibliografische Daten sind im Internet über http://dnb.dnb.de abrufbar.



Einbandgestaltung, Layout und Satz: Petra Florath, Stralsund
Druck und Bindung: Beltz Grafische Betriebe GmbH, Bad Langensalza

www.deutscherkunstverlag.de
www.degruyter.com

# INHALTSVERZEICHNIS

Yannis Hadjinicolaou, Monika Wagner

# SPONTANEITÄT

## Unmittelbarkeit, Schnelligkeit, Authentizität in westlicher und ostasiatischer Kunst

Spontaneität gehört zu den ebenso ubiquitären wie schillernden Schlagwörtern, die etwa in der Psychologie oder Soziologie verbreitet sind und inzwischen als Qualitätsmerkmal der Ressource Mensch bis in die sogenannte Kreativwirtschaft diffundieren. Zum tradierten Kanon „ästhetischer Grundbegriffe“ zählt Spontaneität indessen nicht. Vielmehr sind es damit verbundene Merkmale wie z. B. Unmittelbarkeit, Authentizität, Freiheit oder Schnelligkeit und Leichtigkeit, die in der Moderne zum Zentrum künstlerischer Kreativität avancierten.[1] Eine weitere, weit zurück reichende Bedeutungsschicht, die zunächst vor allem naturphilosophisch begründet war, referiert auf die Selbsttätigkeit, auf das „Wie von selbst“ entstehende Werk, eine Vorstellung, die für den Produktionsprozess originelle Experimente zeitigte.

Wie gezeigt wird, beziehen sich derartige Charakteristika des Spontanen nicht allein in der europäischen, sondern auch in der chinesischen und japanischen Kunstkonzeption vor allem auf den Herstellungsprozess eines Werkes. Er lässt sich von den Betrachter*innen scheinbar am fertigen Kunstwerk ablesen. Dem somatischen Nachvollzug des gestischen Niederschlags entsprechend wird Spontaneität von Seiten der Betrachtenden an der Art und Weise der künstlerischen Artikulation festgemacht. Das heißt, das Werk vermittelt sich als Genese seiner physischen Herstellung. Mit dem Herstellungsprozess kommt auch der Authentizität verbürgende Körper des Künstlers ins Spiel, der sich als zentrale Instanz

1 Claustres, Annie: L’abstraction lyrique ou le mythe de la spontanéité, in: Pratiques 16 (2005), S. 8–25; Kröger, Michael: Sei spontan! Mythos und Aktualität einer ästhetischen Aktivität, in: Portal Ideengeschichte (www.portalgeschichte.de), Ideenkunde, 01-2013, 022, S. 1–4.

erweist, um Spontaneitätsvorstellungen zu untersuchen. Das Gestische figuriert als Scharnierstelle zwischen dem Künstler und einem Auffangmedium, das die sensomotorischen Bewegungen bzw. Affordanzen oder anders gesagt, die Artikulationen und Aktionen des Körpers, der Hände, Füße oder der als Extensionen des Körpers eingesetzten Instrumente bewahrt. Diese Bedeutung des unmittelbaren körperlichen Ausdruckspotenzials, der in den Performances der 1960er Jahre zelebriert wurde, findet sich in der chinesischen Überlieferung indessen seit Jahrhunderten als erwähnenswerte Fähigkeit. So soll der chinesische Künstler Wang Mo (der sogenannte Tinten-Wang) im Malereikompendium Chu Ching-hsuans schon um 840 den Grundstein für spontanes Arbeiten gelegt haben, indem er beim Malen auch mit den Händen und Füßen operierte und so mithilfe spontaner Bewegungen „Naturgebilde" schuf, die Lachman zufolge Jackson Pollock als Inspiration dienten (siehe die Beiträge von Wei Hu und Naoki Sato).[2]

Spontaneität lässt sich als Oberbegriff für unterschiedliche Zuschreibungen an den künstlerischen Herstellungsprozess verstehen. Ihnen liegt die gemeinsame Vorstellung von einem mühelos erreichten Ergebnis künstlerischer Arbeit zugrunde. Das allerdings ist meist durch unentwegte Übung hart erarbeitet. Letzteres bündelt die Überlieferung, die in Japan einer angesehenen künstlerischen Praxis entsprach.[3] Die Disziplin eines vorausgegangenen jahrelangen Übens transformierte sich im performativen Malakt in die Leichtigkeit und Geschwindigkeit der Herstellung eines scheinbar im Moment entstandenen Bildes. Hier begegnen sich topische Künstlernarrative in Europa – etwa bereits bei Tizian oder Rembrandt – mit vergleichbaren Überlieferungen vom Werkprozess und seinem Resultat in Ostasien. Allerdings sind die Kontexte verschieden, spielt doch in Ostasien die Nähe von Schrift und Bild, wie sie z. B. in der Verwendung derselben Werkzeuge, Tusche und Pinsel, und dem für beide Medien wichtigsten Trägermaterial, Papier, eine entscheidende Rolle.

Der Eindruck einer raschen, flüchtigen oder unmittelbaren Werkherstellung basiert – auch wenn diese inszeniert sein mag – auf dem imaginären Nachvollzug

2 Lachman, Charles: The Image Made by Chance in China and the West. Ink Wang Meets Jackson Pollock's Mother, in: The Art Bulletin, 1992, S. 499-510.

3 Kris, Otto, Kurz, Otto: Die Legende vom Künstler. Ein geschichtlicher Versuch, Frankfurt/M 1980; Hofmann, Alexander: Performing Painting in Tokugawa Japan: Artistic Practice and Socio-Economic Functions of Sekiga (Painting on the Spot), Berlin 2011.

körpermotorischer Prozesse. Dadurch entsteht eine suggestive Nähe zum künstlerischen Arbeitsprozess (daran schließt sich ein Teil der ahistorischen Spiegelneuronenforschung an).[4] Doch so suggestiv und scheinbar zugänglich der gestische Niederschlag einer künstlerischen Aktion den Betrachter*innen auch erscheinen mag, so erweist sich die künstlerische motorische Geste als habitualisiertes Erkenntnisinstrument, das sich intellektuell informiert zeigt. Spontaneität – zumal in der Kunst im Unterschied zu natürlichen Vorgängen – entspricht einer komplexen Verschränkung von intellektueller Reflexion und Körperwissen, in der erlernte Techniken gespeichert sind, sowie einem sich daraus speisenden „intuitiven", d. h. keinen äußeren Regeln folgenden Handeln. Das unterscheidet Vorstellungen von einer spontanen Werkherstellung andererseits auch vom klassischen *Disegno*, der als *Idee* die Materie zu durchdringen beanspruchte und im „Raffael ohne Hände" ein Nachleben feierte.

Im vorliegenden Band ist keine Entwicklungsgeschichte des Spontanen angestrebt, vielmehr sollen verschiedene geografische und historische Felder im Hinblick auf ihre Spontaneitätsvorstellungen und -bewertungen untersucht werden. Dazu dient zum einen die Rekonstruktion der jeweiligen Werkprozesse, der Utensilien, Werkzeuge, Bildträger und Malmaterialien. Die jeweiligen Bedeutungen und Funktionen der Herstellungsverfahren, seien sie künstlerischer, ideologischer oder historiografischer Art gilt es zu analysieren und historisch zu kontextualisieren. Zum anderen geht es um entsprechende Valenzen der Rezeptionsgeschichte und deren Referenzfelder. Das dürfte dazu beitragen, die gleichermaßen vagen wie überhöhenden Charakterisierungen des Spontanen als Kreativitätsmerkmal und die mit ihm verbundenen Wertvorstellungen kritisch zu beleuchten und zu präzisieren.

Diese mannigfaltige Struktur künstlerischer Spontaneität, die Traditionen außerkünstlerischer Spontaneitätskonzepte aufscheinen lässt, wie sie etwa seit dem 16. Jahrhundert diskutiert wurde, wird anhand konkreter Fälle untersucht: zum einen das Verständnis des Spontanen als intellektuelles Vermögen des Menschen, etwas selbst hervorzubringen, wie es aus philosophischer Sicht[5] kürzlich

4 Freedberg, David, Gallese, Vittorio: Motion, Emotion and Empathy in Aesthetic Experience, in: Trends in Cognitive Science, 11/5 (2007), S. 197–203.

5 Vossenkuhl, Wilhelm: Spontaneität, in: Zeitschrift für philosophische Forschung 48/3 (1994), S. 329–349.

wieder bearbeitet wurde (siehe die Tagung FAGI in Leipzig, 2019[6]); zum anderen das zunächst vor allem naturphilosophisch grundierte Verständnis als dem sich (z. B. in Biologie und Chemie) naturwüchsig „von selbst" Ergebenden oder sich unerwartet Ereignenden (siehe den Beitrag von Friedrich Weltzien).[7]

Als Ausdruck eines psycho-physischen Zustandes wird der raschen, unmittelbaren, flüchtigen oder zufälligen künstlerischen Handlung ein Höchstmaß an Subjektivität und Authentizität zugesprochen. Einzelne dieser Phänomene wurden bereits untersucht, so der Zufall im künstlerischen Prozess, vor allem in Gestalt des Flecks (*macchia*).[8] Andere Verbindungen bestehen zur *prestezza*, zur Schnelligkeit[9] und einem scheinbar mühelosen Schaffensprozess (*sprezzatura*).[10]

Während in der italienischen Malerei und Kunsttheorie eines Luca Giordano oder Marco Boschini bereits Ansätze vorliegen,[11] scheint auch eine Untersuchung niederländischer Malerei des 17. Jahrhunderts unter dem Gesichtspunkt der Spontaneität aufschlussreich.

Die Bedeutung des „von selbst" manifestiert sich in Stillleben z. B. durch das Abklatsch-Verfahren, das vielfältige Formen spontan entstehen lässt. Dass dazu die Sache selbst, zum Beispiel Flügel von Libellen verwendet wurden, stellt eine andere eindringliche Form der ‚Natürlichkeit' dieser artifiziellen, wie von selbst

6 Boyle, Matthew: Die Spontaneität des Verstandes bei Kant und einigen Neokantianer, in: DZPhil 63/4 (2015), S. 705–726.

7 Rothe, Matthias: „Spontan". Modifikationen eines Begriffs im 18. Jahrhundert, in: Kulturen des Wissens im 18. Jahrhundert, hg. von Ulrich Johannes Schneider, Berlin 2008, S. 415–424.

8 Romain, Lothar: Zufall und Spontaneität – das Gegenteil des Entwerfens?, in: Entwerfen und Entwurf, hg. von Gundel Mattenklott, Friedrich Weltzien, Berlin 2003, S. 229–247; Weltzien, Friedrich: Fleck – das Bild der Selbsttätigkeit: Justinus Kerner und die Klecksographie als experimentelle Bildpraxis zwischen Ästhetik und Naturwissenschaft, Göttingen 2011.

9 Ausst. Kat. Impression. Painting Quickly in France, 1860-1890, hg. von Richard R. Brettell, New Haven, London 2000.

10 Pousão-Smith, Maria Isabel: Sprezzatura, Nettigheid and the Fallacy of Invisible Brushwork in Seventeenth Century Dutch Painting, in: Nederlands Kunsthistorisch Jaarboek 54 (2004), S. 259–279.

11 Suthor, Nicola: Bravura. Virtuosität und Mutwilligkeit in der Malerei der Frühen Neuzeit, München 2010; Damm, Heiko, Tagwerk und Schnelligkeitsprobe. Luca Giordano malt Atalantes Wettlauf, in: Marburger Jahrbuch für Kunstwissenschaft, 38 (2011), S. 145–170.

erschaffenem Gebilde dar (siehe Karin Leonhard in diesem Band). Die Kraft des „wie von selbst“ spricht auch für die Wirkmacht potenzieller Bilder, die im 18. Jahrhundert etwa mit dem *Blot Spot*-Verfahren Alexander Cozens' systematisiert wurden.[12] Ein neuer Begründungszusammenhang entstand unter dem Druck der Fotografie auf die alten Medien, wodurch Geschwindigkeit und Selbsttätigkeit relevant wurden (siehe den Beitrag von Matthias Krüger in diesem Band).

Auch die Handhabung der Malmaterie, das sogenannte *Handeling*, gehört zu körpertechnischen Prozessen, die mit Spontaneitätsvorstellungen verknüpft wurden und führte schon im 19. Jahrhundert zu Rembrandt und seinem Kreis als Spontanmalern.[13] Aufgrund der spontanen Handbewegungen schafft der Maler Formen, die wie vom Zufall erzeugt scheinen und größere Natürlichkeit besitzen als jeder noch so durchdachte und fein applizierte Pinselstrich. Je natürlicher das Ergebnis auf der Leinwand erscheinen soll, desto freier und spontaner muss die Hand des Künstlers agieren. Die Freiheit der Natur und die Freiheit des Bilderschaffens konvergieren, weil beide ein und demselben Formprozess unterliegen.

Die Schnelligkeit der Bildherstellung konnte ebenso marktstrategische befördert sein wie das „republikanische“ Ideologem der Freiheit, das „Experimentieren“ mit ungewöhnlichen Praktiken erlaubte, wie etwa den Einsatz der Füße.[14] Unterstützt wurde der freie Umgang mit der Malerei durch die soziale Unabhängigkeit von Künstlern, etwa dem Rembrandtschüler Arent de Gelder, der sich um seinen Lebensunterhalt keine Sorgen zu machen brauchte.

Aber auch im von Amsterdam weit entfernten, republikanischen Venedig des 17. Jahrhunderts wurde die Freiheit der Pinselführung von Marco Boschini mit der Freiheit der Venezianer als Bürgerinnen und Bürger gleichgesetzt.[15]

12 Gamboni, Dario: Potential Images. Ambiguity and Indeterminacy in Modern Art, London 2002.

13 Slive, Seymour: Rembrandt and his Critics. 1630–1730, New York 1988 (Zweite Auflage); Hadjinicolaou, Yannis: Denkende Körper – Formende Hände. Handeling in Kunst und Kunsttheorie der Rembrandtisten, Berlin, Boston 2016.

14 Chapman, Perry H.: Cornelis Ketel, Fingerpainter and Poet Painter, in: Nederlands Kunsthistorisch Jaarboek 59 (2009/2010), S. 248–273.

15 Burke, Peter: Venice and Amsterdam. A Study of Seventeenth-Century Elites, London 1991; Sohm, Philip: Pittoresco. Marco Boschini, his Critics, and their Critiques of Painterly Brushwork in Seventeenth and Eighteenth-Century Italy, Cambridge 1991.

Je nach künstlerischem, gesellschaftspolitischem oder kulturellem Kontext wurde also die solchermaßen spontane künstlerische Handlung wie das daraus resultierende Werk mit unterschiedlichen Bedeutungen belegt. Während die Fotografie das „schnelle Bild" forcierte, erlangten spontane Bildakte in der Zeit unmittelbar nach dem Ende des Zweiten Weltkriegs in Europa, den USA ebenso wie in Japan (siehe den Beitrag von Vera Wolff) vor allem als Ausdruck von Freiheit enorme Bedeutung. In der historischen Umbruchsituation nach Faschismus, Krieg und einer politischen Indienstnahme der Künste konnte Spontaneität als ein scheinbar unvorbereitetes künstlerisches Agieren zum gefeierten Statthalter verschiedenartiger Freiheitsvorstellungen werden.[16]

Das Vertrauen auf eine scheinbar vollkommen autarke körperliche Geste, die sich jeglicher Repräsentation entzog, enthielt einerseits das Versprechen, allen ideologischen Einflussnahmen zu entgehen. Andererseits wurde Spontaneität, wie sie in der gestischen Malerei des Informel, in Jackson Pollocks *action painting* oder Georges Mathieus Malperformances zum Ausdruck zu gelangen schien, im Systemwettbewerb des Kalten Krieges nicht allein als Beleg individueller, sondern auch als Ausdruck gesellschaftlicher Freiheit verstanden (siehe den Beitrag von Monika Wagner). Seit dem ausgehenden 19. Jahrhundert hat die Karikatur die unterschiedlichen Kontexte, Rezeptionsverhalten und Bedeutungshöfe des Spontanen pointiert kommentiert und damit auch verschüttete Subtexte offengelegt (siehe den Beitrag von Anna Großkopf).

Der vorliegende Band konzentriert sich bewusst auf die in der Geschichte der bildenden Kunst verbreiteten Vorstellungen von Spontaneität, sind hier doch die Facetten früh gebündelt, die zu deren Wertschätzung beitrugen. Die unterschiedliche Gewichtung einzelner dieser Facetten, denen lange Vorgeschichten eignen, erweist sich jedoch erst in konkreten historischen Konstellationen; das heißt, auch die Bedeutung künstlerische Spontaneität ist in hohem Maße von außerkünstlerischen Faktoren abhängig.

Im Vergleich zwischen Spontaneitätskonzepten in europäischen und ostasiatischen Kulturen wird schnell erkennbar, in welchem Maße topische Charakte-

16 Wagner, Monika: Der kreative Akt als öffentliches Ereignis, in: Topos Atelier, Werkstatt und Wissensform, hg. von Michael Diers, Monika Wagner (Hamburger Forschungen zur Kunstgeschichte, Bd. VII), Berlin 2010, S. 45–58. Greub, Thierry: Fiebrige Spontaneität: Cy Twombly zeichnet, in: Kunstchronik 1 (2014), S. 15–22.

risierungen einzelner Aspekte, insbesondere von Geschwindigkeit der Werkherstellung und Unmittelbarkeit des Eindrucks dominieren.[17] Da sich die jeweiligen historische Begründungszusammenhänge jedoch voneinander unterscheiden, werden in den Vergleichbarkeiten auch Differenzen deutlich. Daraus ergibt sich das Desiderat nach einer entsprechenden Untersuchung der Bildfunktionen in den verschiedenen Kulturen.

Der vorliegende Band ist aus einer Tagung hervorgegangen, die im November 2021 im Warburg Haus Hamburg unter den einschränkenden Bedingungen der Pandemie stattfand. Der Fritz Thyssen Stiftung und der Universität Hamburg danken wir für die großzügige Finanzierung der Tagung. Die Publikation wurde dank der Unterstützung durch die Fritz Thyssen Stiftung und die Hamburger Liebelt Stiftung möglich.

Wir möchten uns ebenfalls bei David Fesser und Pablo Schneider (Deutscher Kunstverlag) für die Unterstützung bedanken. Petra Florath hat das Buch auf elegante Weise gestaltet.

17 Müller-Yao, Marguerite: Der Einfluß der chinesischen Kalligraphie auf die westliche informelle Kunst, Diss. Bonn 1985; Zhiyi Yang: Dialectics of Spontaneity. The Aesthetics and Ethics of Su Shi (1037–1101) in Poetry, Leiden, Boston 2015.

Karin Leonhard

# SCHÖPFUNG OHNE AUTOR

## Spontaneität zwischen Formentstehung und -verlust

Gibt es spontan erzeugtes Leben ohne ein formgebendes Elternpaar? Diese Frage wird seit Beginn des 17. Jahrhunderts immer öfter und immer dringlicher gestellt. Das damit einhergehende Konzept der „Spontaneität" ist in der Frühen Neuzeit zunächst ein biologisches und damit auch ein genealogisches; es meint die häretische Vorstellung einer möglichen Zeugungskraft *ex nihilo* und ist als solche eng an die Frage des eigentlichen Ursprungs einer Lebensform und seiner Weitervererbung geknüpft. Diese Feststellung ist nicht trivial, will man im Weiteren über die Bedeutung eines solchen Konzepts in der frühneuzeitlichen Kunst und Kunsttheorie nachdenken. Hier nämlich trifft das mimetische Anliegen – und das ist das Anliegen, im Verhältnis der Generationen Formstabilität aufgrund von Ähnlichkeit herzustellen –, auf ein tendenziell entgegengesetztes, nämlich, die bestehenden Formen zu erneuern und dabei möglicherweise grundlegend zu verändern, also Unähnlichkeiten zuzulassen. Solche potentiellen Dynamisierungsversuche von Form und Gestalt in der Biologie- und Kunstgeschichte können in ihrer revolutionären Kraft gar nicht hoch genug eingeschätzt werden. Frühneuzeitliche Spontandenker setzen an den antiken Kernbegriffen von „Form" und „Materie" an und demontieren deren hierarchisches, in den Diskursen fest etabliertes, weil eine auf Analogie beruhende Erbfolge herstellendes Verhältnis.[1]

1 Für eine ausführliche Darstellung siehe: Leonhard, Karin: Bildfelder. Stilleben und Naturstücke des 17. Jahrhunderts, Berlin 2013.

## Ex nihilo?

Zur antiken Vorgeschichte spontaner Fortpflanzungsmodelle ist bereits an anderer Stelle geschrieben worden.[2] In der frühneuzeitlichen Biologiegeschichte und Geschichte der Genetik jedenfalls ist als Ergebnis dieser antiken Vererbungsmodelle zwischen einer Präformations- und einer Epigenesislehre unterschieden worden. Dabei wurde die Frage nach den jeweiligen Erbanteilen im Formbildungsprozess virulent, d. h. die Frage, ob die Gestalt eines Lebewesens bereits in der Keimzelle präfiguriert ist (*Präformation*) oder erst langsam während seines Wachstums entsteht (*Epigenesis*). Im Kontext dieser Debatten wird eine zeitgleich entstehende Bildgattung interessant, in der die biologische Kontroverse auf bildtheoretischer Ebene ausgetragen wird. Gemeint ist das Genre des *sottobosco*, das vom niederländischen Maler Otto Marseus van Schrieck (1619/20–1678) in den 50er Jahren des 17. Jahrhunderts regelrecht „erfunden" wurde (Abb. 1). Sottoboschi, auch Waldbodenstücke oder einfach nur Niederwelt genannt, sind den subterranen, chthonischen Gewalten und Potenzen gewidmete Naturstücke. Im Schatten-

2 Zur Urzeugungstheorie allgemein: Lippmann, Edmund O. von: Urzeugung und Lebenskraft, Berlin 1933; Hofsten, Nils von: Ideas of Creation and Spontaneous Generation prior to Darwin, in: Isis, Bd. 25/1 (1936), S. 80–94; Harris, Henry: Things Come to Life. Spontaneous Generation Revisited, Oxford 2002; Zur antiken Auffassung: McCartney, Eugene S.: Spontaneous Generation and Kindred Notions in Antiquity, in: Transactions and Proceedings of the American Philological Association, Bd. 51 (1920), S. 101–115; Balme, David M.: Development of Biology in Aristotle and Theophrastus: Theory of Spontaneous Generation, in: Phronesis, Bd. 7/1 (1962), S. 91–104; Read, William M.: Spontaneous Generation in Lucretius III, 713–740, in: The Classical Journal, Bd. 36/1 (1940), S. 38–40; Zum Mittelalter: Kruk, Remke: A Frothy Bubble: Spontaneous Generation in the Medieval Islamic Tradition, in: Journal of Semitic Studies, Bd. 35 (1990), S. 265–282; Lugt, Maaike van der: Le ver, le démon et la vierge: Les théories médiévales de la génération extraordinaire, Paris 2004; Zum 17. Jahrhundert: Zöller, Therese: Die Lehre von der Urzeugung im 17. und 18. Jahrhundert, Würzburg 1941; Mendelsohn, Everett: Philosophical Biology vs Experimental Biology: Spontaneous Generation in the Seventeenth Century, in: Actes du XIIe congrès international d'histoire des sciences, Paris, 1971, Bd. 1, S. 201–226; Farley, John: The Spontaneous Generation Controversy from Descartes to Oparin, Baltimore 1974; Zur Debatte im 19. Jahrhundert: Roll-Hansen, Nils: The Death of Spontaneous Generation and the Birth of the Gene: Two Case Studies of Relativism, in: Social Studies of Science Bd. 13/4 (1983), S. 481–519.

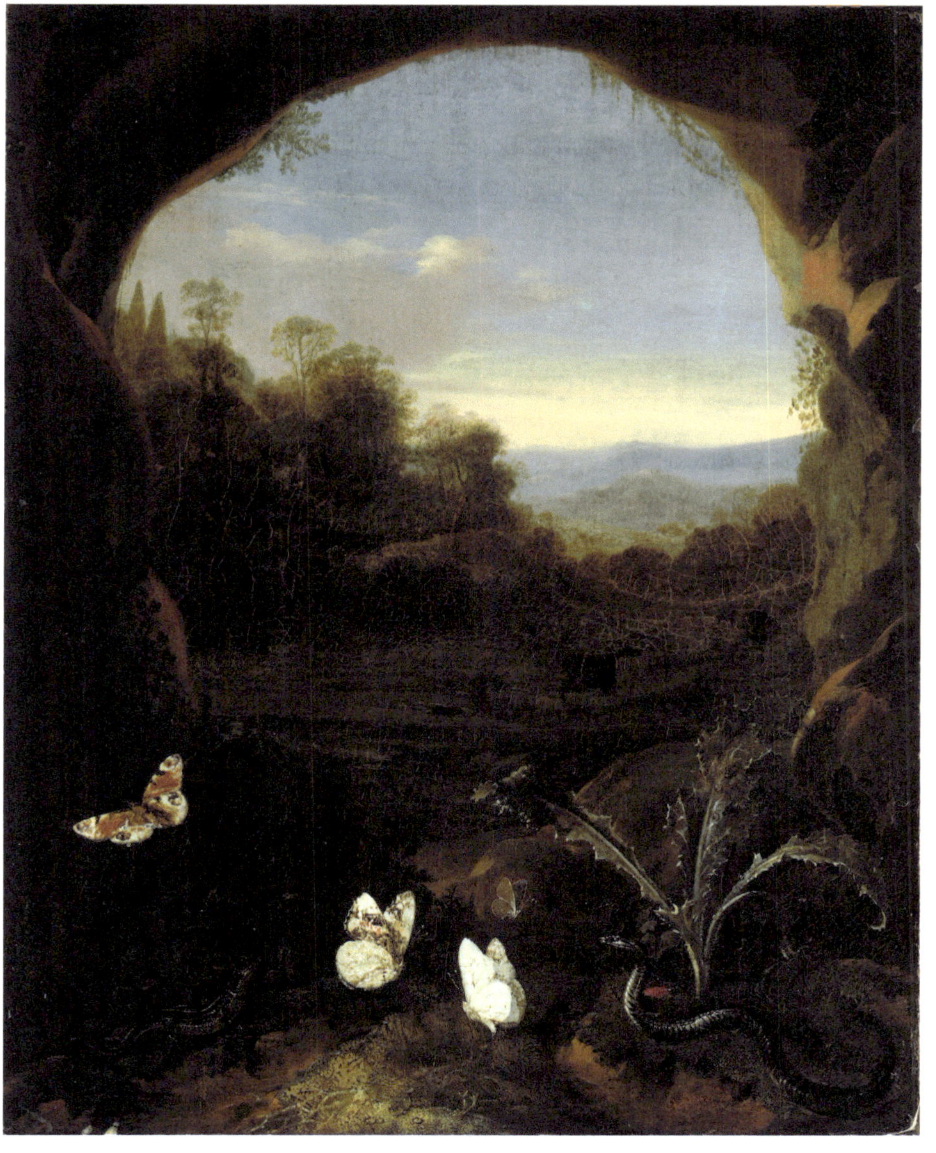

1| Otto Marseus van Schrieck, Sottobosco mit Pilzen, Skorpion und Schlange, signiert und datiert 1655, Öl auf Leinwand, 38 × 47,8 cm, Galleria degli Uffizi, Florenz.

reich des Unterholzes, unter abgestorbenen Bäumen, Felsvorsprüngen und Mauern, in feuchten Höhlen und Grotten werden primitive Lebensformen erzeugt und spielen sich naturhistorische Ur-Dramen ab. Die Bilder agieren als ein Tummelplatz unerlöster Kreaturen und sind hochgradig moralisierbar, aber gleichzeitig macht sich in ihnen ein naturwissenschaftliches Interesse breit, das im Laufe der Entwicklung des Genres Stillleben überhand gewinnt und es mit jener neuartigen Naturempirie verbindet, die wir so gerne – und vielleicht mit vorschnellen Prämissen – der niederländischen Malerei des 17. Jahrhunderts zuschreiben.

Die Zeit der ersten Ankäufe solcher Sottoboschi fällt jedenfalls nicht nur mit einem verstärkten naturhistorischen Interesse und darin noch einmal mit einer Vorliebe für das Kuriose, Abjekte und Exotische zusammen, sondern auch in die Hochphase der barocken Urzeugungsdebatte, wie sie über Fortunio Liceti (1577–1657), Daniel Sennert (1572–1637), William Harvey (1578–1657), Johan Baptista van Helmont (1580–1644), René Descartes (1596–1650), Pierre Gassendi (1592–1655), Athanasius Kircher (1602–1680) u. a. vorbereitet und allerorts zum Brennpunkt der biogenetischen Fragestellungen gemacht worden war. Die Urzeugungslehre (auch: *Archigonie, Archigenese, Abiogenese, Autogonie*) vertrat die sehr verbreitete Vorstellung von der elternlosen Entstehung von Lebewesen aus unbelebter Materie zum Beispiel als Produkt von Fäulnis. Im Folgenden werden einige der zentralen Prämissen dieser Lehre aufgeführt.

## Urzeugung

Als Gefährdung der kosmologischen Ordnung wird die Idee der freien Morphose bereits in den ersten Zeilen von *De generatione animalium* beschrieben. Diese Schrift kann als Nukleus der Urzeugungslehre gelten. Dort setzt Aristoteles (384–322 v. Chr.) zwei Möglichkeiten der Fortpflanzung voneinander ab – eine geschlechtliche im Sinne der Artenerhaltung und eine ungeschlechtliche, die Lebewesen spontan aus faulem Stoff oder erwärmtem Schlamm entstehen lässt: „Alle Tiere, die aus einer Paarung von Artgenossen hervorgehen, zeugen ebenfalls wieder nach Arteinheit. Sind dagegen Tiere nicht aus Tieren hervorgegangen, sondern aus faulendem Stoff, so zeugen diese zwar, aber eine andere Gattung." Da letztere aufgrund ihrer parentalen Herkunftslosigkeit kein genetisches Programm mit sich tragen, kommen sie als Elternpaare für weitere Zeugungen nicht in Frage, denn „wären sie [...] doch auch wieder zur Paarung befähigt, dann müssten aus ihnen wieder artverschiedene Nachkommen hervorgehen, und aus diesen wieder andere, und so ins Unendliche. Aber die Natur meidet das Unendliche, da das Unendliche unvollendet ist und die Natur immer Vollkommenheit anstrebt."[3] Die Begrenzung des Unendlichen durch Artenerhaltung und Formenkonstanz ist der Abgeschlossenheit der Weltentstehung geschuldet, sie zieht eine Disziplinierung heterodoxer Lebensformen nach sich, die zu Aberrationen und Missgeburten abgewertet werden. Würde man nun, im Sinne des oben genannten Passus, die urgezeugten Wesen selbst wieder mit Zeugungskraft versehen, käme dies eines Außerkrafttretens der entelechischen Zeugungs- und Wachstumsprozesse durch eine unkontrollierbare Metamorphose und Verwandlung gleich.

## Bilder, die wie Pilze aus dem Boden schießen

Von den Anfängen der Gattung an sind die Sottoboschi von Pilzen bevölkert (Abb. 2). Seit der Antike war man fasziniert von der Tatsache, dass die eigentlichen, hut-, keulen-, knollen- oder krustenförmigen Fruchtkörper nur einen kleinen Teil des gesamten Organismus ausmachen und durch das im Erdboden verwachsene Myzel getragen werden. Der Gedanke, Pilze entstünden aus Fäulnis, wobei das Myzel ein Zwischenstadium zwischen verfaulenden Pflanzen und den Pilzen sei, war Grund dafür, dass der Pilz bereits bei antiken Autoren zum Symbol schlechthin für die biologische Urzeugungslehre, die *Abiogenese*[4], avancierte und einen klassifikatorisch wenig festlegbaren Bereich zwischen unbelebtem Erdreich und primitivem Organismus markierte. Das Rätsel ihres Mischwesens und die Frage, „ob es lebte oder nicht"[5], war auch für Gaius Plinius Secundus (ca. 23–79 n. Chr.) unlösbar. Bis in die Neuzeit hinein wurde das Erscheinen von Pilzen also mit Miasmen erklärt: Die Pilze entstünden durch schlechte Ausdünstungen der Erde oder durch faulenden Untergrund, und der Glaube an eine spontane Formbildung,

3 Aristoteles: De generatione animalium, 715 b 4-21.

4 Begriff eingeführt von Thomas Henry Huxley; siehe The Scientific Memoirs of Thomas Henry Huxley, hg. von Michael Foster, E. Ray Lankester, 5 Bde., London 1898–1903, Bd. 3, S. 572–594.

5 Zu Pilzen bei Plinius siehe: Plinius der Ältere: Naturalis historia, XIX, 36–38, und XXII, S. 92–99.

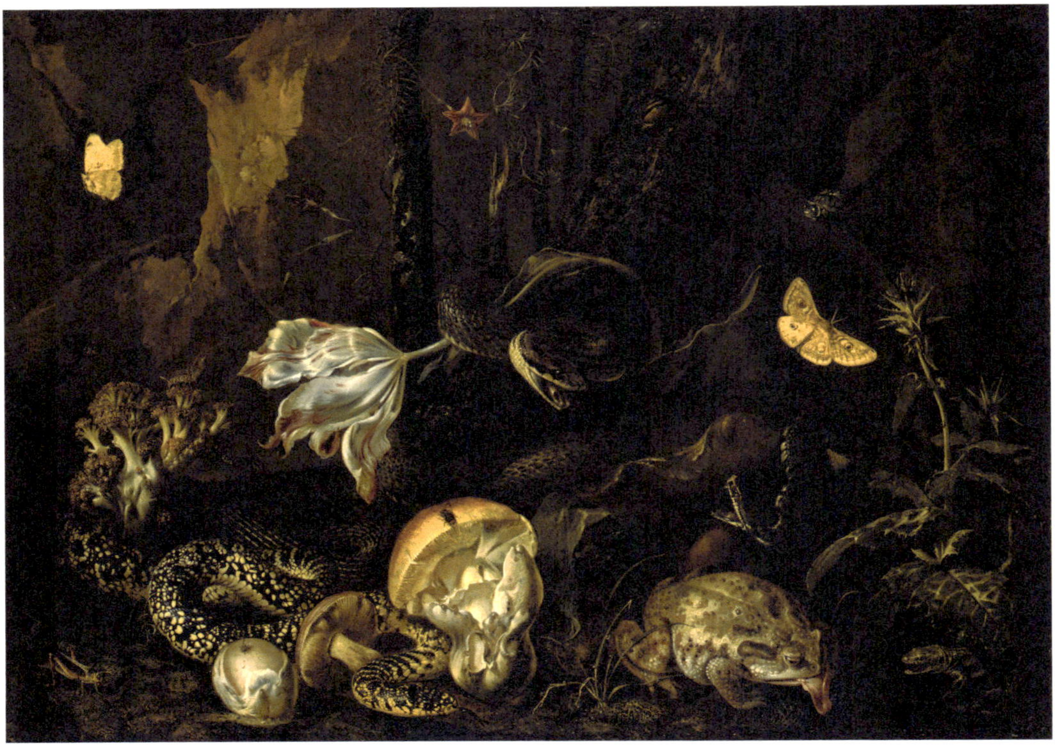

2| Otto Marseus van Schrieck, Sottobosco mit Pilzen, Kröte und Nattern, signiert und datiert 1662, Herzog Anton-Ulrich-Museum, Braunschweig.

die *generatio spontanea* wurde durch Pilze genährt, weil man ihre Sporen vor Erfindung des Mikroskops nicht sehen konnte. Durch ihr plötzliches Auftreten nach Regenschauern waren sie für Homer Früchte der Verbindung von Himmel und Erde. In Adam Lonicers (1528–1586) *Kreuter-Buch* (1557) finden wir deshalb den Eintrag, dass bestimmte Pilze „Schwämme der Götterkinder" seien, weil sie ohne einen Samen wüchsen, daher würden sie auch „von den Poeten *Gygenais* [sic!] oder *terra nati* [Kinder der Erde] genannt." Zugleich aber sei es „die Natur aller Schwämme zu bedrängen" und hervorzuquellen; sie seien „kalter, phlegmatischer, feuchter und roher Natur."[6] In einem ungefähr 1655 entstandenen Sottobosco

6 So z. B. in Galens *De simplicium medicamentorum* und *De probis pravisque alimentorum succis*, wo Pilzen unter den Nahrungsmitteln der „kälteste und dickste Saft" zugeschrieben wird.

von Otto Marseus beispielsweise finden wir genügend Anlehnungen an die sexualisierten Diskurse der zeitgenössischen medizinischen und naturhistorischen Literatur.[7] Vor allem Adriaen de Jonghes alias Hadrianus Junius' (1511–1575) *Phalli, ex fungorum genere in Hollandiae*, 1564 verfasst, gibt Aufschluss über den Stand der derzeitigen Diskussionen. Junius beginnt charakteristischerweise mit einer kurzen Lobpreisung der generativen Kräfte der ‚Mutter Erde', deren Fruchtbarkeit einen unerschöpflichen Vorrat natürlicher Früchte und Güter garantiere. Auch wenn manche Autoren vor der Ausbeutung der Erde, dem Verlust ihrer generativen Kräfte gewarnt hätten: Ihre Fruchtbarkeit sei dann doch größer als alle Skeptiker es hätten glauben wollen; spielerisch verwandele sie ihre Kräfte in Formen, die uns allen bekannt seien – wie Zymbeln und Becher, Mützen, Hauben oder Kappen, Finger, Haare, sie produziere ohne Unterlass Formen, die Trauben oder Gurken ähnelten, wie Lungenflügel aussähen, die Gestalt von Sternen oder Pinseln annähmen. Die Schöpfung sei also bei weitem nicht abgeschlossen im Sinne eines an den Schöpfungstagen festgelegten Quantums, das über die Zeit vergehen müsse: Vielmehr bringe die Erde die Formen immer wieder aufs Neue hervor, wobei die gütige Einschränkung gelte, dass die Samen giftiger Pflanzen beispielsweise wesentlich kurzlebiger seien als die anderer Lebewesen.

## Erde als Uterus

Dem phallischen Motiv des Pilzes wird in den Sottoboschi gerne als formgenerierendes Pendant die Kröte zur Seite gestellt (Abb. 3). Auch sie nämlich wird auf der spontangenetischen Stufe angesiedelt, sie korrespondiert nicht nur mit dem braunen Erdreich, sondern verweist zugleich auf Phryne, die Kröte, wie die berühmte griechische Hetäre des 4. Jahrhunderts aus Thespeia mit dem olivfarbenen Gesicht hieß, die Praxiteles als Modell für seine Knidische Aphrodite sowie Apelles als Vorbild für seine dem Meeresschaum entsteigende Venus diente. Phryne selbst heißt Kröte und steht als begriffliches Substitut für den weiblichen Uterus. Noch in Mittelalter und Früher Neuzeit herrschte die auf solche antiken Vorlagen zurückgreifende „Auffassung, die Gebärmutter sei wie eine Kröte in einer

7 Steensma, Susanne: Otto Marseus van Schrieck. Leben und Werk, Hildesheim u.a. 1999, Kat.-Nr. BI. 22.

dunklen feuchten Grotte in der Körperhöhle situiert" und „das feuchte ‚Biotop' der Gebärmutter [sei mit dem] Lebensraum der Kröte vergleichbar."[8] Die Promiskuität versprechende Kröte bietet, in der Meinung der Zeit, nicht zuletzt auch ein Gegenmodell zur geschlechtlichen Verbindung von Mann und Frau in der Ehe, denn sie indiziert eine rein materielle Fortpflanzungskraft, die keine Formstabilität und damit auch keinen genealogischen, sozialen oder ökonomischen Wert produziert. Solche Gedanken binden die Vorstellung einer materiellen Spontangenese nicht zuletzt an bildtheoretische Überlegungen zurück. Zum einen nämlich ist die Lehre von der Urzeugung eine Lehre der unabschließbaren Formenvielfalt, der protrudierender Formen, d. h. sie argumentiert im Sinne einer dynamischen *Formproduktion*. Zugleich aber sind diese Formen instabil und kurzlebig. Der Verlust einer biologischen, sozialen oder auch politischen Genealogie ist, im Denken der Zeit, zunächst vor allem ein Verlust an Form.

Nun möchte man glauben, dass sich solche Diskurse, wenn sie in der bildenden Kunst aufgegriffen und reflektiert werden, in erster Linie ebenfalls auf formaler Ebene niederschlagen. Hier muss man jedoch relativieren. Das motivische Repertoire verbindet die Sottoboschi ohne Zweifel mit einer aktuellen naturhistorischen Diskussion über die Möglichkeit einer biologischen Spontangenese. Rein maltechnisch jedoch ändert sich vordergründig zunächst sehr wenig. Dies ist bemerkenswert, weil sich zur selben Zeit in der niederländischen Malerei, vor allem im Umfeld der „rauen" Manier Rembrandt Harmenszoon van Rijns (1606–1669) und seiner prozessualen Formoffenheit, durchaus maltechnische Veränderungen ergeben haben, auf die man hätte zurückgreifen können.[9] Die Sottoboschi sind jedoch grundsätzlich traditionell ausgeführt. Lasierender Farbaufträge modellieren die stofflichen Qualitäten der einzelnen dargestellten Tiere, Pflanzen, Blüten und entwickeln darüber hinaus die perspektivische Tiefenwirkung einer atmosphärisch aufgeladenen Landschaft. Dennoch, auf einen zweiten Blick lassen sich Neuerungen feststellen.

8 Kruse, Britta-Juliane: Verborgene Heilkünste: Geschichte der Frauenmedizin in Spätmittelalter, Berlin, New York 1996, S. 50–53.

9 Hier einschlägig: Hadjinicolaou, Yannis: Denkende Körper – Formende Hände. Handeling in Kunst und Kunsttheorie der ‚Rembrandtisten', Berlin, Boston 2016.

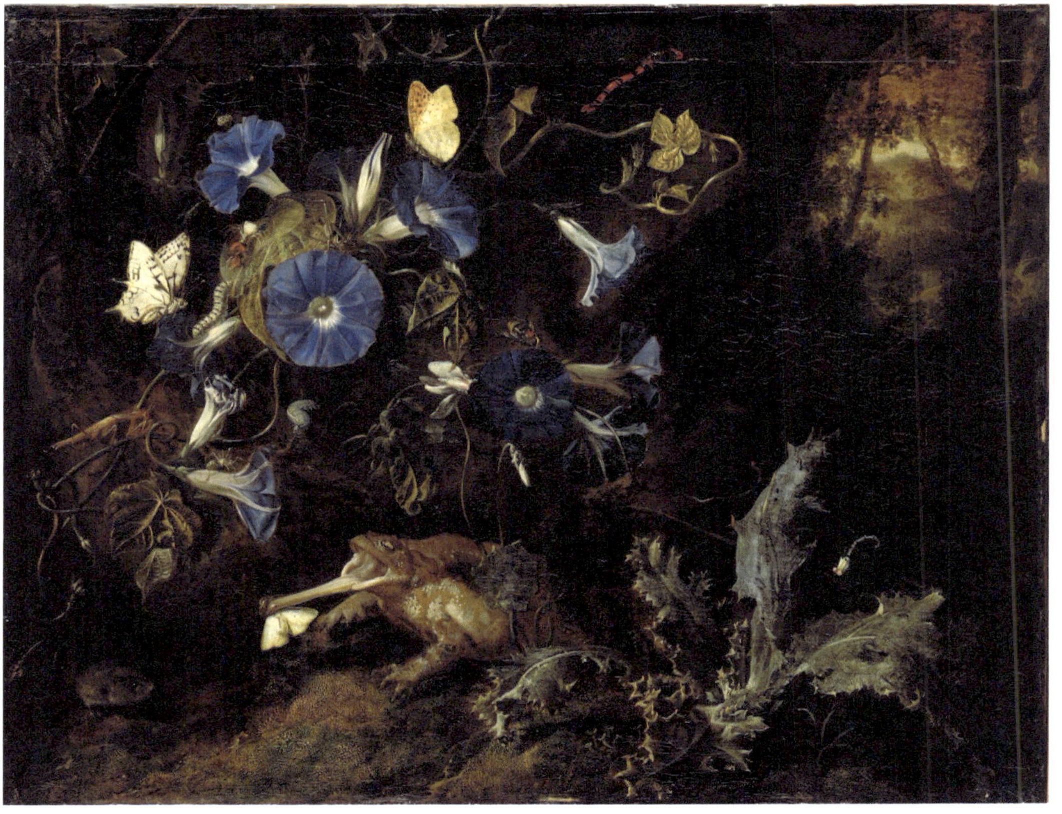

3| Otto Marseus van Schrieck, Kröte und Blaue Prunkwinde, signiert and datiert 1660, Staatliches Museum Schwerin, Schwerin.

Im Sottobosco erscheint regelmäßig ein Schmetterling am oberen Bildrand oder wird – das entwickelt sich zu einem Leitmotiv, fast zum eigentlichen Bildsujet – als *psyche* von den Tieren der Niederwelt herabgezogen und bedroht. Für die Darstellung des feuchten Untergrunds hatte Marseus jedoch inzwischen das drucktechnische Verfahren der Fettpresse entwickelt, d. h. die moos- und flechtenartige Struktur des Waldbodens wird in zwei Arbeitsgängen durch Abdruck und Auswischen zäher Ölfarbe erreicht. Als Effekt entsteht eine gratige Oberfläche, die diejenige des moosigen Bodens weniger imitiert als sie nachbaut. Derart wird der untere Bereich der Gemälde zu einem originären Entstehungsort primitiven Lebens. Nun wachsen die *terra nati* ganz folgerichtig aus der dicken Farbmaterie heraus. Das bildgebende Verfahren ähnelt einer Monotypie, insofern hier die

Struktur von Moos abklatschend wiedergegeben wird, ohne dass eine mimetisch operierende „Hand“ im Spiel wäre.

Dass solche Gedanken keine nachträglichen Überlegungen zur Kongruenz zwischen maltechnischen, formlogischen und inhaltlichen Belangen der Sottoboschi bedeuten, zeigt das Farbkapitel im sechsten Buch von Samuel van Hoogstratens (1627–1678) *Inleyding tot de Hooge Schoole der Schilderkunst* von 1678. Es beginnt mit einigen Gedanken zum Stellenwert der Farbe in der Malerei. Van Hoogstraten referiert dabei unter anderem auf Karel van Mander (1548–1606) und Seneca (ca. 1–65 n. Chr.). Die Farbe gebe dem Körper erst seine „rechte volkomenheit“[10], heißt es da, sie sei ihm aber zeitlich nachgeordnet.“[11] Auf diese Weise wird auf kunsttheoretischer Ebene ein Verhältnis zwischen Zeichnung und Kolorit aufgebaut, das uns bekannt ist: Farbe erscheint als eminentes, wenngleich der Form bzw. dem *disegno* des Bildes nachgereichtes Mittel. Vergleichbar mit einem bunten Kleid, das übergestreift wird, verleiht es dem dargestellten Körper seine momentane individuelle Lebendigkeit. Als primitivstes Ausdrucksmittel der Malerei erscheint die Farbe aber, sobald sie direkt, ohne durch eine Zeichnung geformt worden zu sein und sich einem Umriss zu fügen, eingesetzt wird. Es folgt eine Formulierung, die sogleich wiederholt wird und dadurch an Nachdrücklichkeit gewinnt: Van Hoogstraten spricht nämlich von der mimetischen Fähigkeit der Malerei, *„tot iet vlaks op een vlakte nae te maeken.*“[12], d. h. zweidimensionale Gegenstände wie zum Beispiel Blätter durch Abdruck auf einer Fläche abzubilden. Die indexikalische Abbildungsfähigkeit stellt die niedrigste Stufe künstlerischer Repräsentation dar, hier fungiert die Farbmaterie lediglich als reproduzierende Matritze, ohne von der Hand des Künstlers durchdrungen worden zu sein. Interessanterweise führt van Hoogstraten in diesem Zusammenhang die Sottobosco-Malerei in der Tradition Otto Marseus van Schriecks an.[13] Nicht nur, dass es in solchen Bildern um eine akkurate Naturnachahmung gehe, erklärt er, vielmehr

10 Hoogstraten, Samuel van: Inleyding tot de hooge schoole der schilderkonst: anders de zichtbaere werelt, Rotterdam 1678 [Reprint 1969], S. 216.

11 Ebd., S. 216–217.

12 Ebd., S. 218.

13 In Beurs, Willems: De groote waereld in 't kleen geschildert, Amsterdam 1692, wird im Übrigen ein ganzes Kapitel der Darstellung von „kriechenden Thieren und dergleichen Ahrt“ gewidmet, wie sie im *sottobosco* vorkommen; vgl. S. 99–100.

erwiesen sich die darin angewandten Abdrucktechniken als besonders geeignet für die erste Stufe einer Wiedergabe der Natur, heißt es in der *Inleyding.* Die abgedrückten Formen von Moos und Blättern bedürften keiner zeichnerischen Modellierung und Schattierung, sondern seien „*alleen met de kleur bekommert*"; und auf diese natürliche Grundlage könne man wie auf eine „*eerste trap*" alles Mögliche Ungetier („*alle ongediert*") wie Schlangen, Eidechsen, Taranteln oder Frösche stellen. Die nächsten Schritte, mit denen das Bild buchstäblich aufgebaut wird, entfernen es von der Fläche und lassen es plastisch und räumlich erscheinen. Van Hoogstraten weist den Maler wie folgt an: Man füge dem (primitiven) Ausgangsmaterial des Malgrunds und den Naturabdrücken einige komplexere Formen wie Blumen oder Muscheln hinzu, und zwar so, wie sie dem Betrachter im Freien und von einer einheitlichen Lichtquelle getroffen erscheinen. Hier nun käme die Hand des Künstlers, der Einsatz von Helldunkel und einer plastischen Modellierung zum Tragen. Auf diese Weise, d. h. durch das sorgsame Studium der Naturformen und ihrer graduellen Hervorbringung via Farbe und Form, erreiche bereits ein Anfänger Resultate, für die er sich vor einem Meister nicht zu schämen brauche:

> Andere stellen moosige Untergründe her und drucken Blätter darauf ab, als ob sie gemalt wären, und wissen diese alleine mit Farbe artig zu verzieren. Schlangen, Eidechsen, Taranteln, Frösche und alles mögliche Ungetier wiederum kann man gut auf diesen Untergrund (als einer ersten Stufe) plazieren, und von einer gemalten Fliege oder Spinne ist von manchem spitzfindigen Geist eine gute Arbeit abgeliefert worden. Laßt uns dann noch allerlei Kräuter und Blumen, Seegewächse und Muscheln, und was es alles mehr gibt, hinzufügen: Und wenngleich keines dieser genannten Dinge ohne Modellierung und Schattierung auskommt, so werden sie doch, wenn sie im Freien unter einheitlichem Licht imitiert werden, dem Neuling zeigen, dass seine fleißige Beobachtung selbst den Meister täuschen kann.[14]

Van Hoogstratens Exkurs zur Sottobosco-Malerei ist eine Reflexion über die mimetische Funktion der Farbe. Bereits in ihrer primitivsten Anwendung als

14 Van Hoogstraten 1678 (wie Anm. 10), S. 218.

Abklatschtechnik erfülle sie die Aufgabe der Naturnachahmung, aber solche Mittel könnten weitergesteigert werden durch die Fähigkeit der Malerei zur täuschenden Imitation von Körperlichkeit durch *„ronding en schaduwing."* Auch hier kommen die Pigmente zum Einsatz, nur dienen sie nicht einfach dazu, der Natur zum Selbstabdruck zu verhelfen, sondern werden gebraucht, um Natur- in Kunstfarben zu übersetzen.

In Marseus' Schweriner Bild einer fetten Kröte beispielsweise, die gerade aus einem Erdloch kriecht, übernimmt das dick aufgetragene Pigment die Aufgabe einer generativen Matritze, aus der die Kreatur nicht nur im übertragenen Sinn hervorgeht. Die Darstellung erinnert an Beschreibungen in den Naturhistorien des 17. Jahrhunderts, wo man gerne Gaius Plinius d. Ä. (ca. 23–79 n. Chr.) zitierte, der der Meinung war, dass sich Frösche im Winter in Schleim auflösten und erst wieder im Sommer ihre Form zurückgewännen; oder Claudius Aelianus (ca. 170–ca. 222), der auf einer Reise nach Neapel Frösche gesehen haben wollte, deren vorderer Teil sich bewegte, während der hintere ungeformt war und wie schlammige Erde zerrann; sowie Ovid (43 v. Chr.–ca. 17 n. Chr.), der in den Metamorphosen entsprechende Strophen auf die unfertige Natur der Amphibien verfasste: *„altera pars vivit, rudis est pars altera tellus."*

Otto Marseus' Darstellung ist in vielerlei Hinsicht aufschlussreich: Nicht nur die Kröte, sondern auch die in ihrer Pracht und Schönheit kontrapunktisch eingesetzte Blaue Winde strotzt vor protrudierender Kraft. Die Blüten zeigen alle Stadien des Aufblühens und Vergehens, sie werden wie Schirme auf- und zugeklappt. Dazwischen flattern einmal mit schillernden (weil abgedrückten) Flügeln zwei Schmetterlinge, während ein dritter zur Beute der Kröte geworden ist. Diese fasziniert in ihrer Hässlichkeit; sie erscheint mit der Aggression des zähen Phlegmas auf der Bildfläche – langsam gerinnt sie zur Form. Anders verhält es sich mit der Wühlmaus, der schon seit der Antike nachgesagt wurde, dass sie spontan aus dem Staub, aus dem Nichts entstehe, sie ist ebenfalls der Erde zugeordnet, nur eben schon einer trockeneren. Mit beiden wird die Magie einer Schöpfung beschworen, die in der schweren Materie beginnt, sich aus ihr hervorarbeitet und bis zum ätherischen Gebilde aufsteigen kann. Die Modifizierungen der Form, die dabei entstehen können, werden allein schon an den verschiedenen Stadien der Schmetterlinge deutlich, die als Raupe und fliegendes Insekt dargestellt sind, und zwar derselben Spezies. Vergleichbar mit den Windenblüten und ihren unterschiedlich geöffneten Zuständen, die auch verschiedene Grade von Sichtbarkeit implizieren, wird hier erneut ein Interesse an metamorphotischen Übergängen deutlich. Interessant ist aber, dass die transitorischen Momente, in denen sich eine Lebensform von einer anderen ablöst, nicht zuletzt auf die verschiedenen Realisierungsgrade übergreifen können, mit denen auf dem Bildfeld die Naturgegenstände in ihren Farben und Formen entfaltet werden. Denn Marseus hat Moos gestempelt und gewischt, Schmetterlingsflügel sowohl abgeklatscht wie gemalt. Indexikalischer Naturabdruck und artifizielle Imitation, Natur und Kunst sind faktisch miteinander verbunden. Zur Entstehungszeit und kurz danach, als die *squamulae* der Schmetterlingsflügel noch nicht abgefallen und verblasst waren, hätte man also kaum zwischen dem ultramarinen Pigment der Blütenblätter und den glänzenden Schuppen der Schmetterlingsflügel unterscheiden können.

## Die Farbe Braun

Die Farbe Braun wiederum, die Joachim von Sandrart (1606–1688) zufolge dem „Chaos oder dem vermängten Klumpen“[15] einer *prima materia* ähnelt, gleichzeitig aber auch als Tod-Farbe (*doodverf*) bezeichnet wurde, sobald man sie zur Grundierung der Bildträger verwendete, weckt jene Assoziation eines erdhaften Grundes, aus dem heraus Formen entstehen und vergehen.[16] Stilleben- wie Landschaftsmalerei des 17. Jahrhunderts arbeiten mit Vorliebe mit Brauntönen; ein

15 Von Sandrart, Joachim: Teutsche Akademie der edlen Bau-, Bild- und Malereikünste, 2 Bde., Nürnberg, 1675–1679, Bd. 1/3, S. 88.

16 Zur Tod-Farbe vgl. Miedema, Hessel: Over kwaliteitsvoorschriften in het St. Lucasgilde; over ‚doodverf‘, in: Oud Holland 101 (1987), S. 141–147. Sie ist als Verfahren (*Imprimitur*) allerdings nicht auf die Farben Grau und Braun beschränkt; siehe Still Lifes: Techniques and Style. An Examination of Paintings from the Rijksmuseum, hg. von Arie Wallert, Zwolle 1999, S. 21–23. In der englischen Kunsttheorie des 17. Jahrhunderts findet sich das Verfahren unter dem entsprechenden Namen *dead colouring*, so z. B. bei Browne, Alexander: Ars Pictoria, or an Academy Treating of Drawing, Painting, Limning, Etching, London 1669, S. 84 („On dead colouring”). Zur Rolle der Imprimitur in den Werken von Hercules Seghers und Rembrandt siehe die Beiträge von Egenhofer, Sebastian: „Grund und Territorium bei Hercules Seghers“, in: Der Grund. Das Feld des Sichtbaren, hg. von Gottfried Boehm, Matteo Burioni, München & Paderborn 2012, S. 251–278; und Suthor, Nicola: „Transparenz der Mittel. Zur Sichtbarkeit der Imprimitur in einigen Werken Rembrandts“, in: ebd., S. 223–250.

Grund dafür mag unter anderem diese Assoziation gewesen sein. Denn nicht nur in den Gemälden, auch in den niederländischen Gedichten, bei Pieter Cornelisz. Hooft (1581–1647), Gerbrand Bredero (1585–1618) und Samuel Coster (1579–1665), bei Joost van den Vondel (1587–1679) und Hendrik Laurensz. Spieghel (1549–1612) beispielsweise gibt es mehrfach in „licht en bruin" (Helldunkel) verfasste Landschaftsbeschreibungen und einen zunehmenden Einsatz der Farbbezeichnung „*bruin*" zur Charakterisierung des nächtlich-dunklen zerfetzten Wolkenhimmels. Schnell verfärbt er sich „*in 't Aackelighe bruyn*"[17], in ein „*dampigh, mistigh bruyn*"[18], gleicht also in seiner Feuchte dem dunklen Erdreich, das es nachts umfasst: „*Tot dat de bruyne nacht die Aarde gants bedeckt.*"[19] Wolkenhimmel und Erdboden werden gleichermaßen zu Orten atmosphärisch-dichter Materieansammlung und zu Schauplätzen proteischer Formenbildung. Nicht zuletzt aus diesem Grund hatte auch Samuel van Hoogstraten die Landschaftsmaler zum Wolkenstudium aufgefordert, ganz im Sinne der *macchia*-Malerei, die in jedem Fleck eine potentielle Gestalt vermutete.[20]

Kehren wir am Ende zur Frage mimetischer Reproduktionsfähigkeit zurück. Die konkreten Formen haben einen Grund, aus dem sie entstehen. Das Verhältnis von Einzelform und „Grund" im doppelten Sinn des Wortes aber ist Thema des 17. Jahrhunderts und wird von den Malern aufgegriffen. Offensichtlich behandeln sie in unseren Beispielen den Malgrund noch nicht wie eine form- und qualitätsfreie Materie, sondern sprechen ihm spezifische Eigenschaften und generative Fähigkeiten zu. Entspricht das Bildfeld also einem materiellen Feld, d. h. einer rezeptiven Matritze, die nach Formung strebt? Dann wäre alles Dargestellte sowohl sich Materie aneignende wie dadurch zur Entfaltung kommende Form, und das einzelne Bild die Realisierung einer in der Materie bereits vorhanden gewesenen Potenz. *Mimesis* würde dann Zweierlei involvieren: seminales *Konzept* und ovulare *conceptio*, die Bildformen aufwerfend und aufnehmend zugleich.

17 Bredero, Gerbrand: „Boertigh, Amoreus en Aendachtigh Liedt-boeck", Amsterdam 1622, in: ders., De Wercken, 3 Bde., Amsterdam 1890, Bd. 3, S. 246, Zeile 248.

18 Vondel, Joost van den: De Werken, 12 Bde., Amsterdam 1855–1869, Bd. 1, S. 32, Zeile 115.

19 Bredero, Gerbrand: „Griane (1618)", in: ders., De Wercken, Bd. 1, S. 112, Zeile 108; Vgl. dazu Werbow, Newman Stanley: The ‚Brown Night' in the German Baroque, in: Modern Language Notes, Bd. 64/6 (1949), S. 380–386.

20 Van Hoogstraten 1678 (wie Anm. 10), S. 140.

## Sponteneität zwischen Formentstehtung und -verlust

Wie lautet die Schlussfolgerung angesichts der Fragestellung unseres Bandes? Es galt dabei ja zum einen, die Vorstellungshorizonte und Bewertungen, die mit künstlerischer Spontaneität verbunden wurden und werden, über eine Rekonstruktion der jeweiligen Werkprozesse auszuloten. Zum anderen war es das Ziel, die Bedeutungen und Funktionen solcher „spontaner" Herstellungsverfahren, seien sie künstlerischer, ideologischer oder historiographischer Art, zu analysieren und historisch zu kontextualisieren.

Dabei kann man feststellen, dass sich die Imaginarien, wie sie durch die Lehre von der Spontangenese im 17. Jahrhundert freigesetzt wurden, rasant zwischen den Polen von Selbstermächtigung und Selbstzerstörung, Formentstehung und Formverlust bewegen. Mit der Vorstellung von Urzeugung und Spontangenese werden einerseits generative Kräfte angesprochen und autopoietische Verfahren eingeleitet – diese signalisieren formale Freiheit und eine Zunahme bzw. Aufwertung künstlerischer Fiktionalität. Gleichzeitig aber bedeuten sie einen Angriff auf mimetische Strukturen jeglicher Art, sie zielen auf eine rebellisch vorangetriebene Außerkraftsetzung einer konservativ-genealogischen Struktur. In den Augen der Zeitgenossen des 17. Jahrhunderts sind spontangenerierte Kreaturen nämlich gar nicht erst in der Lage, von Dauer zu sein oder wirklichen Wert zu produzieren. Sie sind nicht dafür geeignet, eine Natur- oder Weltgeschichte zu stabilisieren, denn sie erzeugen keine Abbilder oder Nachkommen ihrer selbst. So gesehen verweisen sie in ihrer Emphase auf dem Hier und Jetzt allenfalls auf die Möglichkeit einer situativen Welterzeugung – jenseits determinierter Strukturen. Eine Reibung am Mimesis-Paradigma ist damit unvermeidbar, und im Grunde macht es das Faszinosum dieser barocken Kunstgattung aus: Sowohl natur- als auch kunsttheoretisch lässt sich in der zweiten Hälfte des 17. Jahrhunderts eine Wende verzeichnen, in der die Modi des Faktualen gegen die des Fiktionalen systematisch ausgespielt und abgewogen werden. Was sich eröffnet, ist ein neues Terrain der bildnerischen und maltechnischen Darstellung einfachster Bild- und Lebensformen, die die unscheinbare Gattung der Sottoboschi zu einem Schauplatz unvorhergesehener Formerzeugung erklären. Niemand soll an dieser Stelle jene barocken Maler vergessen, die aus dem braunen Bildgrund vegetabile und animalische Lebensformen wie aus dem Schlamm „spontan" herauszogen haben.

Yannis Hadjinicolaou

# SPONTANEITÄT IN DER EUROPÄISCHEN FRÜHEN NEUZEIT

## Kunstpraktiken und historiografische Konstruktionen

### I

In einer Panorama-Landschaft fallen blaue Tropfen, die aus dem Hintergrund emergieren, auf das Papier (Abb. 1).[1] Mittig-rechts im Bild konzentrieren sie sich zu einer gewaltigen Formation aus Wasser und Dunst. Dürers Traumgesicht, datiert auf 1525, entfaltet sich gleichermaßen in Wort und Bild. Das Aquarell als Medium fließt und entspricht Dürers Beschreibung seines Alptraums von einer schrecklichen Flut. Die blauen unkontrollierten Flecken scheinen in ihrem liquiden Zustand auf das Papier zu fließen und gleichsam zu schweben. Die asymmetrische Regelmäßigkeit der „fixierten" Tropfen steht dem kursorischen der braungelben Landschaft gegenüber. Die Art und Weise, wie die Farbe zerfließt, korrespondiert mit Dürers körpermotorischen Bewegungen, mit denen er sie auf der Fläche des Papieres verteilt.[2] Ein Akt, der sich aus bewusster Entscheidung und einem Moment der Nicht-Kontrollierbarkeit zusammensetzt. Durch das Spiel zwischen „Sich dem Bild nähern" und „Sich vom Bild entfernen" wird der Inhalt des Traums auf eine körperliche und emotionale Weise unterstrichen, denn sobald das Wasser sich nähert (und zwar mit einer gewaltigen Geschwindigkeit, wie Dürer unterstreicht), wacht er auf und ist auch physisch bewegt: Sein Körper zittert. Er überträgt am nächsten Tag, wie er erzählt, seine Erfahrung auf das Papier, um das

1 Siehe für diesen Abschnitt: Hadjinicolaou, Yannis: Blotches as Symbolic Articulation, in: Symbolic Articulation. Image, Word, and the Body between Action and Schema, hg. von Sabine Marienberg, Berlin, Boston, 2017, S. 176f.

2 Hensel, Thomas: Albrecht Dürer, Erwin Panofsky und der performative turn der Kunstwissenschaft, in: Goodbye, Dear Pigeons, hg. von Thomas Hensel u. a., Köln 2002, S. 336f.

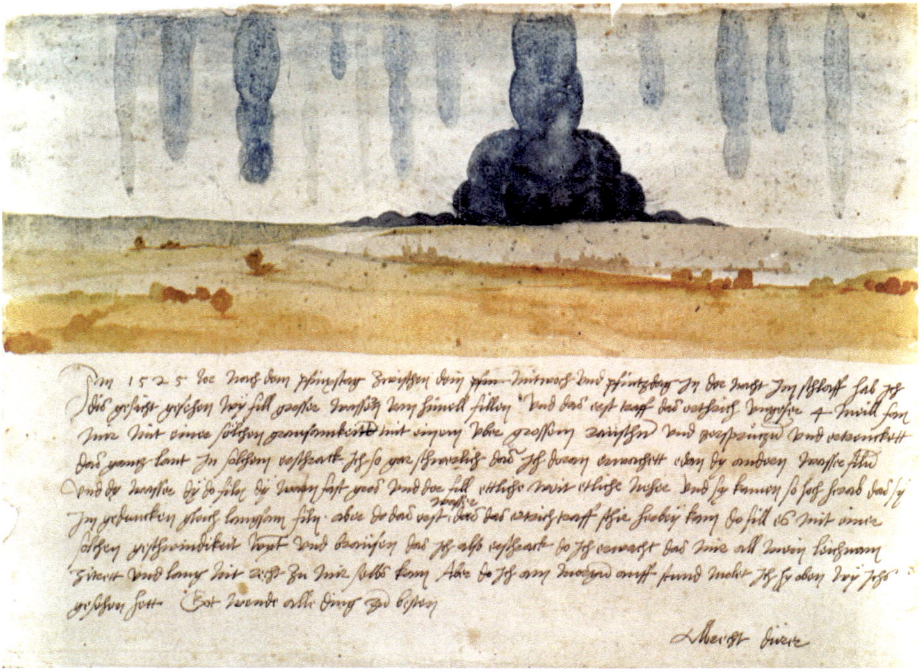

1| Albrecht Dürer, Traumgesicht, 1525, Aquarell und Tinte auf Papier, 30 × 42,5 cm, Kunsthistorisches Museum Wien.

"Unheimliche" zu rationalisieren. Eine hochprivate Angelegenheit wird somit zum Bild und Bericht.[3]

Dürers *Handeling* mit der Farbe, ein Begriff, der im Holländischen auf eine körperliche, performative Aktion referiert, basiert auf den sensomotorischen Bewegungen des Künstlers und seinem produktiven „Kampf mit der Materie", was mit dem Prinzip des Klecksens und der Affordanz des Aquarells korrespondiert.[4]

3 Siehe zuletzt Beyer, Andreas: Künstler, Leib und Eigensinn. Die vergessene Signatur des Lebens in der Kunst, Berlin 2022, S. 103–108; Krüger, Klaus: Figura als Bild: Streiflichter zu Dürer und zum Mediendiskurs in Mittelalter und früher Neuzeit, Göttingen 2024. Vgl. Massing, Jean Michel: Dürer's Dreams, in: Journal of the Warburg and Courtauld Institutes, Bd. 49 (1986), S. 238–243; Herrmann-Fiore, Kristina: Dürers neue Kunst der Landschaftsaquarelle, in: Ausst.-Kat.: Albrecht Dürer, hg. von Klaus Albrecht Schröder u. a., Albertina, Wien, Ostfildern-Ruit 2003, S. 26–43.

4 Siehe Hadjinicolaou, Yannis: Denkende Körper – Formende Hände. Handeling in Kunst und Kunsttheorie der Rembrandtisten, Berlin, Boston 2016.

Das Instrument und das Material, bzw. deren Kombination, die Materialität, wird zum Akteur. Der „kontrollierte" Kontrollverlust korreliert mit Dürers Versuch seinen Alptraum durch Bild und Wort zu überwinden. Die Tropfen drohen innerbildlich wortwörtlich auf die gemalte Landschaft zu fallen.

Ein Bild aus Cartapesta (Pappmaché) Francesco Segalas um 1560 beleuchtet eine weitere Dimension des bereits beschriebenen Phänomens bei Dürer. Das Werk stellt die Ankündigung der künftigen unbefleckten Schöpfung Mariens, und der Schöpfung Gottes oberhalb der Ankündigung dar (Abb. 2). Letztere erscheint fleckig, in spontan anmutenden Hieben von einem mit Farbe benetzten Pinsel. Sie ist aus der göttlichen Wolke entsprungen (Abb. 3). Zugleich ist das Werk ein Metakommentar der *Poeisis* Segalas.[5] Das Material, Cartapesta, weniger hochwertig aber gut formbar, stellt sich als für die spezifische Darstellung besonders gut geeignet dar. Die Zusammenführung von reliefhaft ausgeführten sowie flächigen Bereichen der Oberfläche erzeugt einen Gesamteindruck, der von einem intermedialen Mitstreit der Materialien (das Malerische und Skulpturale) und Techniken gekennzeichnet ist.[6] Es gibt eine materielle Diskrepanz zwischen der angekündigten unbefleckten Empfängnis und der eher befleckten skizzenhaften Andeutung der Schöpfung. Hinzu kommt die Potenz der Form im Werden und die Schöpfung aus dem Amorphen, sprich das Gestalten mit dem besonders gut zum Modellieren geeigneten Material, was sich aber in seiner Minderwertigkeit nicht mit der göttlichen Schöpfung messen kann, wohl eine Demutsgeste Segalas.

Hierbei lässt sich unmittelbar an die künstlerische Inspiration („Furore") denken und die berühmte Passage Vasaris aus der Vita Luca della Robbias: „Nascendo in un subito dal furore dell'arte, si sprima il suo concetto in pochi colpi" („in den Skizzen, die der künstlerische Furor im Moment gebiert, die Vorstellung [des Künstlers], oftmals mit wenigen Hieben zum Ausdruck gebracht ist".[7] Das „un

5 Poiesis. Praktiken der Kreativität in den Künsten der Frühen Neuzeit, hg. von Valeska Rosen, David Nelting, Jörg Steigerwald, Berlin und Zürich 2013; Poesis. Über das Tun in der Kunst, hg. von Andreas Beyer, Dario Gamboni, Berlin 2014.

6 Hadjinicolaou, Yannis: Synagonismus, in: 23 Manifeste zu Bildakt und Verkörperung, hg. von Marion Lauschke, Pablo Schneider, Berlin, Boston 2018, S. 149–157; Hadjinicolaou, Yannis, van Gastel, Joris, Rath, Markus (Hg.): Synagonismus. Theory and Practice in Early Modern Art, Leiden, Boston 2024.

7 Vasari, Giorgio: Le vite de' più eccellenti pittori, scultori e' architettori, hg. von Rosanna Bettarini, Paola Barocchi, Band 3, Florenz 1971, S. 51 (1568); Vasari, Giorgio:

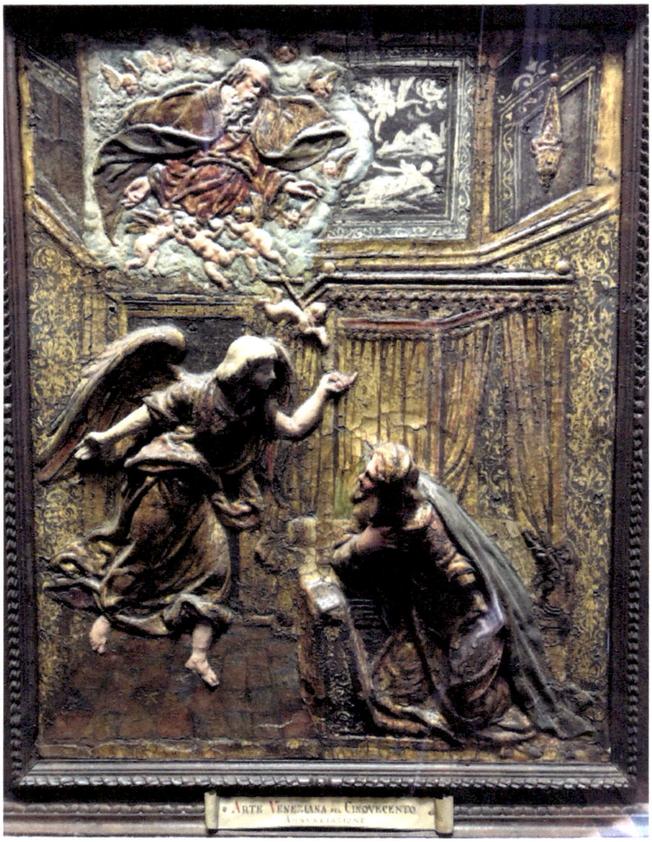

2| Francesco Segala (?), Die Ankündigung, um 1570, Bemaltes Pappmache, Museo Nazionale del Palazzo di Venezia, Rom.

subito" steht somit dem Prinzip der Spontaneität nahe und materialisiert sich in der Skizze bzw. dem Prinzip der *Macchia* (Fleck). Dies manifestiert sich in wenigen Hieben.

In der von Leonardo bekannten Botticelli-Episode wird ein wichtiger Aspekt des Flecks umrissen: „wenn man nur einen Schwamm verschiedener Farben gegen die Wand werfe, so hinterlasse dieser einen Fleck auf der Mauer, in dem man eine

Das Leben des Jacopo della Quercia, Niccolo Aretino, Nanni di Banco und Lucca della Robbia, hg. von Alessandro Nova u.a., Berlin 2010, S. 69.

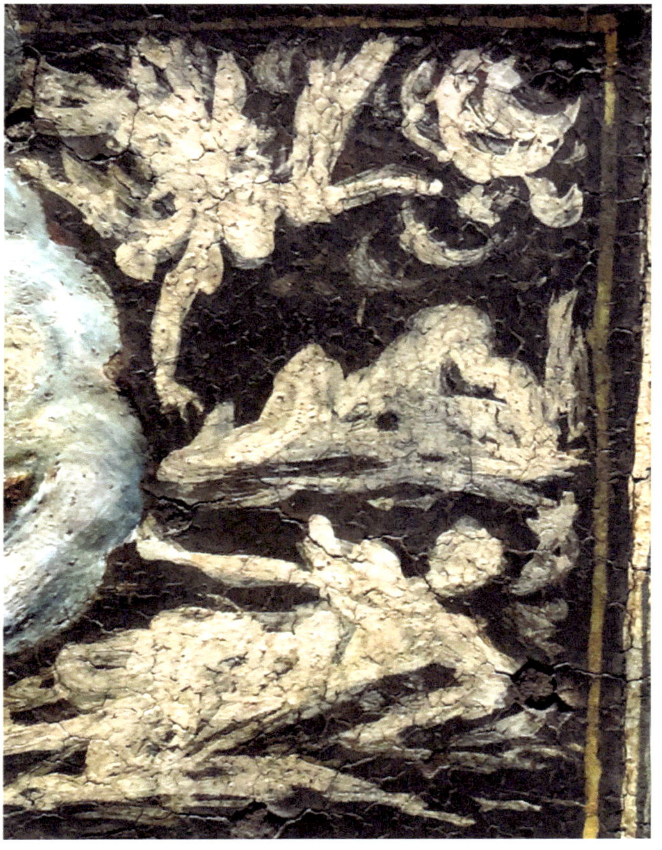

2a| Detail aus Abbildung 2

schöne Landschaft erblickt".[8] Der Verzweiflungsakt als spontane Reaktion, hinterlässt als Produkt einen Fleck, und erzeugt sogar das Bild einer Landschaft. Spontaneität und Selbsttätigkeit des Materials hängen somit zusammen.

Dieser Tatbestand wird Anfang des 17. Jahrhunderts in den Niederlanden erneut bezeugt: In seinem *Grondt* (die *Grundlage der Malerei)* referierte Karel van Mander auf den weitverbreiteten Glauben der mütterlichen Imagination. Die lebendige Phantasie einer Frau, während des Geschlechtsverkehrs oder der Schwanger-

8 Leonardo da Vinci: Treatise on Painting, hg. von A. P. Macmahon, Princeton 1956, S. 59.

schaft, produziere Flecken auf der Haut des Neugeborenen wie Geburtsmale.[9] Van Mander fügt hinzu: „Ebenso, wenn sie zuweilen bei Blutvergiessen heftig und plötzlich erschrecken, erhalten ihre Kinder blutige Zeichen oder zahlreiche andere farbige Flecken [...] So zeigt sich die Macht der Farbe".[10] Abgesehen von der Eigentätigkeit des Flecks und der abergläubischen Haltung, ist hier der Zusammenhang einer unerwarteten und plötzlichen (*onverhoedich*) Körperreaktion von Belang. Es handelt sich um ein autopoetisches „System".

## II

Anhand der zwei besprochenen Werke sowie den drei Passagen aus der Kunstliteratur wird deutlich, dass es sich auch ohne explizite Auseinandersetzung mit dem Begriff der Spontaneität, in Wort und Bild um verwandte Konzepte handelt. Sie sprechen mehrere Charakteristika der Spontaneität an, die mit dem Hantieren des Künstlers einhergehen, nämlich die spielerische Handhabung der Farbmaterie, die wie von selbst agiert, eine Begleiterscheinung des Spontanen lange vor der Moderne. Die Techniken des Klecksens bewirken unmittelbar den Eindruck einer Prozessualität und Vitalität des Bildes, da dessen Artifizialität und Natürlichkeit angesprochen werden. Die ständig wachsende Kraft der Farbmaterie und deren transmutativer und transformativer Prozess entspringen ähnlichen bildgenerativen Prinzipien, vergleichbar mit den Spontaneitäten der Natur.[11]

Spontaneität gilt als selbstverständlich für die Moderne, obwohl sie, systematisch gesprochen, ebenfalls einen blinden Fleck darstellt. Aufnahmen bzw. Filme, wo Künstler als „spontane Genies" bei der Arbeit gezeigt werden, sprechen dafür. Das Prinzip der Spontaneität wird zwar immer wieder für die Kunst der Frühen Neuzeit erwähnt, bisher aber wurden überraschenderweise ihre damit einhergehenden Praktiken kaum analysiert.

9 Siehe Roodenburg, Herman: The Maternal Imagination. The Fears of Pregnant Women in Seventeenth-Century Holland, in: Journal of Social History, Bd. 21/4 (1988), S. 701–716.

10 Van Mander, Karel: Das Lehrgedicht des Karel van Mander, hg. von Rudolf Hoecker, Den Haag 1916, S. 288.

11 Siehe den Beitrag von Karin Leonhard in diesem Band.

Im Folgenden werden drei Begriffe, die verwandte oder direkte Merkmale von Spontaneität sind, nämlich Schnelligkeit, aber auch Authentizität und Unmittelbarkeit in frühneuzeitlichen europäischen Praktiken verfolgt und mit der verbalisierten Kunstpraxis aus den Traktaten konfrontiert.

Zuvor soll aber ein kurzer Exkurs zu den historiografischen Konstruktionen gemacht werden, denn es wird auch deutlich, dass der Begriff oft entweder ubiquitär benutzt und gar nicht analysiert wird, aus welchen Merkmalen Spontaneität überhaupt bestehe. Es werden deshalb heterogene Positionen exemplarisch aufgegriffen, die aber eine ähnliche Tendenz offenbaren. Daran anschließend ist eine historisch-philosophische Verankerung des Begriffs notwendig.

## III

Edgar Wind kritisierte in *Art and Anarchy*, dass die Spontaneität das höchste Gut der Kennerschaft war und immer noch sei: „Connoisseurs, as a rule, are over-anxious not to let the artistic experience run its full course, but to arrest it at the highest point of spontaneity [...] In the study of art the Morellian method pursues authenticity by seeking out freshness; yet to make freshness the sole or supreme criterion of art is a narrow view of aesthetics".[12] Das Spontane wurde ausschließlich als Ausdruck der authentischen und unmittelbaren Hand eines „Künstlergenies" verstanden.

Ernst van de Wetering, einer der besten Kenner Rembrandts, verwendete den Begriff apodiktisch und verortete ihn gänzlich im Sinne der Künstlerintention. Diese Vorgehensweise bestätigt im Grunde die Kritik Winds: „When we are looking at spontaneity or at its traces, we seem to enjoy the experience of the artists movements, and, as it were, to taste their spontaneity or freedom".[13] Es ist erstaunlich, dass van de Wetering im Epilog seines Buches *The Painter at Work*, seine Thesen zur Spontaneität Rembrandts nur illustriert, ohne auf konkrete Bildanalysen einzugehen, was angesichts der speziellen Ausrichtung des niederländischen Kunsthistorikers umso mehr wundert: „With Rembrandt and other great

12 Wind, Edgar: Art and Anarchy, Chicago 1985 (1963), S. 46.

13 Wetering, Ernst van de: Rembrandt. The Painter at Work, Berkeley, Los Angeles, London 2004 (1997), S. 275.

artists with a spontaneous hand [...] you register unconsiously that the spontaneity has itself no deliberate aim, it is not even a means, it is a self-evident and integral part of their artistic skill".[14]

Gleichzeitig sieht es in der Kunst „südlich der Alpen" nicht anders aus wie mit den Großen Künstlersubjekten umgegangen wird: Irving Lavin erkannte in seinem berühmten Artikel zu Berninis „Calculated Spontaneity" den „ganzen" und „wahren" Bernini nur an seinen spontanen und frischen *Bozzetti*, weil diese die unmittelbarsten Spuren der Werkzeuge und Fingerabdrücke in sich tragen.[15] Sie seien Ausdruck der kreativen Energie des Künstlers. Das Problem der Werkstatt und so der Mehrhändigkeit und Kooperation kam dabei kaum zum Ausdruck, wie dies zuletzt kritisiert wurde.[16]

Spontaneität wird außerdem bei beiden Kunsthistorikern vorausgesetzt und nicht ins Verhältnis zur Kunsttheorie gesetzt, um zu klären, ob auch Quellen aus der Zeit mit verwandten Begriffen operierten. Diese kurz skizzierten Beispiele sind Symptome einer bestimmten Haltung in der Kunstgeschichtsschreibung der europäischen Frühen Neuzeit, die den Begriff der Spontaneität eher als Label verwendet, als Spur eines „Künstlergenies".

## IV

Leibniz ist abgesehen von Thomas Hobbes und Christoph Wolff derjenige Denker in der Frühen Neuzeit, der sich intensiv mit dem Begriff der Spontaneität auseinandergesetzt hat.[17] Die Rolle des Visuellen für sein Denken ist längst bekannt: „In der Tat", schrieb Leibniz „wenn wir die Sachen selbst (*res ipsas*) immer vor Augen haben können [...] werden wir es weniger nötig haben, sie durch Zeichen

14 Ebd., S. 276.

15 Lavin, Irving: Calculated Spontaneity. Bernini and the Terracotta Sketch, in: ders., Visible Spirit, vol. 1, London 2007 (1978), S. 376–392.

16 Nadeau, Tara: The Concept of Berninis "Calculated Spontaneity". A Critical Reassessment, in: Material Bernini, hg. von Evonne Levy, Carolina Mangone, London, New York 2016, S. 169–186.

17 Siehe Hoffmann, Thomas Sören: Spontaneität in: Historisches Wörterbuch der Philosophie, hg. von Joachim Ritter, Karlfried Gründer, Bd. 6, Basel 1998, S. 1426f.

repräsentiert zu haben".[18] Die Rolle der unmittelbaren visuellen Kraft stimmt mit der Agenz des Bildes überein. Dies wiederum zeigt Parallelen zur intuitiven und spontanen Substanz auf. Eine Substanz besteht gleichsam aus Materie und Form, ohne Hierarchien. Alle Zustände und Kräfte einer Monade kommen von sich selbst heraus, sie sind also intrinsisch. Das ist hier von Bedeutung, weil das Agens von dem menschlichen Subjekt in die Materie verschoben wird.[19]

Die Philosophin Julia Jorati hat in ihrem 2017 erschienenen Buch „Leibniz. On Causation and Agency" dem Thema ein Kapitel gewidmet ohne auf die Frage der Visualität einzugehen.[20] Sie unterscheidet zwischen metaphysischer, rationaler und „Agent Spontaneity".[21] Letzteres ist in diesem Zusammenhang entscheidend: „eine Aktion ist spontan, wenn ihre Quelle im Agenten selbst enthalten ist und aus ihren eigenen Tiefen generiert wird [...] alles kommt in einer Substanz aus sich selbst hervor", schrieb Leibniz.[22]

Spontaneität gehört zu uns, bemerkte Leibniz, solange wir in uns die Quelle unserer Aktionen mittragen.[23] Die rationale Spontaneität ist determiniert vom Intellekt und Willen des Agenten. Instinktive menschliche Aktionen sind „agent spontaneous" aber nicht rational spontan.[24] Freiheit ist nach Leibniz Spontaneität mit ratio: „Was wir Spontaneität in Bestien und anderen Substanzen, nennen, die keine Intelligenz haben, wird beim Menschen [...] Freiheit genannt".[25] Bei Hobbes, um ein Gegenbeispiel zu nennen, wird Spontaneität nur lebenden Wesen attestiert: „Spontaneity means no more than appetite, and is not found but in living creatures"; er fügt aber hinzu: „by spontaneity is meant inconsiderate action".[26] Wichtig ist hier die Idee einer unreflektierten Handlung und Aktion, die mit dem bereits erwähnten Begriff des *Handeling* korrespondiert.

18 Zt. n. Bredekamp, Horst: Die Fenster der Monade. Gottfried Wilhelm Leibniz' Theater der Natur und Kunst, Berlin 2004 (zweite Auflage), S. 106.

19 Ders.: Leibniz's Concept of Agens in Matter, Space and Image, in: Active Materials, hg. von Peter Fratzl, Berlin, Boston 2021, S. 299–311.

20 Jorati, Julia: Leibniz on Causation and Agency, Cambridge 2017.

21 Ebd., S. 4.

22 Zt. nach ebd., S. 38.

23 Ebd., S. 47, 49.

24 Ebd., S. 119.

25 Hoffmann 1998 (wie Anm. 17), S. 1427.

26 Jorati 2017 (wie Anm. 20), S. 55. Siehe auch Hoffmann 1998 (wie Anm. 17), S. 1426.

## V

Vorstellungen des Spontanen sind mit Schnelligkeit unmittelbar verbunden: Samuel van Hoogstraten lobte 1678 in seiner *Inleyding* den Anteil des Zufalls beim Bildermachen (jedoch nur an zweiter Stelle nach der *Idea*).[27] Dabei ging es um den topischen Wettstreit zwischen Knipbergen, van Goyen und Porcellis. Ein und dieselbe Landschaft war Gegenstand des Wettbewerbs, wobei drei vollkommen unterschiedliche Bilder entstanden, die mit Usus, Fortuna und Idea verbunden wurden. Die Beschreibung des Bildes van Goyens ist dabei für diesen Kontext besonders relevant: „sein Auge war trainiert darauf Formen zu erkennen, die in einem Farbenchaos verborgen lagen. Es lenkte seine Hand und seinen Verstand so geschickt, dass ein vollendetes Gemälde zu sehen war, bevor jemand überhaupt imstande war zu erkennen, was er vorhatte“ (*eermen recht merken kon, wat hy voor hadt*).[28] Das besondere hier ist die Schnelligkeit des Künstlers, die kaum nachvollziehbar ist, als ob sie eine Art *automatic painting* als Ziel hatte, was gewiss mit Trainieren und Einübung zusammenhängt.

In seiner Erzählung fügte van Hoogstraten eine weitere Naturmetapher hinzu: Er erläuterte den Prozess, mit dem das Auge beim Anblick der züngelnden Flammen Formen erkennt, die Gegenständen ähneln: „ob das Auge einzelne Formen in groben Skizzen von Zufallsobjekten erkennt, wie wir es tun, wenn wir am Kamin sitzend das Feuer betrachten; oder ob die Hand etwas aus Gewohnheit tut, mehr oder weniger wie wenn wir schreiben; denn ein guter Schriftsteller produziert feine Schriften ohne darüber nachzudenken, als ob Kopf und Auge in der Hand des Künstlers platziert waren“.[29] Das Instrument und die jeweilige Materie führen die denkende Hand des Künstlers, nicht umgekehrt.

Anders als bei Porcellis offenbart das Gemälde van Goyens eine sich vom Körper her entfaltende Dynamis. Bereits in der griechischen Antike wurde Spontaneität

27 Van Hoogstraten, Samuel: Inleyding tot de hooge schoole der Schilderkonst. Anders de zichtbaere Werelt, Rotterdam 1678, S. 237. Weststeijn, Thijs: The visible world. Samuel van Hoogstraten's Legitimation of Painting in the Dutch Golden Age, Amsterdam 2008, S. 251.

28 Ebd., S. 237 f. Weststeijn 2008 (wie Anm. 27), S. 251; Hadjinicolaou 2016 (wie Anm. 4), S. 77.

29 Van Hoogstraten (wie Anm. 27), S. 237.

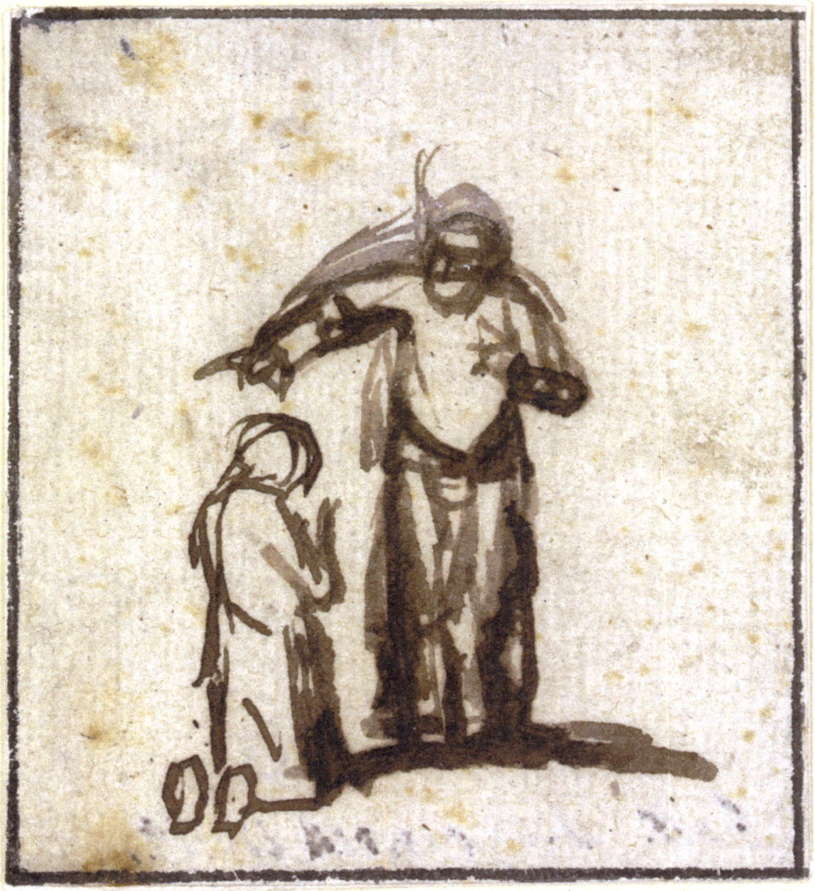

4| Samuel van Hoogstraten, Samuel salbt David, Feder in Braun auf Papier, 63 × 56 cm, Städel Museum, Frankfurt am Main.

gerade solchen Naturprozessen wie dem Flammenspiel zugeschrieben, weil es von der Prämisse einer Eigentätigkeit der Natur ausgeht. In dieser Tradition stehend, benutzte beispielsweise der Leibniz Schüler Christian Wolff den Begriff Spontaneität, wenn er Naturvorgänge wie die Bewegung des Feuers beschrieb.[30]

Dem Künstler erschließt sich im Arbeitsprozess sein Bild in einer „präreflektierten" Weise, bevor die Betrachter*innen überhaupt imstande sind, die dahinterstehenden Ziele oder Ideen zu erkennen. Hier klingt Hobbes' bereits zitierte

30 Hoffmann 1998 (wie Anm. 17), S. 1427.

Bemerkung über die Spontaneität als unreflektierte Aktion an. Das *Handeling* läuft in Verbindung mit der jeweiligen Technik, die erlernt und angeeignet wurde automatisch ab (*automatos* ist das altgriechische Wort für das Spontane). Die körperschematischen Abläufe sind unbewusst, da deren Grunddisposition von Körperlichkeit und Sensomotorik mit Körperextensionen und Instrumenten verbunden ist und durch Übung und Gewohnheit weiter zu einer Fähigkeit ausgebaut wird. Es lässt sich hier von *Handeling* als einem körperlichen Gedächtnis sprechen.[31]

Andeuten ist hier das Stichwort, ähnlich wie beim Vasarischen *Furore*: Die andeutende Kraft einer Federskizze kommt in diesem Beispiel deutlich zum Tragen, wohlgemerkt aus einer Zeit, in der van Hoogstraten dem Rembrandtschen *Handeling* nahestand (Abb. 4). Die zahlreichen *Pentimenti* animieren. Sie unterstützen das fließende Werden der Figuren, die anhand des tachistischen Potenzials der Feder in Tinte und Tusche eine nasse Frische ausstrahlen, die das Thema der Salbung Davids unterstreichen.

Van Hoogstraten warnte zugleich auch vor der Gefahr der übermäßigen Eile beim Malen: Denn in Anlehnung an Antidotus meinte er, dass die Naturähnlichkeit mit Ruhe und Zeit und nicht mit Eile erzeugt wird.[32] Andererseits sei das, was minutiös und laboriös ausgeführt wird, oft anstrengend anzuschauen, so der Dordrechter Maler und Kunsttheoretiker.[33] Dies zeugt auch von der oft widersprüchlichen und nicht systematischen Kunsttheorie des ehemaligen Schülers und Assistenten von Rembrandt.

Das grobe Skizzieren war besonders beliebt bei Kunstliebhabern, da es als Speicherort für Gedanken galt, die sich im Prozess befanden, sich also ständig ändern konnten.[34] Van Hoogstraten galt die raue Skizze (*ruwe schets*) als Resultat eines kreativen Suchens.[35] In Frankreich kann ähnliches beobachtet werden: Der

31 Zur Unterscheidung zwischen Körperschema und Körperbild siehe: Gallagher, Shaun: How the Body Shapes the Mind, Oxford 2006; Krois, John Michael: Bildkörper und Körperschema, in: ders.: Bildkörper und Körperschema. Schriften zur Verkörperungstheorie ikonischer Formen, Berlin 2011, S. 253–271.

32 Van Hoogstraten (wie Anm. 27), S. 240.

33 Ebd., S. 236f.

34 Slive, Seymour: Rembrandt and his Critics. 1630–1730, Den Haag 1958, S. 129.

35 Atkins, Christopher: The signature Style of Frans Hals. Painting, Subjectivity and the Market in Early Modernity, Amsterdam 2012, S. 92 ff. Die folgenden Überlegungen basieren auf Hadjinicolaou 2016 (wie Anm. 4).

Rembrandt-Bewunderer Roger de Piles schätzte besonders das schnelle Skizzieren von Gedanken, da für ihn der Ausdruck von Freiheit und Spontaneität entscheidend war.[36] Auch hier wird deutlich, dass das Skizzieren und der Prozess des Denkens als Einheit zu betrachten sind. Ideen, die im Fluss sind, korrespondieren mit der Materie, die sich ebenfalls im Fluss befindet. Die Wichtigkeit der „*primi pensieri*" oder „*schizzi*" für Filippo Baldinucci sind bekannt und werden dann auch ähnlich in den Niederlanden sowie in Frankreich und England (Jonathan Richardson spricht von *spirituous scrabbles*) fortgeführt[37]. Dabei wird eins deutlich: Spontaneität ist erworbene Fähigkeit.

Baldinucci kritisierte das Zusammenspiel von Langsamkeit und performativer Aktion in Rembrandts Malprozess: „Und was beinahe unverständlich ist, ist wie Rembrandt so langsam und dauerhaft arbeiten konnte, indem er lediglich mit Farbe um sich geworfen hat (far di colpi)".[38] Das „Werfen" der Farbe auf die Leinwand vermittelte den Eindruck, dass nicht über das Tun nachgedacht werden müsse, obwohl Rembrandt langsam und wiederholt zum selben Bild zurückkehrte, ein Topos, der über Tizian oder El Greco tradiert wird.[39] Pacheco nannte Künstler, die mit Flecken arbeiteten, "Dreckwerfer" (*empastadores*) (Abb. 5 und 5a).[40] Ähnlich ging es Gerard de Lairesse, der Rembrandts Farbauftrag mit Exkrementen verglich.[41]

36 Korthals Altes, Everhard: Félibien, de Piles and Dutch seventeenth-century paintings in France, in: Simiolus, 34/3–4 (2009/10), S. 197.

37 Baldinucci, Filippo: Notizie dei Professori del Disegno da Cimabue in qua, Bd. 6, Florenz 1974, S. 469 (1681–1728); Richardson, Jonathan: The Works of Jonathan Richardson, Hildesheim 1969 (1773), S. 216.

38 Sohm, Philip: Pittoresco. Marco Boschini, his Critics, and their Critiques of Painterly Brushwork in Seventeenth and Eighteenth Century Italy, Cambridge 1991, S. 16.

39 Boschini, Marco: La Carta del navegar pitoresco; ed. critica, con la "Breve istruzione" premessa alle Ricche Minere della pittura Veneziana, hg. von Anna Pallucchini, Venedig und Rom 1966, S. 711f.; Francisco Pacheco, Arte de la pintura, hg. von Bonaventura Bassegoda i Hugas, Madrid 1990, S. 483.

40 McKim-Smith, Gridley, Andersen-Bergdoll, Greta, Newman, Richard: Examining Velázquez, New Haven, London 1988, 20.

41 De Lairesse, Gerard: Groot Schilderboek, Bd. 1, Haarlem 1740 [1707], S. 320 und S. 324.

Die *franchezza*, als Direktheit und Authentizität verstanden, ist ein Merkmal von Spontaneität.[42] Je schneller etwas entsteht, desto schwieriger ist es zu kopieren, wodurch auch Schnelligkeit mit Authentizität verbunden wird (hier lässt sich erneut an Winds Äußerung und sogar an Giovanni Morelli denken). Baldinucci zufolge: „bleibt es ungeheuer schwierig diese unglaublich schnellen und subtilen (*veloccisimi e sottilissimi*) Pinselhiebe – zu imitieren und zwar auf eine Weise, dass sie wie Originale aussehen, ohne Mangel an Disegno".[43] Dass diesen Werken dennoch nicht der geringste Aspekt eines guten Disegno fehlen darf, spricht für das kunsttheoretische Programm Baldinuccis, wie bereits im Falle der Rembrandtkritik gezeigt.

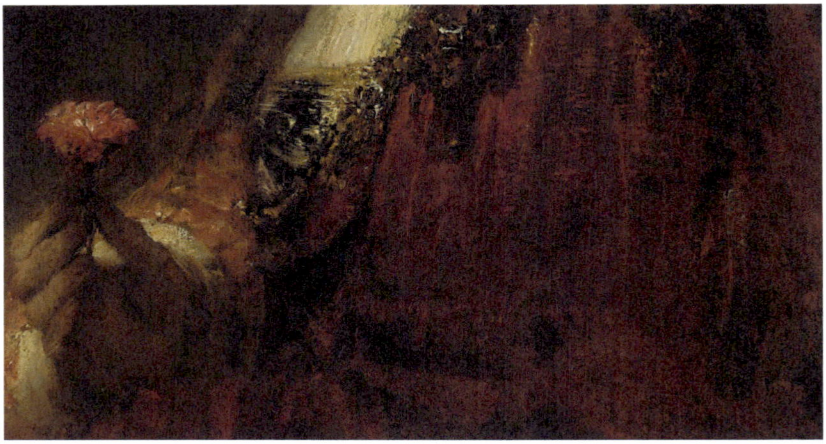

5a| Detail aus Abbildung 5

## VI

Unmittelbarkeit ist, zumindest implizit, ein Aspekt des Spontanen. Eine grundlegende Form des Unmittelbaren hat ihre Nachwirkung in der Vita von Pieter Bruegel Karel van Manders gefunden. Dort geht es um die Fähigkeit des Künstlers die Natur regelrecht in sich aufzusaugen und dann auf die Leinwand zu übertragen. Dies geschieht jedoch durch ein eher unorthodoxes Verfahren: „Auf seinen

42 Van Gastel, Joris: Il Marmo spirante. Sculpture and Experience in Seventeenth Century Rome, Berlin, Boston 2013, S. 169–188.

43 Zt. n. Sohm 1991 (wie Anm. 38), S. 183.

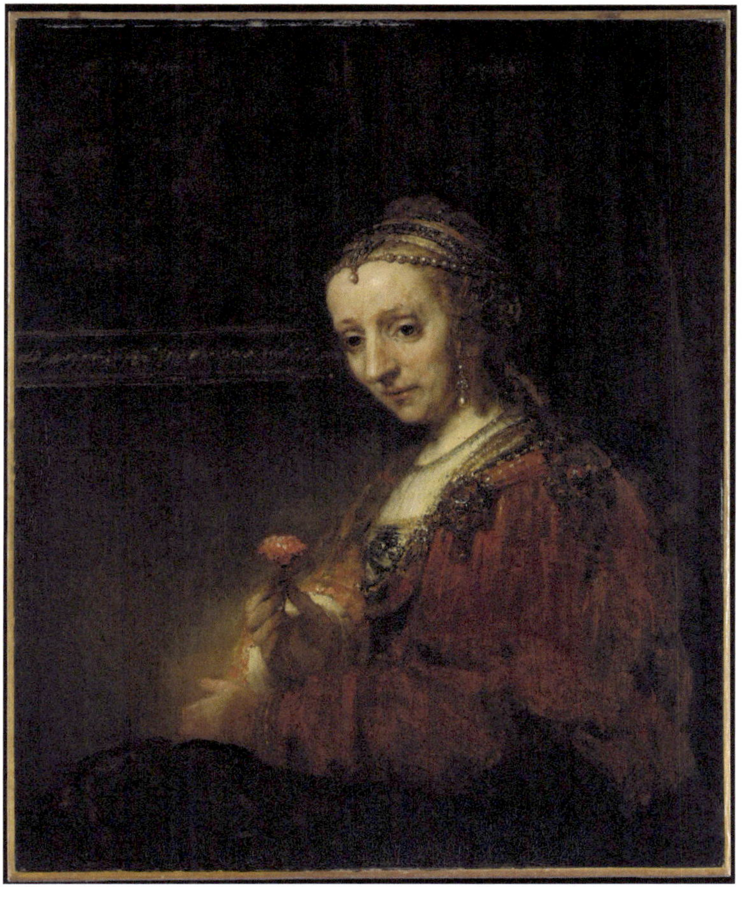

5| Rembrandt, Frau mit einer Nelke, Öl auf Leinwand, 92,1 × 74,6 cm, The Metropolitan Museum, New York.

Reisen hat er viele Veduten nach der Natur gezeichnet, so daß gesagt wird, er habe, als er in den Alpen war, all die Berge und Felsen verschluckt und als Malbretter wieder ausgespien, so nahe vermochte er der Natur zu kommen".[44] Van Mander distanziert sich von der Erzählung, indem er „gheseyt wordt" (gesagt wird) hinzufügt. Dennoch verbindet er das paradigmatische Prinzip des „nach dem Leben" (naar het leven) mit einem körperlichen Prozess, nur geht es nicht um die Hände,

44 Van Mander, Karel: Das Leben der niederländischen und deutschen Maler, hg. von Hanns Floerke, Bd. 1, München, Leipzig 1906, S. 254–257.

sondern wortwörtlich um den Magen des Künstlers.[45] Dies hängt mit der Idee zusammen, dass etwas Spontanes wie von selbst, ohne Hände, entspringen sollte. Die Malaktion wird mit dem Verdauungsprozess gleichgesetzt, um auf biologische Weise die Natur selbst hervorzubringen.

Eine weitere Gestalt, die van Mander mit diesem Topos verbindet, ist Cornelis Ketel. Er habe sich an die erweiterte Hand der Natur gehalten und zwar direkt mit eigenen Händen und Füßen.[46] So stellt ihn auch van Hoogstraten in seinem Frontispiz im Kapitel über die Farbe dar. Ketel führt seinen linken Fuß wie einen Pin-

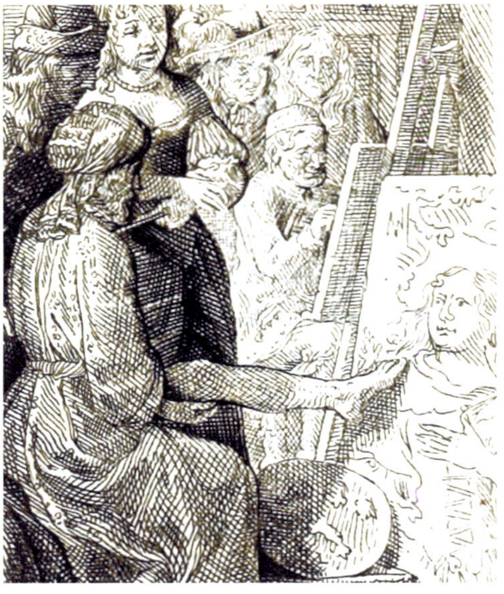

6a| Detail aus Abbildung 6

sel und kann dennoch, sogar beim Anfertigen von Porträts, Ähnlichkeiten herstellen (Abb. 6 und 6a). Authentizität geht in diesem Zusammenhang mit dem Körper als Spur und Instrument einher. Kunsthistoriker*innen mögen an Performances des 20. Jahrhunderts denken.[47] Dies ist aber kein bloßer Topos, wie anhand

45 Zum Topos des „nach dem Leben“ siehe zuletzt Ad vivum? Visual Materials and the vocabulary of life likeness in Europe before 1800, hg. von Thomas Balfe, Joanna Woodall, Claus Zittel, Leiden, Boston 2019.

46 Van Mander 1906 (wie Anm. 44), Bd. 2, S. 196 f.

47 Siehe in diesem Band die Texte von Monika Wagner und Vera Wolff.

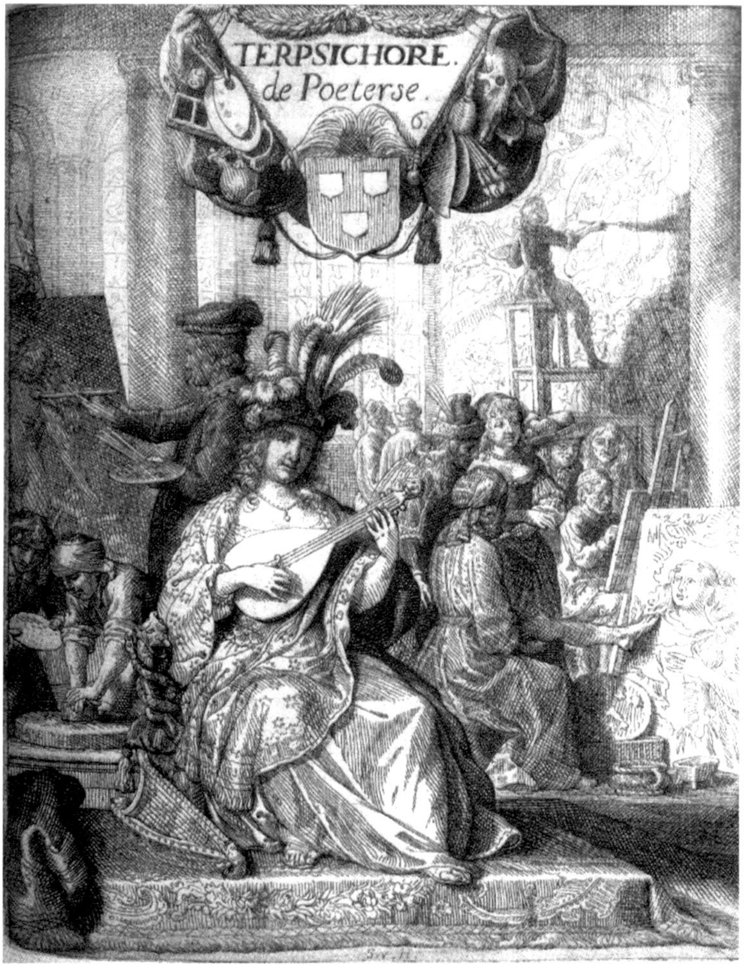


6| Samuel van Hoogstraten, Terpsichore, Titelseite des 6. Kapitels des Inleyding tot de hooge schoole der schilderkonst, Rotterdam 1678.

eines exemplarischen Porträts gezeigt werden kann (Abb. 7).[48] Denn dort sind tatsächlich Fingerabdrücke zu finden und zwar im Bereich des weißen Kragens und im Übergang zum schwarzen Mantel (sie weisen eine runde Form auf). Hinzu kommt, dass Ketel mit der Signatur seine Arbeitsweise bezeugt „zonder borstel of penseel

48 Chapman, Perry H.: Cornelis Ketel, finger painter and poet-painter, in: Nederlands Kunsthistorisch Jaarboek, 59 (2010), S. 248–273.

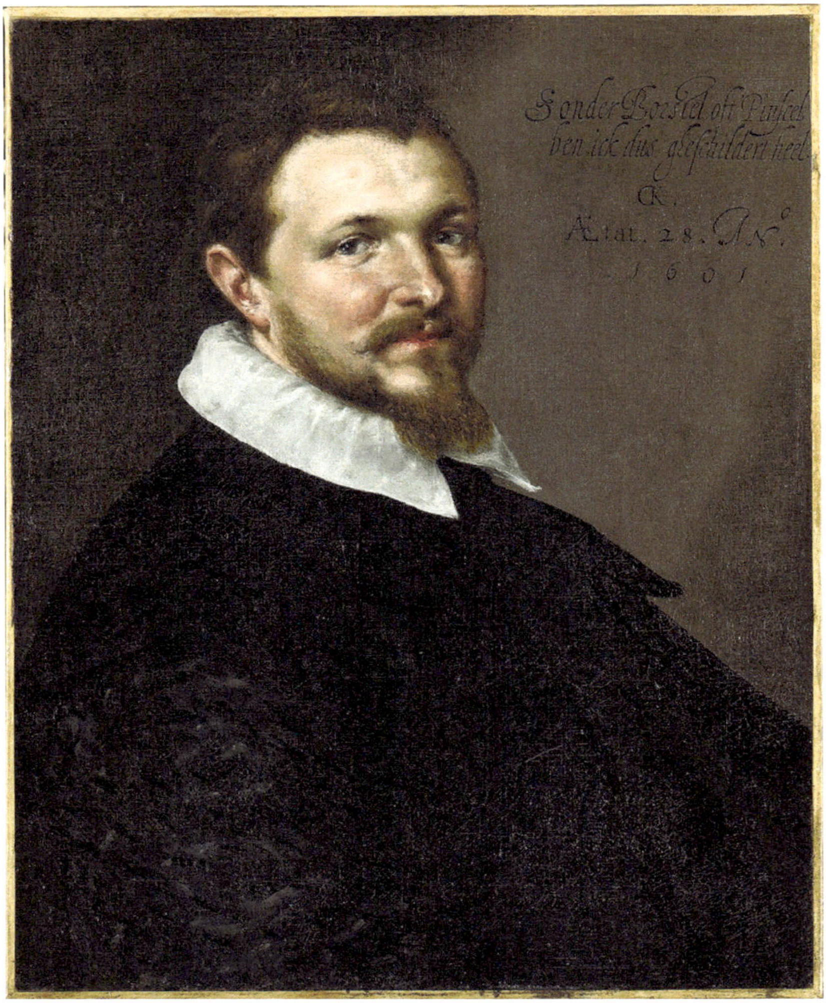


7| Cornelis Ketel, Porträt eines unbekannten Mannes, signiert, 1601, Öl auf Leinwand, 59 × 47 cm, Sammlung P. und N. de Boer, Amsterdam.

ben ik dus geschildert heel“ (*ganz ohne Borsten und Pinsel bin ich also gemalt*), sagt das Bild. So wird Malerei zur Spur eines körperlichen Einsatzes und zwar jenseits eines feinen oder rauen *Handeling*. Van Mander bringt zudem das Arbeiten Ketels mit dem Begriff der Lust zusammen.[49] Ketel kann seine künstlerisch prokreative

49 Van Mander 1906 (wie Anm. 44), Bd. 2, S. 194.

Lust kaum kontrollieren.[50] Kunstliebhaber und Liebhaber-Künstler bekommen somit jeweils eine doppelte Konnotation, die ja auch im Stich aus der *Inleyding* van Hoogstratens mit Ketel visualisiert ist (er berührt mit dem Fuß die Schulter in Richtung des weiblichen *Decolleté*, während die Palette vertikal liegt, Abb. 6a). Für van Mander ist das Malen mit den Füßen oder Fingern nicht negativ konnotiert, es wird im Gegenteil als außergewöhnliche Praxis eingestuft.[51]

Das Fingermalen erinnert an eine Erzählung, wonach der späte Rembrandt-schüler Arent de Gelder nicht nur mit der Rückseite des Pinsels (Abb. 8), sondern auch mit den Fingern gemalt haben soll.[52] Sein Markenzeichen ist gerade dieses ungewöhnliche *Handeling*, eingehend durch seinen Freund, den Biografen Arnold Houbraken, beschrieben,[53] das durch Bewegungen charakterisiert wird, die über den bezeichneten Gegenstand hinausgehen. Die entstandene Spur der Handbe-

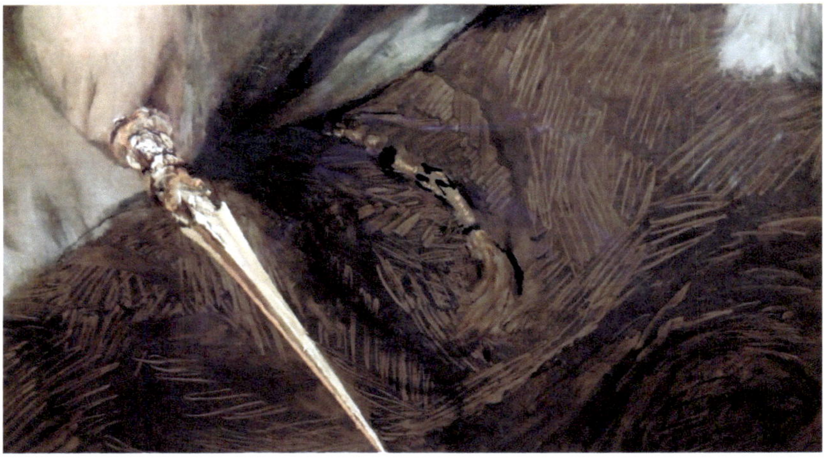

8| Detail aus Arent De Gelder, Alttestamentarische Figur, wahrscheinlich Salomon, um 1685, Öl auf Leinwand, 105,3 × 94,5 cm, The Leiden Collection, New York.

50 Siehe zum Thema allgemein: Pfisterer, Ulrich: Kunst-Geburten. Kreativität, Erotik, Körper, Berlin 2014.
51 Van Mander 1906 (wie Anm. 44), Bd. 2, S. 196 f.
52 Siehe Hadjinicolaou 2016 (wie Anm. 4), S. 206 ff.
53 Houbraken, Arnold: De Groote Schouburgh der Nederlantsche konstschilders en schilderessen, Bd. 3, Amsterdam 1759, S. 207 f.

wegung verweist auf ihre eigene spontane Motorik, die nur bis zu einem gewissen Grad kontrollierbar ist. Das heißt, dass die Spur der Hand mit dem Instrument und den damit einhergehenden Motoriken den Rezipient*innen regelrecht entgegenkommt, was mit dem bereits besprochenen *Handeling* korrespondiert.

## VII

Baldinucci hat bekanntlich die *Macchia* definiert und zwar als ob diese ohne Einsatz einer künstlerischen Hand entstanden wäre: „mit außerordentlicher Leichtigkeit und Frische und wenig Bleistift oder Farbe gemacht ist, als sei sie nicht von der Hand eines Künstlers, sondern aus sich selbst heraus auf dem Blatt oder der Leinwand entstanden" (*non da mano d' Artefice, ma da per se stessa sia apparita*).[54] Der toskanische Künstler und Kunsttheoretiker impliziert hier, dass das intrinsische „aus sich selbst heraus" der *Macchia* eine Aktivität aufweist, die nicht ausschließlich einem menschlichen Akteur zuzuschreiben ist. Das Skizzieren, wodurch nicht bloß definiert wird, sondern Formen suggeriert werden, setzt eine weitere unabhängige Kraft frei, die spontan zu agieren scheint. Die Bewegung der Hand „formt" auf eine intelligible und zugleich expressive Weise das Material, das gleichzeitig sein „Ungeformtsein" als aktive Materie beibehält.

Somit tritt die künstlerische Individualität nicht in den Vordergrund (wie dies oft in der Historiografie geradezu axiomatisch geschah), sondern die spontan agierende Materie im Leibnizischen Sinne. Spontaneität impliziert den Bildprozess einer wachsenden sowie sich auflösenden Materie. Hier tritt das implizit in Theorie und Praxis hervor, was später mit der modernen Kunst als explizites Manifest sichtbar wird.[55] Die idealistisch geprägte und dominante akademische Kunsttheorie der europäischen Frühen Neuzeit, die jegliche Formen von Spontaneität bekämpfte, wird erst im Zuge des 20. Jahrhunderts als überwundener Kanon abgelöst.

54 Baldinucci, Filippo: Vocabolario dell'arte del Disegno, Florenz 1681, S. 86. Vgl. Sohm, Philip: Maniera and the Absent Hand. Avoiding the Etymology of Style, in: RES, 36 (1999), S. 100–124.

55 Siehe die Beiträge von Friedrich Weltzien und Matthias Krüger in diesem Band.

Friedrich Weltzien

# SPONTE SUA

## Klecksografie als Praxis der Spontaneität

Im abendländischen Denken bindet sich der Diskurs der Spontaneität immer wieder an die platonisch-aristotelische Auseinandersetzung um das *automaton* (αὐτόματος), ein Begriff, der im Lateinischen mit dem Ablativ *sponte* oder *sponte sua* übersetzt und ab dem 17. Jahrhundert dann als *spontaneitas* verbürgt ist.[1] Für das moderne Verständnis des Begriffs spielt schließlich der aufklärerische Philosoph Immanuel Kant eine eminente Rolle. Kants Theoretisierung wiederum ruft in der Aufnahme durch die Künste (aber auch in der Wissenschaftstheorie) in der Zeit der Romantik ein großes Echo hervor.

Kant gebraucht Spontaneität häufig gleichbedeutend mit dem Begriff der Selbsttätigkeit und übersetzt *sponte sua* als „von selbst". Diese Lesart wird in der ersten Hälfte des 19. Jahrhunderts in deutschsprachigen Diskursen weitergeführt und mit Textbeispielen des klassischen Latein belegt: „sponte" gilt als Synonym zu Begriffen wie *ultro, sua natura, voluntate* und erhält damit eine Konnotation von „selbständig, freiwillig, naturgemäß, nicht an Vorschriften oder Regeln gebunden",

1 Vgl. Hoffmann, Thomas Sören: Eintrag „Spontaneität" in: Historisches Wörterbuch der Philosophie, hg. von Joachim Ritter, Karlfried Gründer, Bd. 9, Basel 1995, Sp. 1424–1434; Dolar, Mladen: Automatismen der Wiederholung: Aristoteles, Kierkegaard und Lacan, in: Automatismen, hg. von Hannelore Bublitz u. a., Paderborn 2013, S. 129–152; Automaten, Androiden, Avatare. Diskurse zu Technik und Lebendigkeit, hg. von Natascha Adamowsky, Anna Maria Tekampe, Wien 2020; Ästhetik des Zufalls. Ordnungen des Unvorhersehbaren in Literatur und Theorie, hg. von Christoph Pflaumbaum u. a., Heidelberg 2015.

bis hin zum Verständnis von „ohne Auftrag", „eigenmächtig" oder „ohne Beispiel".[2] Nach 1800 wird diese Begriffsbedeutung der Spontaneität für Aspekte der technischen Automation, die im Rahmen der Industrialisierung an Bedeutung gewinnt, wie auch für philosophische Aspekte der bürgerlichen Subjektkonstitution, das „Selbst" in der Selbsttätigkeit, relevant. Dabei verschlingen sich die beiden Bereiche, Automation und Subjektkonstitution, über diese Terminologie eng ineinander.[3]

## Selbsttätige Bildpraktiken

Die Untersuchung der Praktiken erweist dabei allerdings Unterschiede im Vergleich zu den theoretischen Setzungen. So erlebt das frühe 19. Jahrhundert eine intensive Auseinandersetzung mit experimentellen bildgebenden Techniken, die sowohl mit wissenschaftlichen als auch mit künstlerischen Intentionen an einem „von selbst" arbeiten.[4]

Die theoretischen Bestimmungen des Spontanen werden, so sie These, im Bildermachen erweitert. Die bis heute wohl bedeutendste technische Entwicklung, die eine solche Argumentation bemüht, dürfte die Fotografie sein. Das Narrativ des von selbst entstehenden Bildes hat bereits die Erfindergeneration bedient, etwa wenn Louis Daguerre sein Verfahren schon 1839 als „la reproduction spontanée des images de la nature"[5] beschreibt. Die Fotografie gibt ihren Gegenstand ebenso detailliert wie vertrauenswürdig wieder, weil kein fehlbares Künstlersubjekt die technische Objektivität des Automaten stört. Die Verbindung von Mechanik, Optik und Chemie ersetzt den zeichnenden Menschen, der Apparat vermag die Aufnahme des Gegebenen selbsttätig, augenblicklich und minutiös durchzuführen. Nicht akademische Konventionen, sondern die Natur allein bestimmt

2 Vgl. z. B. Küttner, Ferdinand: Über den Gebrauch von sponte und ultro, in: Programme d'invitation a l'examen public du Collège Royal Français, Berlin 1859, S. 1–38.

3 Eingehender habe ich mich damit beschäftigt in: „Von Selbst." Autopoietische Verfahren in der Ästhetik des 19. Jahrhunderts, hg. von Friedrich Weltzien, Berlin 2006; ders.: Fleck. Das Bild der Selbsttätigkeit. Justinus Kerner und die Klecksografie als experimentelle Bildpraxis zwischen Ästhetik und Naturwissenschaft, Göttingen 2011.

4 Vgl. Weltzien 2006 (wie Anm. 3).

5 Daguerre, Louis Jacques Mandé: Daguerréotype, 1839, zitiert nach Batchen, Geoffrey: Burning with Desire. The Conception of Photography, Cambridge 1997, S. 56.

Bildaufbau und Ikonografie – so zumindest argumentiert diese Legitimationsstrategie. Weit mehr als jeder noch so genial begabte oder noch so umfassend ausgebildete und geübte Mensch ist der Automat schnell, objektiv, zuverlässig und präzise bis ins mikroskopische Detail. Diese Konnotationen des Spontanen schwingen mit in der Nutzung des Begriffs in ästhetischen wie auch technischen Diskursen um die Mitte des 19. Jahrhunderts.

Neben der Fotografie entstehen in diesem Zeitraum noch weitere Bildtechniken, die ebenfalls den Wert der Spontaneität ausbeuten. Nicht alle selbsttätigen Verfahren suspendieren dabei notwendigerweise das intentionale Subjekt durch den Apparat, wie es die Fotografie tut. Aber auch diese Verfahren unterstreichen gleichermaßen den Aspekt der Freiheit des Spontanen als Loslösung von konventionellen Beschränkungen. Zu diesen Techniken zählt die Klecksografie, die im Folgenden näher ins Auge gefasst werden soll.

Bei der Gegenüberstellung von Praktiken und Theorien der Spontaneität fällt auf, dass die Geschichte der ästhetischen Theorien (im Gegensatz zur Philosophiegeschichte) dem Terminus erstaunlich wenig Aufmerksamkeit gewidmet hat. So sucht man in kunsttheoretischen Nachschlagewerken der Zeit vergebens danach. In der Praxis hingegen sind Beispiele ästhetischer Konzepte, die eine bestimmte Technik des „von selbst" rechtfertigen, allenthalben zu finden. Gerade um 1800 ist die Praxis Träger eines impliziten Wissens, die sich für die Kunstgeschichte der Moderne und Postmoderne als virulent erweisen wird.[6] Der Umstand, dass diese Praktiken nicht selten Vorgaben der akademischen oder klassizistischen Regelästhetiken sprengen, kann womöglich erklären helfen, weshalb der Begriff der Spontaneität als ästhetisches Kriterium nicht kanonisch wurde.

Spontaneität, wie sie sich nach Kant verstehen lässt, „kann nicht regelgeleitet"[7] sein und trägt somit für die gestalterische Tätigkeit gerade auch unter der Zuhilfenahme von Apparaten oder Automaten immer einen paradoxen, oder doch

6 Die Avantgarden des 20. Jahrhunderts wie auch aktuelle Diskurse des Neomaterialismus und der Agency finden in der Spontaneität ein gleichermaßen technisches wie argumentatives Fundament. Nicht nur aus diesem Grund ist der Abgleich der Praxis von aktueller Relevanz.

7 Pinkard, Terry: Von Autonomie zu Spontaneität. Menke und Arendt, in: Negativität. Kunst, Recht, Politik, hg. von Thomas Khurana u. a., Berlin 2018, S. 261–280, S. 263. Nach Pinkard liest Hannah Arendt die Spontaneität bei Kant folgendermaßen:

ambivalenten Auftrag mit sich. Die Autonomie des Subjektes erweist sich nach Kant in dessen Fähigkeit zur Spontaneität. Die Freiheit des menschlichen Handelns und damit auch die Fähigkeit, kreativ tätig zu sein, braucht jedoch notwendig die Bindung an ein Gesetz, an eine ethische Verantwortung, an eine Relation zwischen mehreren frei handelnden Subjekten. Insofern ist zwar die Freiheit des Einzelnen spontan, ruft damit aber auch seine ethische, soziale und politische Einhegung auf. Die Beziehung von Individuum und Gesellschaft wird durch die Spontaneität auf die Probe gestellt und zeigt sich in ihr. Sie ist die unverzichtbare Äußerung des freien Menschen und sprengt gleichzeitig die für ein gelingendes Zusammenleben notwendigen Gesetze, in die sich nach Kant jede*r Einzelne aus freien Stücken einzufügen hat.

## Klecksografie als Ausdruck der Spontaneität

Aus dieser widersprüchlichen Setzung kann ein künstlerischer Prozess durchaus schöpferisches Potenzial beziehen. These ist, dass sich in den Tintenflecken der Klecksografie eben jene Widersprüche zeigen, die einerseits zwischen dem *sponte sua* und andererseits der Not bestehen, auf Konventionen, Gewohnheiten und Erwartungen – kurz: Regeln – angewiesen zu sein. Ebenso werden die Widersprüche deutlich, indem in der Spontaneität einerseits das Selbst des Subjektes angesprochen ist, und andererseits dessen Suspendierung durch die Automation realisiert wird. Das macht es notwendig, Spontaneität als Praxis im Bedeutungsfeld zwischen willkürlichem, steuerlosem Geschehen einerseits und präzisem Selbstausdruck andererseits zu verorten.

Als Unterhaltung in den Salons und als Kinderspiel dürfte das gesellige Tintenklecksen schon im ausgehenden 18. Jahrhundert in Europa verbreitet gewesen sein. Kunstwürdig in gewissem Rahmen wird es aber erst um die Mitte des 19. Jahrhunderts, als sich nicht nur eine Reihe von Künstler*innen und Amateur*innen damit beschäftigen, sondern auch eine theoretische Auseinandersetzung mit dem Fleck aufkommt. Bezeichnend für diese Bewegung ist der Arzt, Schriftsteller und Okkultist Justinus Kerner, der ein weitverzweigtes Netz aus

„Diese Vorstellung, dass Freiheit identisch ist mit Anfangen, oder, wieder Kantisch gesprochen, mit Spontaneität." Arendt, Hannah: Was ist Politik? Fragmente aus dem Nachlass, München 2003, S. 34, zitiert nach ebd., S. 263.

Freund*innen und Korrespondenzpartner*innen unterhält, mit denen er brieflich Klecksografien austauscht oder sie gemeinschaftlich herstellt.[8]

In seiner Darstellung der grafischen Technik der Klappdrucke, einer Sonderform der Monotypie, schließt sich Justinus Kerner eng an das Verständnis der Spontaneität an, wie sie sich bei Kant findet.[9] Spontaneität im Sinne der Selbsttätigkeit, die in der romantischen Lesart etwa bei August Wilhelm Schlegel gelegentlich auch „Freythätigkeit"[10] genannt wird, ist gleichermaßen Merkmal und Garant der Autonomie des menschlichen Subjektes. Als Handlungsfähigkeit bezeichnet die Spontaneität in Ergänzung und als Gegenstück zur Rezeptivität, der Wahrnehmungsfähigkeit, eine Freiheit, die sich dem Determinismus eines physikalisch zwingenden, kausalen Mechanismus entzieht. Für das künstlerische Arbeiten, die kreativen Potentiale, oder wie Kant sagt: für die Fantasie, spielt die Selbsttätigkeit eine entscheidende Rolle. In einer Schlüsselstelle der „Kritik der ästhetischen Urteilskraft" heißt es bei Kant hierzu:

> Wenn nun im Geschmacksurtheile die Einbildungskraft in ihrer Freiheit betrachtet werden muß, so wird sie erstlich nicht reproductiv, wie sie den Associationsgesetzen unterworfen ist, sondern als productiv und selbstthätig (als Urheberin willkürlicher Formen möglicher Anschauungen) angenommen; und ob sie zwar bei der Auffassung eines gegebenen Gegenstandes der Sinne an eine bestimmte Form dieses Objects gebunden ist und sofern kein freies Spiel (wie im Dichten) hat, so läßt sich doch noch wohl begreifen: daß der Gegenstand ihr gerade eine solche Form an die Hand geben könne, die eine Zusammensetzung des Mannigfaltigen enthält, wie sie die Einbildungskraft, wenn sie sich selbst frei überlassen wäre, in Einstimmung mit der Verstandesgesetzmäßigkeit überhaupt entwerfen würde.[11]

8 Vgl. Weltzien 2011 (wie Anm. 3).

9 Vgl. Die Klecksographie. Zwischen Fingerübung und Seelenschau, Ausst.-Kat.: Graphisches Kabinett des Wallraf-Richartz-Museum, hg. von Thomas Ketelsen, Köln 2013.

10 Schlegel, August Wilhelm: Vorlesungen über Ästhetik, hg. von Ernst Behler, Paderborn 1989, S. 228–248.

11 Kant, Immanuel: Kritik der ästhetischen Urteilskraft, in: ders.: Werke in sechs Bänden, hg. von Wilhelm Weischedel, Bd. 5, Darmstadt 1966, S. 324.

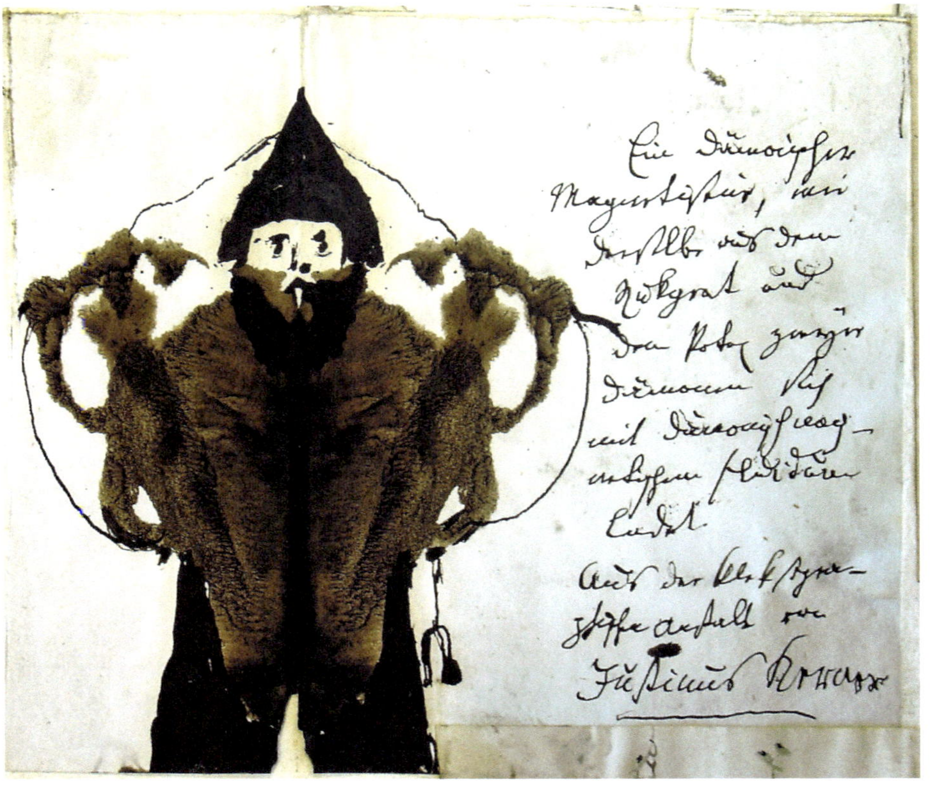

1| Justinus Kerner, Undatierte Klecksografie, „Ein dämonischer Magnetiseur…" Klebealbum, Detail von Bogen 128, Deutsches Literaturarchiv Marbach.

Die in ihrer Selbsttätigkeit frei, also spontan agierende Einbildungskraft ist nicht den kausal gebundenen Assoziationsgesetzen unterworfen und produziert auf diese Weise Formen, wie sie auch eine Verstandesgesetzmäßigkeit entwerfen würde (wenn dieser doch nur die gleiche Spontaneität zu Gebote stünde). Erkennen lassen sich diese frei gefundenen Formen im Modus des interesselosen Wohlgefallens: „Dagegen ist das, womit Einbildungskraft ungesucht und zweckmäßig spielen kann, uns jederzeit neu, und man wird seines Anblicks nicht überdrüssig."[12] Seine größte Vollkommenheit zeige die Einbildungskraft, wenn sie ihr

12 Ebd.

freies Spiel „wohl eher bis zur Annäherung zum Grotesken treibt und in dieser Absonderung von allem Zwange der Regel eben den Fall setzt."[13] (Abb. 1)

Auch wenn bei Kerner der Begriff der Spontaneität in dessen klecksografischen Texten nicht auftaucht, so sind doch die Kantischen Bestimmungen des Spontanen als Merkmal künstlerischer Kreativität im Sinne des „von selbst" allgegenwärtig. In seiner erst posthum publizierten Sammlung von Klappdrucken, den so genannten Hadesbildern, dichtet Kerner im Februar 1857: „Menschenhand hat nicht diß Bild gemacht,/Gleich den Anderen kam's durch eigne Macht."[14] Diese Potenz des Selbsttätigen, die wie bei Kant nicht rational gesteuert werden kann, betont Kerner immer wieder und bindet seine Praxis des Tintenklecksens darüber hinaus an die technischen Diskurse der Automation an, wie sie zu diesem Zeitpunkt um das Verfahren der Fotografie geführt werden. In Briefen an die junge Stuttgarter Autorin Ottilie Wildermuth macht er das kurz zuvor, im Juni 1854, sehr deutlich:

> Manchmal tropft meine Feder beim Schreiben und es entstehen Dintenkleckse. Ich bemerke sie nicht, lege das Papier mit anderen zusammen, ohne die Kleckse vorher zu trocknen. [...] Die sonderlichsten Abbildungen und Figuren ergeben sich auf diese Weise ganz von selbst, ohne mein Zutun, wie die Bilder in einer photographischen Kamera. Du kannst es weder beeinflußen noch steuern. Du kannst nie hervorbringen, was Du möchtest und erhälst oft das Gegenteil von dem, was Du erwartest.[15]

Diese Referenz zum Lichtbild unterstreicht er und stellt zudem eine Beziehung zu Kants Beschreibung des freien, spontanen Spiels der Einbildungskraft in der „Annäherung zum Grotesken" her:

13 Ebd., S. 327.

14 Kerner, Justinus: Kleksographien. Hadesbilder kleksographisch entstanden und in Versen erläutert von Justinus Kerner (Faksimileausgabe), hg. von Horst Brandstätter, Marbach 1998, S. 144.

15 Kerner an Wildermuth, Juni 1854, zitiert nach Braun, Peter: Zwei bisher unbekannte Briefe von Justinus Kerner an Ottilie Wildermuth über das Sehen, die Photographie und die Kunst der Klecksographie, 2002, o. P., URL: http://uni-konstanz.de/paech2002/zdm/beitrg/Braun/Braun.htm

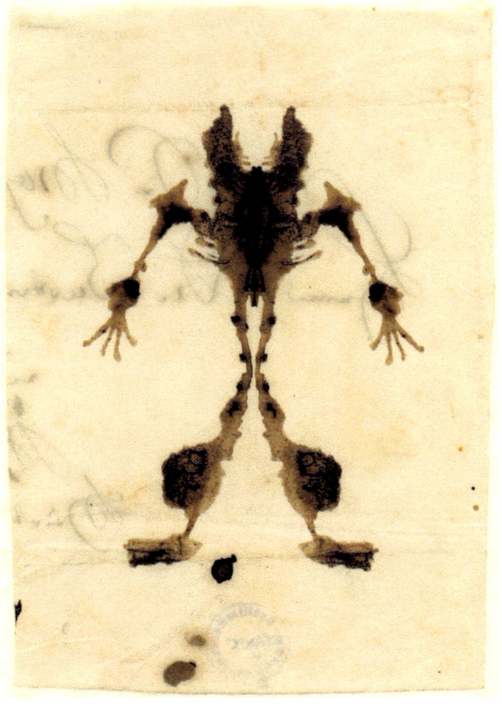

2| Justinus Kerner, Undatierte Klecksografie, unbearbeitet, Rückseite eines Briefes, Deutsches Literaturarchiv Marbach.

> Für mich sind die wie Daguerrotype der unsichtbaren Welt, obwohl sie, da an der Schwarz der Dinte gebunden, nur die niederen Geister zur Erscheinung bringen. Aber ich würde mich sehr verwundern, wenn es nicht auch den höheren Geistern, den Lichtgeistern des Mittelreiches und des Himmels, gelänge, die chemischen Prozesse der Photographie so nach ihrer Art auszurichten, dass sie darin hervorscheinen.[16]

Die Beschreibung des klecksografischen Arbeitsprozesses als reine Selbsttätigkeit findet sich bei Kerner durchgängig. Im produktionsästhetischen Nachvollzug von Kerners Vorgehensweise zeigt sich allerdings, dass diese theoretische Beschreibung deutliche Brüche zur ausgeführten Praxis erkennen lässt. Da sich in Kerners Nachlass eine Anzahl an Tintenflecken in unterschiedlichen Stadien der Bearbeitung finden, lässt sich der Vorgang gut rekonstruieren. Die Tatsache, dass sich

16 Ebd.

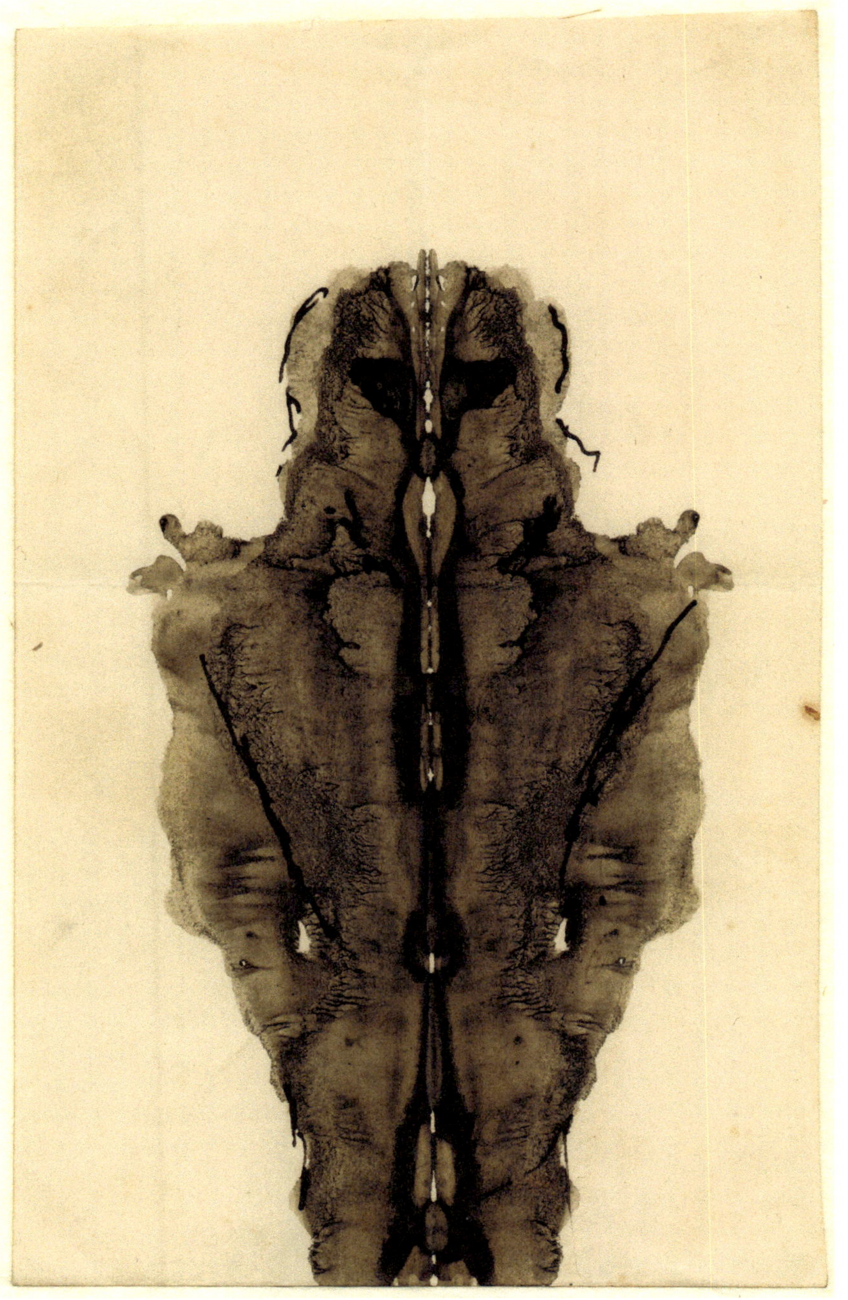

3| Justinus Kerner, Undatierte Klecksografie, leicht bearbeitet, Deutsches Literaturarchiv Marbach.

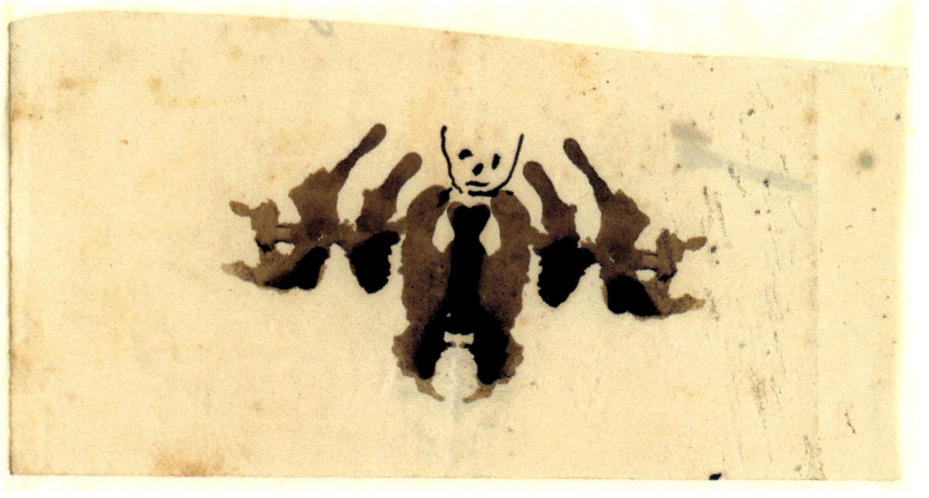

4| Justinus Kerner, Undatierte Klecksografie, leicht bearbeitet, Deutsches Literaturarchiv Marbach.

auch kaum bearbeitete Flecken, Papierschnipsel, verdorbene Bögen und Collagematerial im Nachlass erhalten haben, zeigt bereits, dass Kerner diesen Abjekten offenbar einen hohen Wert zumaß (Abb. 2, 3, 4).

## Manipulative Eingriffe in den Prozess

Zwar gesteht Kerner ein: „Wo die Phantasie nicht ausreicht, kann manchmal mit ein paar Federstrichen nachgeholfen werden."[17] Tatsächlich verfügt er aber über ein breites Repertoire an Techniken, um die Bildentstehung zu lenken und nachzubearbeiten. Es lohnt sich, genauer hinzusehen, an welchen Momenten des Prozesses tatsächlich Spontaneität wirksam wird.

Der Nachlass zeigt, dass er eine Anzahl unterschiedlicher Papiere und färbende Flüssigkeiten nutzt, zumeist jedoch ein helles, nicht zu dickes, nicht sehr saugfähig Papier. Dem Augenschein nach ist die benutzte Flüssigkeit zumeist Tinte in braunem oder schwarzem Farbton. In Ausnahmefällen setzt Kerner auch farbige Tinte ein oder nutzt farbiges Papier. Nach der Auswahl des Materials, das zur Grundausstattung der bürgerlichen Kommunikationskultur gehört und weder

17 Ebd.

aufwändig in der Beschaffung noch besonders teuer gewesen sein dürfte, folgt der eigentliche Herstellungsprozess. Das Papier, das in der Größe selten über 10 cm Kantenmaß hinausgeht, wird in der Mitte senkrecht gefaltet und wieder geöffnet. Eine Tintenspur wird (mit Pinsel oder Feder) auf eine Seite des Falzes gesetzt, niemals auf beide Seiten. Nur selten finden sich Spuren von Überlagerungen mehrerer Schichten von Tinte, die auf mehrmalige Tropf- und Faltvorgänge nacheinander schließen lassen würden. Hierbei können bereits eine gewünschte Form sowie eine Farbintensität des Flecks durch die Menge der Tinte bestimmt werden. Danach wird das Papier wieder zusammengelegt. Sanfter Druck lenkt die Verteilung der Flüssigkeit und führt bestimmte Effekte der Binnenstrukturen (wie hellere und dunklere Partien oder eher flächige versus dendritische Muster) herbei.

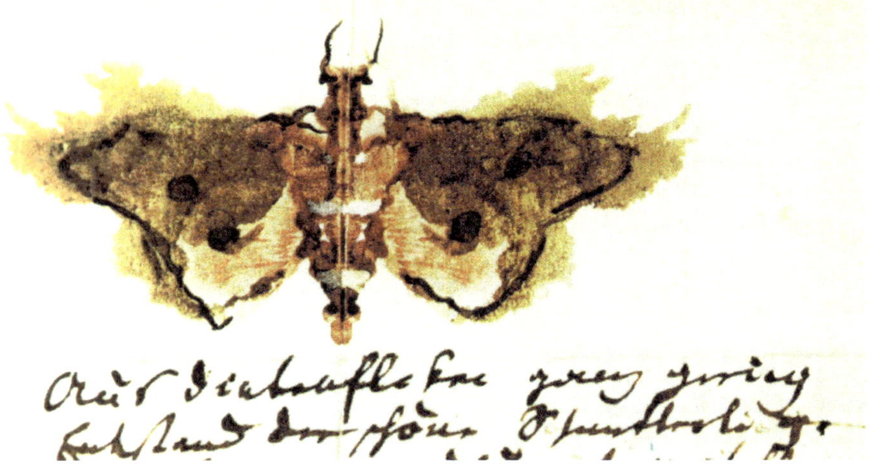

5| „Aus Dintenflecken ganz gering..." Undatierte Klecksografie (Justinus-Kerner-Verein (Hg.): Hundert Jahre im Geiste Kerners. Justinus-Kerner-Verein 1905-2005, Weinsberg 2005, S. 124).

Kerners Lieblingsgegenstand, von Autografenjägern häufig nachgefragt, ist der Schmetterling. Bei diesem Motiv hat Kerner die Technik zu einer gewissen Virtuosität gebracht, was Größe, Form und Reichtum der Binnenstruktur angeht (Abb. 5).

Nach dem Trocknen des Blattes setzt die Interpretation des so entstandenen Kleckses ein. Dazu kann das Blatt gedreht werden, Kerner hält aber stets am senkrechten Falz fest, bringt die Symmetrieachse also beispielsweise nicht als Horizont zum Einsatz. Deshalb entdeckt Kerner in seinen Flecken vor allem Figuren oder Gegenstände, selten Räume, Landschaften oder eine Bildtiefe. Um das dann gefundene Bild festzuhalten, werden mit einer Schreibfeder Ergänzungen vorgenommen: Konturen nachgezogen, Gesichter vervollständigt oder Körperteile ergänzt, Muster oder andere Details (wie etwa Buchstaben oder Schriftzeichen) hinzugefügt. Weiter kommen Schere und Klebstoff zum Einsatz, indem Teile von Klecksografien ausgeschnitten und collagenartig neu zusammengesetzt, gelegentlich auch mit anderen Materialien kombiniert werden (Abb. 6).[18] Dabei kann auch die Grundform der Klecksografie, die Symmetrie, verloren gehen, indem Teile einseitig abgeschnitten oder ergänzt werden. Die wichtigste Form der Nachbearbeitung besteht schließlich in der Montage auf einem größeren Bogen, die meist mit einem schriftlichen Zusatz einhergeht. Dieser Kommentar ist manchmal gereimt und legt eindeutig fest, was in diesem Fleckengebilde zu sehen und wie es zu verstehen sei.

Einen gewichtigen Anteil am spezifischen Schaffensprozess hat auch der Umstand, dass es sich um eine – zumindest teilweise – gesellige Tätigkeit handelt. Kerner erwähnt in Selbstzeugnissen immer wieder, dass er gemeinsam mit einem oder mehreren Partnern klecksografiert hat. Er beschreibt Situationen, wie er vor den Augen seiner Gäste eine Klecksografie herstellt. Auch ist bezeugt, dass Klecksografien und sogar ganze Alben oder Sammlungen zwischen Korrespondenzpartnern hin- und hergeschickt werden. Insofern ist der unmittelbar kommunikative Aspekt bereits im Herstellungsvorgang bedeutsam, was für die Bewertung der Spontaneität dieser kreativen Praxis von Relevanz ist.

Die Bildtechnik nutzt das zentrale Kommunikationsmedium der Zeit: Tinte und Papier. Insbesondere der Brief, der über das flächendeckend ausgebaute Postnetz zumindest innerhalb Europas (mit Einschränkungen auch global) verteilt werden konnte, basiert auf der Handschrift, die meist mit einer Feder ausgeführt wird. Die Tinte, deren färbendes Pigment aus Ruß, seltener aus organischen Farbstoffen wie etwa Sepia besteht, braucht Zeit, um zu trocknen. Wird ein

18 Vgl. auch Weemans, Michel: Justinus Kerner. Portrait klecksographique. Ludwig Tiek, in: ders.; Gamboni, Dario; Martin, Jean-Hubert (Hg): Voir Double. Pièges et Révélations du Visible, Paris 2016, S. 247; Hofmann, Karl-Ludwig; Präger, Christmut: „Es geben diese Bilder der Phantasie ungeheuren Spielraum." Die Klecksografien Justinus Kerners, in: WortBildKünstler. Von Goethe bis Ringelnatz und Herta Müller, hg. von Ulrich Luckhardt,Ostfildern 2013, S. 82–91.

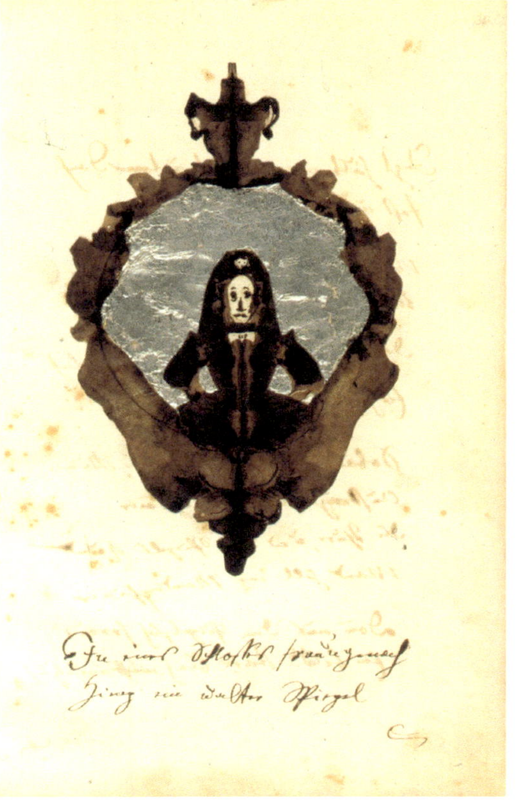

6| Justinus Kerner, „Ein uralter Spiegel“ aus ders.: Hadesbilder, 1857 (Kerner, Justinus: Kleksographien. Hadesbilder kleksographisch entstanden und in Versen erläutert von Justinus Kerner (Faksimileausgabe), hg. von Horst Brandstätter, Marbach 1998, o. S.).

beschriebenes Blatt später befeuchtet, löst sich die getrocknete Tinte auch wieder auf, die Schrift verschwimmt und hinterlässt unleserliche Flecken. Dies ist ein Aspekt, der in Kerners Fleckentheorie keine Berücksichtigung findet: Der Umstand, dass eine „Tintensau“ auch das Auflösungsprodukt eines einstmals lesbaren Zeichens gewesen sein kann, das durch Ungeschicklichkeit bei Tische, durch Regen beim Transport oder die Tränen eines gerührt lesenden Menschen verwischt und verrätselt wurde.

Ein weiteres Merkmal der Briefkultur besteht im Falten des Blattes. Dazu wird das Blatt so eingeschlagen, dass die Nachricht auf der Innenseite verborgen ist, während auf der Außenseite postalische Informationen – Adresse und Absender, Siegel, Stempel und ab 1840 auch Briefmarken – sichtbar sind. Oder die beschriebenen Blätter wurden zusammengelegt und in einen Umschlag eingesteckt. Ganz ähnlich nutzt auch eine andere, weitverbreitete Kommunikationsform den handschriftlichen Eintrag, in diesem Falle aber in gebundene Bücher: Tagebücher für den privaten Gebrauch, Rechnungs- oder Auftragsbücher im Geschäftsleben, oder auch Gästebücher, Freundschaftsalben, Skizzenbücher oder Reisejournale, in die mitunter auch wechselnde Personen kleinere oder größere Eintragungen machen, deren Inhalt sich nicht nur an eine bestimmte Person richtete, sondern die bei gemeinschaftlichen Anlässen in einem halböffentlichen Raum – Soireen, Salons oder Einladungen – herumgereicht und ausgetauscht wurden.

Brief, Buch und Album werden gefaltet oder geblättert. Dadurch kann sich Tinte auf das gegenüberliegende Blatt abdrücken, wenn diese noch nicht getrocknet ist oder erneut befeuchtet wird. Ein solches Missgeschick lässt sich aber auch aufwerten, indem aus der unfreiwilligen Übertragung ästhetischer Genuss gezogen wird. So stellt zumindest Justinus Kerner seinen Weg zur Klecksografie dar: Die tropfende Feder hinterlässt einen unbemerkten Tintenfleck. Der Reiz besteht darin, diese ungeplant, spontan entstandene visuelle Struktur zu deuten und mimetische Abbilder zu suchen: Gesichter, Figuren, Gegenstände, Ereignisse. Garant für die ästhetische Anziehungskraft des Verfahrens ist dabei dessen Selbsttätigkeit, das Ungewollte des Vorgangs.

Die Momente der Kollaboration und die Bedingungen der Distribution wie der gesellschaftlichen Kommunikationsformen erweitern die Lesarten der Spontaneität. Indem mehrere Personen am Prozess beteiligt sind, die sich nicht nur in Sender*in und Empfänger*in, Künstler*in und Publikum einteilen lassen, entsteht eine Atmosphäre der Selbsttätigkeit, die ein gewissermaßen demokratisches Momentum antreibt. Die Aufhebung einer zwingenden Kausalität im Arbeitsprozess bringt eine emanzipative Öffnung zu einer bürgerlich gemeinschaftsbildenden ästhetischen Erfahrung mit sich, die sich von der autoritativen Vorgabe des Genies an die zwar genussfähige, aber selbst nicht schöpferische Öffentlichkeit unterscheidet.

Für Kerner ist dieser kommunikative Aspekt der Bildherstellung von großer Wichtigkeit. So erkennt er den humorvollen, unterhaltsamen Charakter des Klecksografierens an. Darüber hinaus beobachtet der Okkultist Kerner, der ernsthaft von der Existenz feinstofflicher Wesen überzeugt ist, in den Formungsprozessen der Tintenflecken einen Abdruck von Kräfteverhältnissen, die weder zufällig noch willkürlich verlaufen. Die „Daguerrotype der unsichtbaren Welt“ sind nach seinem Dafürhalten Symptome, ganz wie chemische, magnetische oder elektrische Effekte Spuren sind von sinnlich nicht wahrnehmbaren, gleichwohl objektiv existierender Energieflüsse. Der Nervengeist, wie es bei Kerner heißt, sei ebenso für die Bildung der Körper der Lebewesen verantwortlich, wie er auch die Form des Tintenflecks beeinflusse. So gesehen wären auch die unwillkürlichen Bewegungen des Klecksografen während des Tropfens, Faltens und Verstreichens gewissermaßen Selbstaufzeichnungen des Nervengeistes, ebenso wie auch Kapillarkräfte des Papiers, Gravitation, Luftfeuchtigkeit oder andere imponderable Energien den Fleck beeinflussen. Kerner folgt hierin Ideen Anton Mesmers zu den Strömungen der sogenannten „Allflut" und den zeitgenössischen Theorien eines „magnetischen Fluidums", das (wie beispielsweise das Phlogiston oder der Äther) zum reichhaltigen Sammelsurium hypothetischer Substanzen der Wissenschaftsdiskurse um 1800 zählte.[19]

Die Spontaneität des Tintenflecks erlaubt also diagnostische und prognostische Aussagen, die Kerner freilich stets ironisch bricht, um seinen Ruf als Arzt und Mediziner nicht dem Vorwurf der Esoterik auszusetzen.[20] Gleichwohl begründet ein halbes Jahrhundert später der Psychoanalytiker Hermann Rorschach – ganz frei von jeglichem Geisterglauben – in Kenntnis Kerners auf dem Tintenfleck ein psychologisch-diagnostisches Verfahren, wie auch Carl Gustav Jung, Vater der analytischen Psychologie, mit Tintenflecken arbeitet.[21] Bei Rorschach wird zwar der Rezeptionsvorgang durch Proband*innen (und nicht wie bei Kerner der Produktionsvorgang) zum erkenntnisleitenden Prozess, gleichwohl lassen sich auch hier epistemologische Einblicke in die Konstitution des Selbst an die Spontaneität des Flecks anbinden. Nach Kerner findet also die Kommunikation qua Tintenfleck auch über die Grenzen des Materiellen hinweg statt, zwischen analytischer Vernunft und Seelenregung, zwischen physischer Person und geistiger Wesenheit.

19 Vgl. Kirchberger, Nico: Schauspiel des Okkulten. Die Bedeutung von Mesmerismus und Hypnotismus für die bildende Kunst im 19. Jahrhundert, Berlin, München 2016; Kassung, Christian: Selbstschreiber und elektrische Gespenster. Übertragungen zwischen Physik und Okkultismus, in: Von der Dämonologie zum Unbewussten. Die Transformation der Anthropologie um 1800, hg. von Maren Sziede, Helmut Zander, Berlin, München, Boston 2015, S. 1–20.

20 Humor oder Witz bauen auch auf Spontaneität auf, etwa im Sinne von Schlagfertigkeit oder Überraschung.

21 Searls, Damion: The Inkblots. Hermann Rorschach, His Iconic Test, and the Power of Seeing, New York 2017, zu Kerner bes. S. 74–75.

## Bürgerliche Spontaneität

Kerners Praxis des Tintenklecksens unterläuft insofern einige Setzungen der Fleckentheorie im Hinblick auf die Macht und das Ausmaß der spontanen Selbsttätigkeit. Im Sinne der Theorie macht die Bandbreite der Eingriffsmöglichkeiten eine Interpretation der Strukturen als Selbstabbildung des menschlichen Nervengeistes in Entsprechung zur Fotografie wenig überzeugend. Ein Beleg für die Anwesenheit von Geistern oder anderer paranormaler Phänomene lässt sich so kaum führen. Beim Tintenklecksen, so müsste man dann konstatieren, *erscheint* es lediglich so, als ob etwas von selbst zustande komme. Das würde bedeuten: nichts als Hokuspokus, alles Theater, eine Phantasmagorie.

Im Gegensatz zur theoretischen Skepsis lassen sich an der Praxis aber doch Haltungen und Zuschreibungen ablesen, die nicht so leicht beiseite zu wischen sind. Im Lichte Kants bewahrt die Selbsttätigkeit ihren Anspruch: Spontaneität ist nicht der Ausdruck völliger Regellosigkeit, es soll nicht der nackten Willkür das Wort geredet werden. Spontaneität meint nicht blinden Zufall, nicht die Aristotelische *tychê* oder die lateinische *fortuna*. Vielmehr ist die begriffliche Nähe, die man in der Altphilologie zwischen *sponte sua* (von selbst) und *sua natura* (seiner Natur gemäß) erkannte, auch für Kerner ausschlaggebend. Es mag schwerfallen, das händische Zusammenfalten eines tintenbeschmierten Blattes Papier als einen Automaten anzuerkennen. Im Sinne der Klecksografie ist es aber gleichwohl eine Technik, ein Kommunikationsmedium. Allerdings – und an diesem Punkt mag die Fleckentheorie der Fototheorie dieser Zeit voraus gewesen sein – ist es auch Kerner bereits klar, dass die Interpretation des Tintenkleckses mindesten genauso viel über den Interpretierenden aussagt, wie über die Kräftespiele, die die Ströme der Flüssigkeit tatsächlich oder vermeintlich gesteuert haben.

Befindet sich auch der experimentelle Rahmen (die Setzungen und Kriterien, die Materialien und Prozessschritte) in der Macht der sozialen Gruppe, innerhalb derer das Klecksen stattfindet, so bleiben doch Spielräume offen. Mag Kerner auch versuchen, einen Schmetterling oder ein Portrait zu klecksografieren (was ihm aufgrund seiner reichen Erfahrung auch häufig gelang), so kann er die Details der Binnenstruktur, des Gesichtsausdrucks oder der Gestik der Figur nicht kontrollieren. Die Qualität des Spontanen erlaubt die Valorisierung dieser Freiräume als Provokation des Unvorhergesehenen.

Spontaneität ist in diesem Verständnis Bedingung der Schöpferkraft, ein unverzichtbarer Bestandteil der menschlichen Fantasie, ein Charakteristikum moderner Kreativität als Ideengenerator.[22] Die Klecksografie blüht nicht ohne Grund in einem bürgerlichen Kontext auf, der im Nachbeben der französischen Revolution und der spannungsgeladenen Atmosphäre des Vormärz eigene Werte und spezifische Formate entwickelt. Die nachträgliche Bearbeitung und Interpretation des spontan entstandenen Flecks entlarvt die Klecksografie folglich nicht als Hokuspokus, sondern hegt sie vielmehr im Kantischen Sinne freiwilliger Selbstbeschränkung des autonomen Subjektes ein.

So gesehen gelingt Justinus Kerner das Kunststück, den Widerspruch der Spontaneität zwischen Selbstausdruck und Suspendierung des Subjekts aufzulösen. Der Mensch ist nicht nur durch seinen Willen frei, sondern gleichzeitig durch seine Fähigkeit, spontan zu sein, was eben keine vernunftgemäße Begabung darstellt. Eine Gemeinschaft, deren zentraler Wert in der Brüderlichkeit[23] von einzigartigen Individuen liegt und daher auf absolutistische Ordnungsstrukturen (wie Hierarchie oder Gehorsam) zugunsten von Diskurs und Kompromiss verzichtet, muss Spontaneität als kommunikative Dimension aufwerten. So vernünftig sich die Aufklärung auch geben mag, ausgerechnet Immanuel Kant als ihr wortmächtigster Vertreter unterstreicht die Bedeutung der Spontaneität für das Selbstverständnis des freien, autonomen und individuellen Subjektes.

Die Zuverlässigkeit und die Genauigkeit spontaner Vorgänge, gewährleistet durch Naturgesetze, macht klar: Fehler schleichen sich erst nachträglich ein. Der Fleck selbst ist makellos. Dennoch muss das Risiko der Fehlinterpretation, der

22 Vgl. Weltzien, Friedrich: 1785 – Tintenflecken als Ideengenerator. Alexander Cozens: A New Method of Assisting the Inventions of Landscape, in: Improvisation und Invention. Momente, Modelle, Medien, hg. von Sandro Zanetti, Berlin 2014, S. 463–478.

23 Die Klecksografie stand seinerzeit zwar auch Frauen offen, da es keine institutionellen Hürden zu deren Ausführung zu überwinden galt (so war auf George Sand, Gisela von Arnim u. a. hinzuweisen), dennoch haben hauptsächlich Klecksografien von Männern überlebt. Hierzu ist weitere Archivforschung notwendig. Die Nähe zur maskulinen Fleckenpraxis der Ejakulation wird erst von den Surrealisten und später dem Abstrakten Expressionismus bedient. Vgl. dazu Weltzien, Friedrich: Das Sterben des Künstlers und die Lebendigkeit der Bilder. Zur kreativen Praxis von Horst Janssen, in: Ausst. Lebenskleckse, Todeszeichen. Horst Janssen, hg. von Kyllikki Zacharias, Sammlung Scharf-Gerstenberg, Berlin, Berlin 2019, S. 7–36.

Fehldiagnose in Kauf genommen werden, weil sonst keine Kommunikation zustande käme. Auf der produktiven Ebene sind Automatisierung und autonomes Subjekt kein Widerspruch, sondern bedingen sich gegenseitig.[24] Spontaneität meint im kreativen Prozess den Umgang mit Vorfindlichem. Die Verantwortung für die Schaffung eines Werkes liegt insofern nicht bei einem Menschen allein.

24 Die nicht zuletzt juristische Problematik, die derzeit etwa im kreativen Bereich durch künstliche Intelligenz entsteht, läge demzufolge im Ursprung der bürgerlichen Gesellschaftsordnung begründet. Vgl. Dommann, Monika: Autoren und Apparate. Die Geschichte des Copyrights im Medienwandel, Frankfurt am Main 2014.

Wei Hu

# JENSEITS DER GRENZE ZWISCHEN AUSSENWELT UND INNENWELT

## Über die spontane Malweise im alten China

I

Obwohl Spontaneität ein gemeinsames kulturelles Phänomen in der östlichen und westlichen Kunst ist, ist sie der Kerninhalt und das wichtige Erbe der alten chinesischen Kalligrafie und Malerei. Der englische Begriff *Spontaneität* wird heute im Chinesischen mit 自发性 (*Zi Fa Xing*) übersetzt. Dieser chinesische Begriff 自发性 bedeutet wörtlich übersetzt so viel wie „hergestellt“ oder „automatisch entstanden“. Allerdings stimmt er nicht vollständig mit der Bedeutung von Spontaneität überein. Tatsächlich ist es schwer, einen einzelnen chinesischen Begriff zu finden, der Spontaneität perfekt entspricht, weder in der Geschichte noch heute. Stattdessen gibt es unterschiedliche chinesische Begriffe, die eng mit dem Zustand der Spontaneität verbunden sind. Zum Beispiel bedeutet 写意 (*Xie Yi*) den Ausdruck des inneren Willens, der Vorstellung, der Gedanken oder des Gefühls durch den Gebrauch des Pinsels beim kalligrafischen Schreiben. Um das annähernd zu verstehen, sei darauf hingewiesen, dass sich in der chinesischen Kultur die innere Welt auf die spirituelle Welt, einschließlich Vitalität, Leben, Bewusstsein, Vorstellung, Wille, Denken, Fühlen, Emotionen oder psychologische Aktivitäten bezieht, während sich die äußere Welt nicht nur auf die sichtbare physische Welt bezieht, sondern auch auf Reichtum, Ruhm, Wissen oder Fähigkeiten, die durch Anstrengungen erworben wurden.即兴 (*Ji Xing*) hingegen bedeutet spontane Handlung. 脱稿 (*Tuo gao*) bedeutet ohne geplanten Entwurf oder Modelle 徒手挥毫 (*Tu Shou Hui Hao*), meint die freihändige Pinselführung ohne Vorlage oder Werkzeug. Spontane Malweisen wurden beschrieben als 破墨

(*Po Mo* heißt gebrochene Tinte),[1] 笔不周 (*Bi Bu Zhou* bedeutet unvollständige Pinselführung),[2] 笔才一二、象已应焉 (*Bi Cai Yi Er Xiang Yi Ying Yan* meint, dass mit nur einem oder zwei Strichen das Bild bereits entsteht),[3] 殊草草 (*Shu Cao Cao* heißt Malen in einer sehr summarischen Art und Weise),[4] 逸笔草草 (*Yi Bi Cao Cao*, bedeutet nachlässiges Skizzieren mit dem Pinsel)[5] und so weiter.

Spontaneität bedeutet also, dass sie aus einem natürlichen Gefühl oder einer angeborenen Tendenz ohne äußeren Zwang hervorgeht, einem momentanen Impuls entspringt.

Exzellente Handwerkskunst wird als direkter Ausdruck der Bedeutung, Spiritualität und Ernsthaftigkeit eines Kunstwerks angesehen. Im Arbeitsprozess von Handwerker*innen können jedoch unerwartete Zwischenfälle auftreten, die Perfektion, Integrität und Raffinesse verhindern und sogar in einem Misserfolg enden können. Um Perfektion zu erreichen und diese Ungewissheit und das Risiko des Scheiterns im handwerklichen Prozess zu überwinden, haben professionelle Handwerker*innen schon immer gut geplant oder versucht, ihre Fähigkeiten zu verbessern, indem sie danach strebten, ihre Materialien, Werkzeuge und die entsprechenden Techniken besser zu beherrschen.

Spontaneität ist offensichtlich ungeplant, willkürlich, irrational, unkontrollierbar und kann leicht dazu führen, dass man die Kontrolle über das eigene Tun verliert. Eine entsprechende Art der Malerei mag den Anschein erwecken, dass sie auf einen Mangel abzielt, tatsächlich aber als Freisetzung der inneren Authentizität des Malers oder der Malerin, oder als Streben nach einem freien Zustand

1 Zhang Yanyuan 張彦遠: Record of Famous Painters of All the Dynasties (历代名画记), Buch 10, Wang Wei, zitiert nach Susan Bush und Hsio-yen Shih, Early Chinese Texts on Painting, Hong Kong 2012, S. 68.

2 Zhang Yanyuan 張彦遠: Record of Famous Painters of All the Dynasties (历代名画记), Buch 2, über die Pinselarbeiten von Gu, Lu, Zhang und Wu (论顾陆张吴用笔), zitiert nach Bush und Shih 2012 (wie Anm. 1), S. 60.

3 Ebd.

4 Shen Kuo 沈括 (1031–1095): Gelegenheitsschriften aus dem Garten des Traumstroms (梦溪笔谈), Buch 17, Kalligraphie und Malerei.

5 Ni Zan 倪瓒（1301–1374): Schreiben an Zhang Zaozhong (答张藻仲书), Qing Bi Ge Ji (清閟阁全集) Buch 10, zitiert nach Yu Jianhua, Zhongguo Hualun Leipian (中国画论类编), 1957, S. 72.

betrachtet werden kann. Je schwächer das Streben nach Perfektion und Kontrolle ist, desto mehr kann sich innere Authentizität äußern (zum Tragen kommen).

Es gibt eine berühmte und inspirierende Geschichte des Daoismus, die in *Zhuangzi*, das im späten vierten Jahrhundert v. Chr. geschrieben wurde, erwähnt wird: Der Herrscher Yuan der Song-Dynastie versammelt demnach viele seiner Schreiber, wenn er ein Bild malen lassen will. Unter diesen Schreibern gibt es einen, der verspätet erscheint. Er kommt lässig und ohne Eile. Sein Verhalten unterscheidet sich stark von dem aller anderen Schriftgelehrten. Er nimmt die Befehle des Herrn respektvoll entgegen, bleibt aber nicht in der Versammlung stehen, sondern zieht sich sofort aus dem Saal zurück. Während er malt, sitzt er mit gelockerten Gewändern und gespreizten Beinen halbnackt da.[6] Im Vergleich zu den unruhigen und besorgten Schreibern zeigt er keine Anzeichen von Nervosität, wenn er vor seinem Herrn steht. Dieser Schreiber folgt seiner natürlichen Neigung und lenkt sein Bild nach innen, so dass er sich nicht um die Fremdartigkeit seines Auftretens kümmert. Im Verhalten des Schreibers zeigen sich sein unabhängiger Geist und seine geistige Freiheit. Der Fürst erkennt den freien Zustand des Schreibers als Zeichen dafür, dass er ein wahrer Maler ist. Die Geschichte spiegelt eines von Zhuangzis wichtigen Konzepten wider, nämlich dass ein wahrer Maler frei von äußeren Zwängen sein sollte. Es besteht eine Dichotomie zwischen äußeren Zwängen und der authentischen inneren Welt einer Person. Der Begriff der äußeren Zwänge umfasst nicht nur utilitaristische Belange, Mäzenatentum und Ruhm, sondern auch das Streben nach exquisiter Handwerkskunst selbst.

## II

Im späten dritten Jahrhundert v. Chr. gab es im alten China eine gewisse Spontaneität beim Kopieren und Schreiben von offiziellen Dokumenten. 1975 wurden mehr als 1.150 Bambusstreifen aus dem Grab Nr. 11 in Shuihudi, Kreis Yunmeng, Provinz Hubei, ausgegraben.[7] In dem Grab war ein Hofkerkermeister namens Xi (喜) 217 v. Chr. bestattet worden. Die von der späten Periode der

6 Zhuang Zhou (369–286 v. Chr.): Zhuangzi, „Tian Zi Fang“, zitiert nach Bush und Shih 2012 (wie Anm. 1), S. 42.

7 Xiaoneng Yang: New Perspectives on China's Past: Chinese Archaeology in the Twentieth Century, New Haven, London, 2004, S. 230.

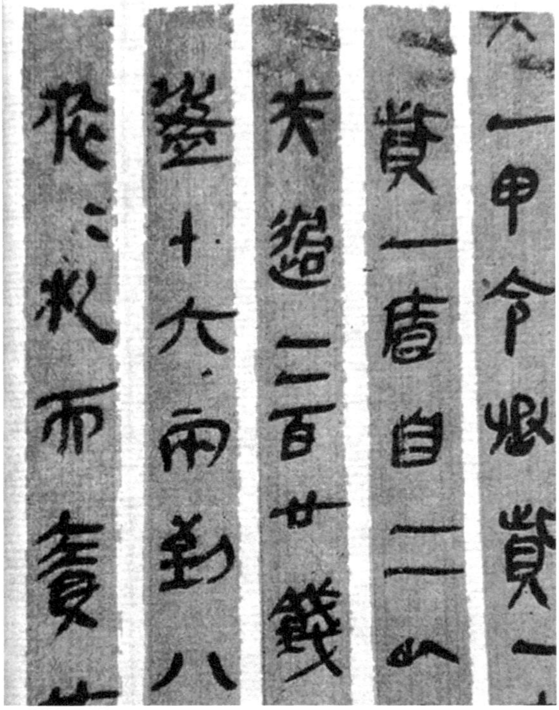

1| Schriftzeichen auf den Bambusstreifen, Grab Nr. 11 Shuihudi, Kreis Yunmeng, Provinz Hubei.

Streitenden Staaten bis zur Herrschaft des ersten Kaisers von Qin beschrifteten Bambusstreifen dienten hauptsächlich als offizielle Dokumente, die Themen wie Recht, Politik und Wirtschaft der aufstrebenden Qin-Dynastie behandelten. Die Schriftzeichen auf diesen Bambusstreifen, die von mehreren Händen mit Pinsel und Tinte geschrieben wurden, spiegeln deutlich den historischen Übergang von der Siegelschrift zur sogenannten klerikalen Schrift wider (Abb. 1). Siegelzeichen wurden während der Shang- und Zhou-Dynastien als Inschriften auf ritueller Bronze verwendet. Daher sind die Siegelzeichen selbst mit Konnotationen von Sakralität verbunden. Beim Schreiben von Siegelzeichen sollte man die Kraft, mit der man den Pinsel führt, entsprechend der Struktur der zu schreibenden Zeichen kontrollieren, um sicherzustellen, dass jeder Strich die gleiche Stärke hat. Dies zeigt ein Streben nach Perfektion (Abb. 2).

Die große Zahl der ausgegrabenen Qin-Bambusstreifen aus Shuihudi spiegelt die immense Arbeitsbelastung beim Kopieren von Rechtsvorschriften und offiziellen Dokumenten zu jener Zeit wider, die von den Schreibern ein schnelleres

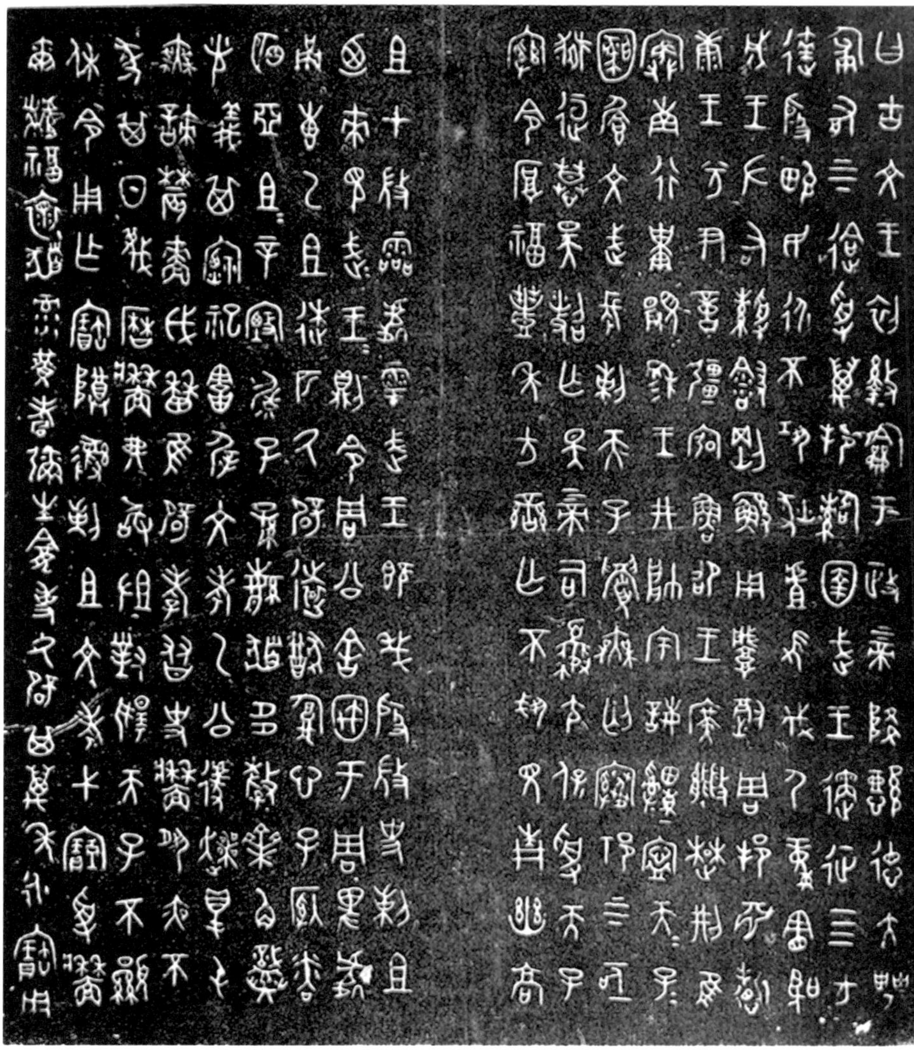

2| Abklatsch von der Bronzeschale Qiang (墙盘), Inschrift auf Grundlage von Pinselzeichen, Westliche Zhou-Periode.

Schreiben erforderte. Dieser Zwang zur Schnelligkeit verändert nicht nur die ursprüngliche Struktur der Siegelzeichen, sondern auch die Art und Weise des Schreibens erheblich. Die Kontrolle über den eigenen Pinsel konzentriert sich nur noch auf die Anfangs- und Endbewegung jedes Pinselstrichs. So wird der Schwerpunkt auf die Bewegung des Hebens und Drückens des Pinsels gelegt, die die visuellen Merkmale der klerikalen Schrift, den so genannten Seidenraupenkopf und den Schwalbenschwanz, bilden. Die Anfangsbewegung beim Niederdrücken des Pinsels ist härter, während die Endbewegung beim Anheben des Pinsels zügig ist. Die Strenge des Qin-Gesetzes und die erforderliche Schnelligkeit zwangen die Schreiber zu einem gewissen Kompromiss, der dazu führte, dass die starre Struktur der Siegelschrift der Struktur der klerikalen Schrift wich. Darüber hinaus konnten die Schreiber die genaue Kontrolle reduzieren, die einst erforderlich war, um die gleichmäßige Stärke jedes Strichs zu erhalten und die Pinselstriche intern zu kontrollieren. Mit anderen Worten, es wurden gewisse Fehler zugelassen. Von diesem Zeitpunkt an taucht Spontaneität erstmals in der Schrift auf, und mit der Entwicklung der chinesischen Kalligrafie spielt Spontaneität eine immer zentralere Rolle in der Pinselführung der so genannten Laufschrift und der kursiven Schrift.

Zhang Yanyuan (張彦遠),[8] ein im neunten Jahrhundert tätiger Kunsttheoretiker, erwähnt in seinem Traktat eine bedeutende historische Tatsache: Die Pinselführung der chinesischen Kalligrafie spielt vom vierten bis zum achten Jahrhundert eine wichtige Rolle bei der Entwicklung eines spontanen chinesischen Malstils. Im zweiten Buch schreibt er speziell ein Kapitel[9] über die Pinselführung von Gu Kaizhi (顾恺之),[10] Lu Tanwei (陆探微),[11] Zhang Sengyou (張僧繇)[12] und Wu Daozi (吳道子).[13] Dieser wichtige historische Text erklärt nicht nur die Charakteristika der Pinselführung der einzelnen Meister, sondern zeigt auch, wie Lu Tanwei, Zhang Sengyou und Wu Daozi die kalligrafische Pinselführung in ihrer Malerei

8 Zhang Yanyuan 張彦遠 (815–907), ein Kunsttheoretiker, der während der Tang-Dynastie lebte.

9 Zhang Yanyuan 張彦遠: Aufzeichnung der berühmten Maler aller Dynastien (历代名画记), Buch 2, Über die Pinselarbeiten von Gu, Lu, Zhang und Wu (论顾陆张吴用笔), zitiert nach Bush und Shih (wie Anm. 1), S. 60.

10 Gu Kaizhi 顾恺之 (348–409), ein bedeutender Maler und Theoretiker, der während der östlichen Jin-Dynastie lebte.

11 Lu Tanwei 陆探微 (aktiv im fünften Jahrhundert), ein Anhänger von Gu Kaizhi und ein berühmter Maler.

12 Zhang Sengyou 張僧繇 (aktiv im sechsten Jahrhundert), ein Beamter und Maler während der Liang-Dynastie.

13 Wu Daozi 吳道子 (ca. 680–759), ein berühmter Maler während der Tang-Dynastie.

verwenden. Lu Tanweis Ein-Strich-Malerei ist von der[14] Ein-Strich-Kalligrafie des Kalligrafen Wang Xianzhi (王献之) inspiriert. Zhang Sengyou lernt den Pinselstrich nach dem Aufsatz der Kalligrafin Lady Wei, *Kampfstrategie des Pinsels*. Wu Daozi erwirbt seine Pinselmethoden von Zhang Xu (張旭),[15] einem berühmten Kalligrafen, der für seine Laufschrift bekannt ist. Zhang Xu wird damals sogar als der *verrückte Kalligraf* bezeichnet.

## III

Nun möchte ich Wang Xianzhis Kalligrafie von *Ya Tou Wan* (Abb. 3) als Beispiel für seine Ein-Strich-Kalligrafie und seine spontane Schreibweise erläutern. Eine sorgfältige Untersuchung der Tuschespur in seinem Werk zeigt, dass die Bewegung des letzten Endstrichs des ersten Zeichens (鴨) zum Anfangsstrich für das zweite Zeichen (頭) wird. Natürlich ist es nicht notwendig, dass jeder Endstrich eines Zeichens eine klare Tintenspur hat, die den Endstrich eines Zeichens mit dem Anfang des nächsten verbindet. Die Bewegung könnte in der Luft fortgesetzt werden, ohne dass der Pinsel das Papier berührt. Der Begriff „Ein-Strich" suggeriert, dass es sich um eine kontinuierliche Pinselbewegung handelt, die ohne Unterbrechung fortgesetzt wird. Nachdem solche kalligrafischen Pinselstriche in der Malerei der Meister*innen verwendet werden, tritt eine neue Art der Malerei, nämlich die Freihand-Pinselführung, in Erscheinung. Eine solche kalligrafische Pinselführung wird durch den Willen und die Vorstellung der Maler*innen kontrolliert und gelenkt, ohne dass es irgendwelche geplanten Entwürfe gibt. Es ist die spontane Art der Tuschestrichzeichnung, die sich deutlich von der früheren sorgfältigen und minutiösen Art unterscheidet.

Zhang Yanyuan beschreibt auch das gemeinsame Merkmal der Pinselführung in den Gemälden von Zhang Sengyou und Wu Daozi. Die subtile Arbeitsweise von Zhang und Wu lässt mit nur einem oder zwei Strichen bereits das Bild entstehen. Die Linie wird unterbrochen, so dass sich zwischen Punkten und Strichen Zwischenräume ergeben. Manchmal kann man die Auslassungen sehen, aber das ist

14 Wang Xianzhi 王献之 (344–386), ein Beamter und berühmter Kalligraf während der östlichen Jin-Dynastie.

15 Zhang Xu 張旭 (675–ca. 750), ein Kalligraf, der während der Tang-Dynastie für seine kursive Schreibschrift berühmt war.

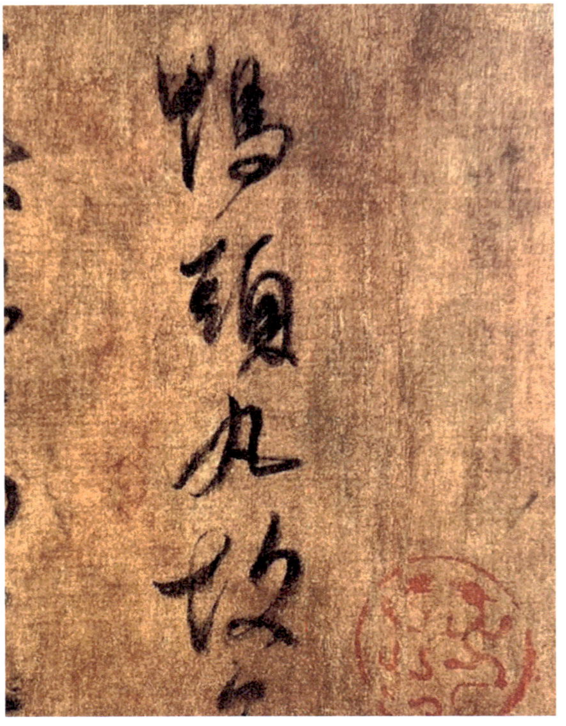

3| Detail Wang Xianzhi, Ya Tou Wan (鴨頭丸), Tinte auf Seide, Handrolle, Shanghai Museum, Shanghai.

es, was man als eine vollständige Konzeption trotz unvollständiger Pinselführung bezeichnen kann.[16]

Die Beschreibungen „mit nur einem oder zwei Strichen entsteht bereits das Bild“ und „eine vollständige Konzeption trotz unvollständiger Pinselführung“ zeigen nicht nur, dass spätestens im sechsten Jahrhundert die spontane Malweise als formale Malweise akzeptiert wird, sondern auch zwei wesentliche Aspekte der freihändigen Pinselführung, die die Künstler*innen in ihrer Malerei praktizieren. Erstens ist die Bildvorstellung der Maler*innen die Grundlage, auf der die spontane Malerei aufbaut. Je vollständiger und klarer die Vorstellung ist, desto größer ist die innere Kontrolle über den Malprozess. Zweitens kann das Bild unvollständig und mit wenigen Pinselstrichen dargestellt werden. Die Unvollständigkeit

16 Zhang Yanyuan 張彥遠: Aufzeichnung der berühmten Maler aller Dynastien (历代名画记), Buch 2, Über die Pinselarbeiten von Gu, Lu, Zhang und Wu (论顾陆张吴用笔), zitiert nach Bush und Shih 2012 (wie Anm. 1), S. 62. Der Originaltext lautet wie folgt: „张、吴之妙，笔才一二，象已应焉。离披点画，时见缺落，此虽笔不周而意周也。“

steht im Gegensatz zum Streben nach Perfektion. Die Vereinfachung oder Abstraktion eines Kunstwerkes kann nur durch eine starke innere Vorstellung des Malers erreicht werden. Wenn sich ein Maler auf seine innere Welt konzentriert, befreit er sich von äußeren Zwängen: dem Streben nach Perfektion und Verfeinerung oder der visuellen Realität.

Obwohl die Freihandpinselführung in der Malerei von der spontanen kalligrafischen Pinselführung inspiriert ist, ist sie immer noch ein methodischer, regelbasierter Ansatz für die Malerei. Der daoistische Begriff der „Transformation der Dinge“ (物化) von Zhuangzi spielt eine bedeutende Rolle bei der Entwicklung der chinesischen Spontanmalerei. Eine interessante Geschichte über den Traum von Zhuang Zhou ist in *Zhuangzi* aufgezeichnet:

> Einmal träumte Zhuang Zhou, er sei ein Schmetterling. Ein Schmetterling, der fröhlich umherflatterte – enthüllte er, was er selbst zu sein beabsichtigte? Als er erwachte, war er plötzlich da – Zhou. Aber er wusste nicht, ob er Zhou war, der geträumt hatte, er sei ein Schmetterling, oder ein Schmetterling, der träumte, er sei Zhou. Zwischen Zhou und dem Schmetterling muss es doch einen Unterschied geben. Dies ist bekannt als die Verwandlung der Dinge.[17]

Auch wenn es seltsam klingt, dass Zhuang Zhou nach dem Aufwachen aus seinem Traum solche Überlegungen anstellt, trägt er doch ein entscheidendes Konzept zum chinesischen Denken bei: die Verwandlung der Dinge. Zhuang Zhou ist das Subjekt der Kunst, während der Schmetterling ihr Objekt ist. Er zeigt kein Interesse an einer genauen und objektiven Untersuchung der Form, Struktur, Farbe des Schmetterlings. Vielmehr stellt er sich eine gewisse Verwandlung vor, die zwischen ihm und dem Schmetterling stattfindet. Es ist die Durchdringung von Subjekt und Objekt. Diese Vorstellung lässt sich auf die Mystik in weiten Teilen der frühen

17 Zhuang Zhou (369–286 v. Chr.): Zhuangzi, Kapitel 2, Die Sortierung, die die Dinge ausgleicht. Zitiert nach De Bary, W. Theodore und Bloom, Irene: Sources of Chinese Tradition, Bd. 1, New York 1999, S. 103. Der Originaltext lautet wie folgt: 《庄子－齐物论》„昔者庄周梦为胡蝶，栩栩然蝴蝶也，自喻适志与，不知周也。俄然觉，则蘧蘧然周也。不知周之梦为胡蝶与，胡蝶之梦为周与？周与胡蝶，则必有分矣。此之谓物化。“

Zivilisation zurückführen und steht möglicherweise in enger Beziehung zu performativen Ritualen früher Religionen. So tritt z. B. der Schamane, der bei einer rituellen Zeremonie eine Maske trägt, als Gott auf. In der Tat findet sich die Idee der Verwandlung von Dingen heute häufig in Opernaufführungen und Filmen. Gute Schauspieler sind in der Lage, sich für ihre Auftritte in ihre Rollen zu verwandeln.

Su Shi (苏軾), ein bedeutender Theoretiker der Literatenkunst im elften Jahrhundert, beschreibt in einem Gedicht, wie sein Cousin Wen Tong (文同)[18] spontan ein Bambusbild schuf:

> Wenn Yuke [so wird Wen Tong genannt, H.W.] Bambus malte, sah er den Bambus, nicht die Menschen um ihn herum. Er war sich aber auch nicht einfach seiner selbst unbewusst: Wie in Trance verließ er seinen Körper. Sein Körper verwandelte sich in Bambus und schuf unerschöpfliche Frische. Zhuang Zhou ist nicht mehr in dieser Welt, wer kann eine solche Konzentration verstehen?“[19]
>
> „Wenn man also Bambus malt, muss man zuerst den vollkommensten Bambus im Kopf haben. Wenn man den Pinsel in die Hand nimmt und genau hinschaut, wird man sehen, was man malen will, und sich eilig erheben, um es zu verfolgen, und den Pinsel sofort schwingen, um das Gesehene festzuhalten. Es ist wie beim Hasen, der aufspringt, wenn der Falke herabstößt. Wenn es das geringste Zögern gibt, ist alles verloren.“[20]

18 Wen Tong 文同 (1018–1079), dessen Höflichkeitsname Yuke ist, war ein Beamter der nördlichen Song-Dynastie.

19 Su Shi 苏軾: Three Poems Written on Yuke's Bamboo Paintings Collected by Zhao Buzhi (书晁补之所藏与可画竹三首). Zitiert nach Susan Bush, The Chinese Literati on Painting: Su Shih to Tung Ch'i–ch'ang, Hong Kong 2012, S. 41. Der Originaltext lautet wie folgt: „与可画竹时，见竹不见人。岂独不见人，嗒然遗其身。其身与竹化，无穷出清新。庄周世无有，谁知此凝神？“

20 Su Shi 苏軾: Aufzeichnung von Wen Yu–ke's Painting the Bent Bamboos of Yundang Valley (文与可画筼筜谷偃竹记), zitiert nach Bush 2012 (wie Anm. 19), S. 37. Der Originaltext lautet wie folgt: „...故画竹必先得成竹于胸中，执笔熟视，乃见其所欲画者，急起从之，振笔直遂，以追其所见，如兔起鹘落，少纵则逝矣“

Während des Malprozesses nehmen die Bilder des Bambus mit jedem Pinselstrich auf dem Papier Gestalt an. Wen Tongs innere Vorstellung und sein unmittelbares Denken leiten ihn bei jedem Strich. Während das Gemälde entsteht, wird Su Shi Zeuge der großen Übereinstimmung zwischen den äußeren Bambusbildern und Wen Tongs innerer Haltung; es ist, als hätte sich Wen Tong in das von ihm geschaffene Bambusbild verwandelt. In diesem Zusammenhang bricht die Grenze zwischen der äußeren Welt und der inneren Welt des Malers zusammen. Su Shi nennt in seinem letzten Satz sogar Zhuang Zhou beim Namen, um Zhuangzis berühmte „Verwandlung der Dinge“ zu betonen.

## IV

Als Ursprung des Chan-Buddhismus gilt, dass Sakyamuni Buddha, der eine Blume vor einer Versammlung hält, ohne ein Wort zu sagen, den Mönch Kasyapa lächeln sieht und erkennt, dass er allein verstanden hatte. So wird das *Wahre Gesetz* Kasyapa anvertraut. Daher zeichnet sich Chan als „eine separate Übertragung außerhalb der Schriften (教外别传), die nicht von Worten und Phrasen (不立文字) abhängig ist“ aus.[21] Das *Wahre Gesetz* durchläuft in Indien achtundzwanzig Generationen und gelangt zu einem Prinzen aus Südindien, Bodhidharma. Er kommt um das sechste Jahrhundert nach China und wird der erste Patriarch in China. Im achten Jahrhundert gründet der sechste Patriarch Huineng (惠能)[22] die südliche Chan-Schule des Buddhismus und betont, dass die „Identität von Meditation (*Samadhi*) und intuitiver Weisheit (*Prajna*)“ das geeignete Mittel sei, um die letzte Wahrheit zu lehren. Der Chan-Buddhismus konzentriert sich auf das innere Bewusstsein und die Intuition und betont, dass die letztendliche Wahrheit von Geist zu Geist weitergegeben werden sollte, anstatt durch äußere Medien wie Schriften, Worte und Regeln, die chinesischen Maler*innen vom achten

21 Mönch Pu Ji 普济 (1179–1253): Wu Deng Hui Yuan, Sakyamuni Buddha, Bd. 1, Beijing 2002, S. 10. Der Originaltext lautet wie folgt: „世尊于灵山会上，拈花示众。是时众皆默然，唯迦叶尊者破颜微笑。世尊曰：“吾有正法眼藏，涅盘妙心，实相无相，微妙法门，不立文字（nicht von Worten und Phrasen abhängig），教外别传（eine separate Übertragung außerhalb der Schriften），付嘱摩诃迦叶。...“

22 Huineng 惠能 (638–713), sechster Patriarch des Chan und Gründer der südlichen Chan-Schule des Buddhismus.

bis zum elften Jahrhundert dazu veranlassen, die Grenze zwischen äußerer und innerer Welt zu überschreiten. In Verbindung mit dem daoistischen Konzept des „Widerstands gegen die künstliche Arbeit" ermutigt die buddhistische Philosophie des Chan zu einer gewissen Abkehr von orthodoxen Maltechniken und -regeln.

Ab dem achten Jahrhundert sind das innere Bewusstsein und die Intuition der chinesischen Gelehrten des Chan-Buddhismus in der chinesischen Literatenkultur sehr beliebt. Wang Wei (王维)[23] wird in Zhang Yanyuans *Aufzeichnung berühmter Maler aller Dynastien als* Landschaftsmaler mit „gebrochener Tinte" erwähnt.[24] Die so genannte *gebrochene Tinte* (破墨) ist eine innovative und experimentelle Methode, die sich völlig von der orthodoxen Methode der akribischen und farbenfrohen Berg-und-Wasser-Malerei jener Zeit unterscheidet.

Wang Mo (王墨or王默),[25] ein Maler, der im frühen neunten Jahrhundert aktiv war und sowohl im Buch von Zhu Jingxuan (朱景玄) *Record of Famous Painters of the Tang Dynasty* (唐朝名画录), aufgezeichnet wurde, als auch in Zhang Yanyuans *Record of Famous Painters of All the Dynasties* war kein Chan-Mönch, aber seine Kunstpraxis zeigt, dass sie tief vom Chan-Buddhismus beeinflusst ist. Zhu Jinxuan ordnet Wang Mo aufgrund seiner unorthodoxen Maltechniken[26] in eine Kategorie ein, die er die „Ungezügelte Klasse" nennt. Obwohl es heute keine erhaltenen Tuschemalereien von Wang Mo gibt, liefert Zhu Jingxuan eine wichtige und wertvolle Beschreibung, wie Wang sein Berg-und-Wasser-Gemälde schuf:

> Wann immer er eine hängende Schriftrolle malen wollte, trank er zuerst, und nachdem er betrunken war, spritzte er Tinte. Lachend oder singend trat er mit den Füßen auf sein Werk oder rieb es mit den Händen. Er

23 Wang Wei 王维 (693?–761), ein Dichter und Maler, der in der Tang-Dynastie des 8. Jahrhunderts tätig war.

24 Zhang Yanyuan 張彥遠: Record of Famous Painters of All the Dynasties (历代名画记), Buch 10, Wang Wei, zitiert nach Bush und Shih 2012 (wie Anm. 1), S. 68.

25 Wang Mo 王墨 (um 800), ein Maler, der in der Tang-Dynastie des 9. Jahrhunderts tätig war und in die Liste der berühmten Maler der Tang-Dynastie aufgenommen wurde.

26 Zhu Jinguan 朱景玄(um 840): Record of Famous Painters of the Tang Dynasty (唐朝名画录), Preface (序), zitiert nach Bush und Shih 2012 (wie Anm. 1), S. 76: „Außerhalb dieses Systems gibt es für diejenigen, die an keine orthodoxen Regeln gebunden sind, eine uneingeschränkte Kategorie..." Der Originaltext lautet wie folgt: „...其格外有不拘常法，又有逸品..."

> wischte oder schrubbte es, wobei die Tinte mal blass und mal dunkel war. Je nach Form und Aussehen der Tusche schuf er Berge und Felsen, Wolken und Wasser.[27]

Warum sollte Wang Mo seine Malerei mit Alkohol beginnen? Wang Mo will offensichtlich die orthodoxen Maltechniken aufgeben. Er erreicht diese Abkehr, indem er sich in einen betrunkenen Zustand begibt. Die orthodoxen Maltechniken sind nicht angeboren, sondern vielmehr erworbene Techniken und Fähigkeiten. Dem Daoismus zufolge sind sie künstlich und funktionieren als äußere Zwänge. Dem Chan-Buddhismus zufolge existieren sie als ein bestimmtes äußeres Medium, das nichts mit der intuitiven Weisheit und der „Übertragung von Geist zu Geist" zu tun hat.

## V

Das Spritzen von Tinte ist eine Methode, die es schwer macht, eine geplante Komposition, ein geplantes Bild, geplante Details oder einen geplanten feinen visuellen Effekt zu erreichen. Das Spritzen von Farbe ermöglicht keine genaue Kontrolle über die Form der Farbe, ihre Menge oder ihren Farbton. Bei einer solchen Vorgehensweise sind sich die Maler*innen nicht sicher, ob die gespritzte Tinte an der richtigen Stelle landen wird. Der Kunsthistoriker James Cahill stellt fest, dass eine strenge und professionelle Maltradition im neunten Jahrhundert noch vorherrschend war.[28] Daher ist die Malerei von Wang Mo mit ihren Tuschspritzern tatsächlich als exzentrisch und unorthodox zu bewerten. Er bevorzugt einen betrunkenen Zustand und unkontrollierte Tuschspritzer, was nur beweist, dass er die Zwänge festgefahrener Techniken beiseite schieben will

27 Zhu Jinguan 朱景玄 (um 840): Record of Famous Painters of the Tang Dynasty (唐朝名画录), Untrammeled Class (逸品), zitiert nach Bush und Shih 2012 (wie Anm. 1), S. 65. Der Originaltext lautet wie folgt: „王墨，善泼墨画山水、...,凡欲图画幛，先饮，醺酣后，即以墨泼，或笑或吟，脚蹙手抳或挥，或扫，或淡，或浓，随其形状，为山为石，为云为水。"

28 Cahill, James: Chinesische Malerei, New York 1977, S. 161: „Während der ersten (Phase), die überwiegend einer professionellen Tradition entsprach, die sich aus verschiedenen Schulen zusammensetzte, wurde eine gewisse Einheitlichkeit des Stils und der Haltung bewahrt, von der die einzelnen Abweichungen relativ gering waren".

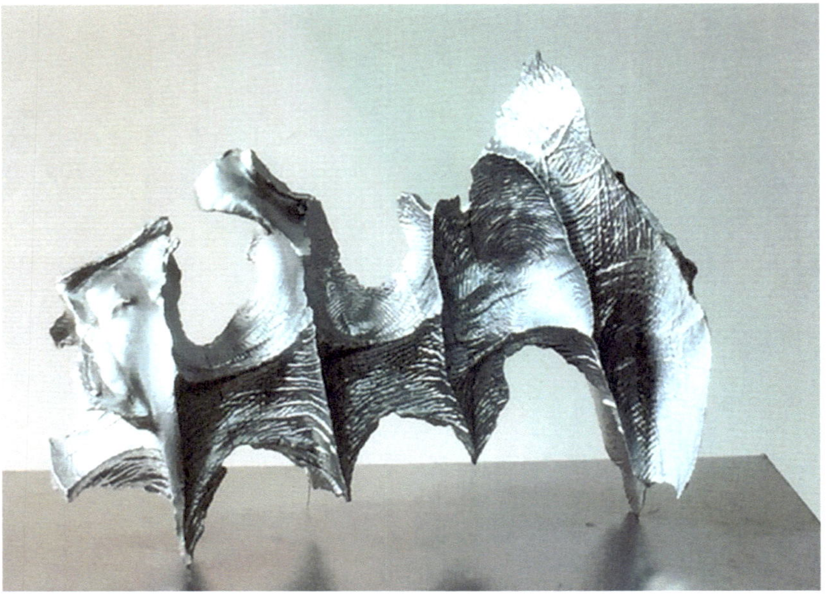

4| Sui Jianguo, Touching the Void, 3D Druck nach Tonmodell, 7. November 2021, Shanghai.

und sich bemüht, seine innere Intuition und seinen authentischen Charakter zu zeigen.

Am Nachmittag des 7. November 2021 besuchte ich den Vortrag „Touching the Void“ von Sui Jianguo (隋建国), einem berühmten zeitgenössischen Bildhauer in China (Abb. 4). Sui stellte seine jüngsten Kreationen und neuesten Skulpturen vor, die meine Aufmerksamkeit erregten. Er erzählte, dass er das, was er an der Kunsthochschule gelernt hatte, aufgegeben habe und eine spontane Art des Pressens und Quetschens verwende, um seine Skulpturen zu erschaffen. Er stellte sogar die unorthodoxe Art und Weise vor, in der er seine Augen bedeckt, bevor er mit der Arbeit beginnt. Es besteht eine verblüffende Ähnlichkeit zwischen der Art und Weise, wie Sui seine Augen vor der Bildhauerei bedeckt, und der Art und Weise, wie Wang Mo vor dem Malen trinkt.

Als Sui erklärte, warum er Skulpturen mit verdeckten Augen erschafft, sagte er, er habe erkannt, dass es zwei verschiedene Versionen des Selbst, „自我“ (*Zi-Wo*), gibt. Das eine ist das Selbst, das versucht, fleißig, rational, perfekt und sorgfältig zu arbeiten, um Erfolg und Ruhm zu erlangen. Das andere Selbst ist ein angeborenes, einfaches, freies und authentisches Selbst. Sui sagte, er wolle das erworbene Wissen und die früheren Techniken aufgeben und stattdessen Skulpturen schaffen, indem er sein ‚primitives' Selbst anzapft. Wenn alle äußeren Zwänge wegfallen, so Sui, dann werde die authentische innere Welt sichtbar.

Naoki Sato

# IMPROVISATION IN TUSCHE

## Der japanische Maler *Ike no Taiga* und die Tradition der chinesischen Dilettanten

### Ike no Taiga, Kalligraf und Maler

Ike no Taiga (1723–1776) (Abb. 1) wurde 1723 in Kyoto geboren. Bereits mit vier Jahren besuchte er den Manpuku-ji-Tempel von *Ōbaku-shu*, eine Schule des Zen-Buddismus in Kyoto, wo er als Wunderkind in Kalligrafie ausgebildet wurde.[1] 1729, im Alter von sieben Jahren, präsentierte Taiga dem Mönch und Zen-Meister des Tempels eine – nicht erhaltene – Kalligrafie, die hoch gelobt wurde.[2] Eine andere, als Meisterwerk geltende Arbeit aus seiner Jugend, die Kalligrafie *Paradies der Einsamkeit* (独楽園の記), die er im Alter von zwölf Jahren schrieb, bezeugt seine Reife.[3]

Bereits mit 15 Jahren beschäftigter er sich nicht nur mit der Schönschreibekunst, sondern auch mit Malerei. So betrieb er einen eigenen Fächerladen und malte Bilder, wobei er sich auf die chinesischen Lehrbücher *Malereihandbuch des Senfkorngartens* (芥子園画伝, 1679) (Abb. 2) und *Acht Arten der Malerei* (八種画譜, Erstausgabe in Japan 1672) bezog, die er im Manpuku-ji-Tempel hatte studieren können.[4] Darüber hinaus kam er schon früh mit chinesischen Studien und Kunst-

1 Suzuki, Susumu: Ike no Taiga, in: Japanese Art, Bd. 114 (1975), S. 31–33 (鈴木進編『池大雅』日本の美術114、至文堂、1975年).

2 Ebd., S. 33.

3 Ausst.-Kat.: The Genius of Ike no Taiga, Carefree Traveler, Legendary Painter. Kyoto National Museum of Art, Kyoto 2018, S. 27（『池大雅　天衣無縫の旅の画家』展覧会カタログ、京都国立近代美術館、2018年).

4 Sasaki, Johei: Jiyuu na Tamashi wo motomete-Ike no Taiga ga akogareta bunjinteki sekai, in: Ausst.-Kat.: Kyoto 2018 (wie Anm. 3), S. 6–14, hier S. 6（佐々木丞平「自由な魂

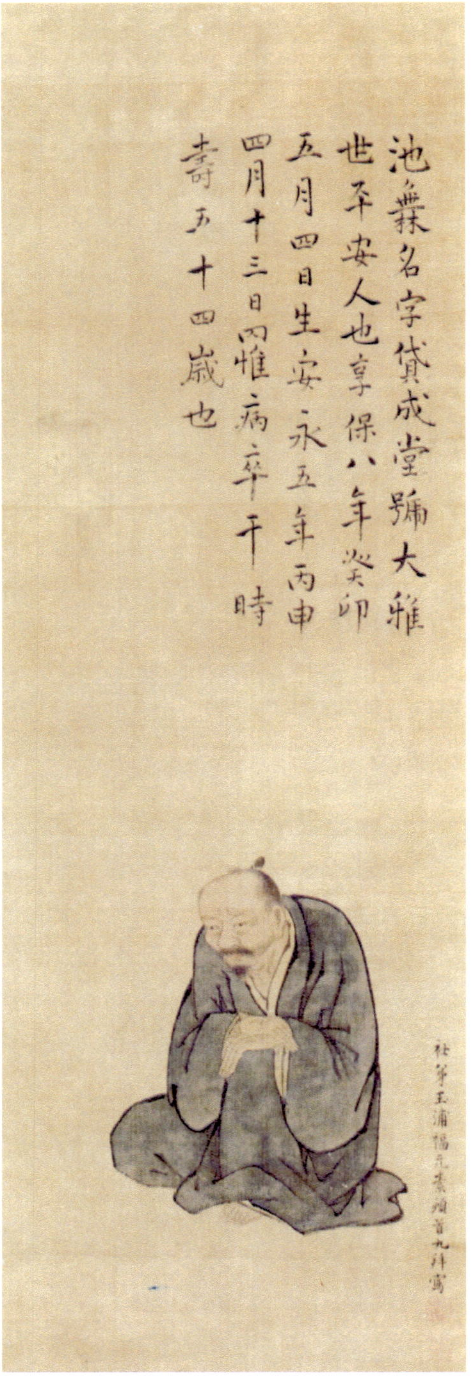

1| Fukuhara Gogaku, Portrait von Ike no Taiga, 18. Jh., Tusche und Buntfarben auf Seide, 88 × 29,1 cm, Kyoto National Museum, Kyoto.

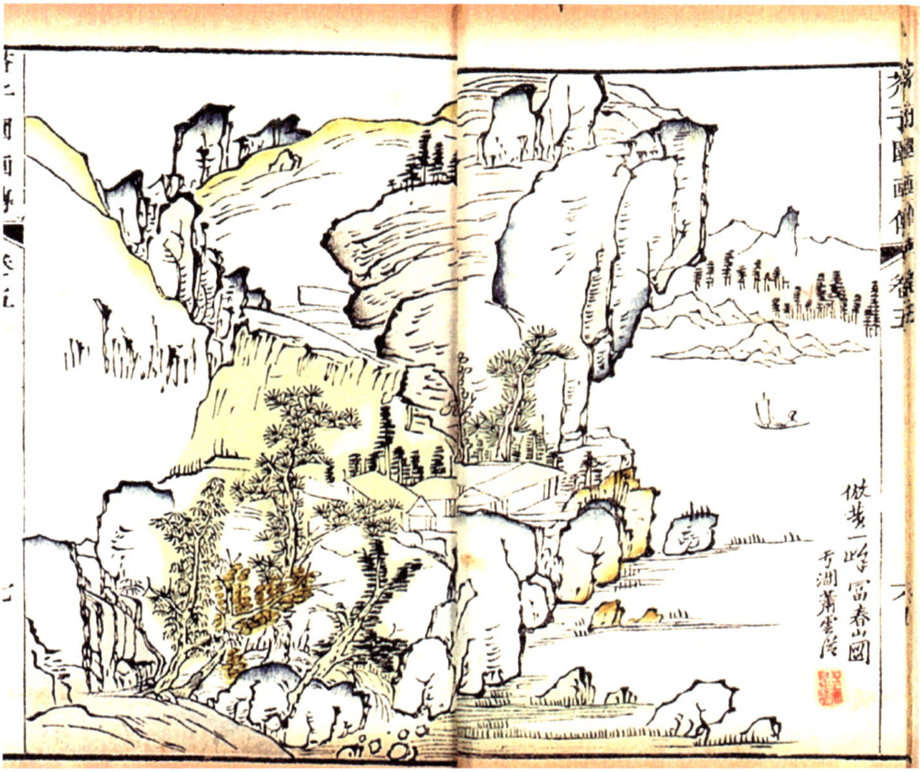

2| Malereihandbuch des Senfkorngartens, 1679, Holzschnitt, 25,7 x 15,9 cm, Private Sammlung.

werken in Berührung, und seine Begegnung im Alter von 16 Jahren mit dem Samurai Yanagisawa Kien (1703–1758), einem der frühesten Literatenmaler Japans, half ihm, seinen Weg als Maler zu finden. Kien hatte schon in jungen Jahren an der Kano-Schule, der seit Mitte des 15. Jahrhunderts einflussreichsten Malerschule Japans, studiert. Als Kien sich mit der Kultur der chinesischen Ming- und Qing-Dynastien beschäftigte, begann er jedoch, den Malstil der Kano-Schule als konventionell und langweilig zu kritisieren. In seinem Essay *Hitorine* (1724) fordert er, dass „die Malerei von der chinesischen Tang-Malerei lernen sollte". Kien spielt auch eine wichtige Rolle bei der Entstehung des chinesisch beeinflus-

を求めて–池大雅が憧れた文人的世界」『池大雅　天衣無縫の旅の画家』展覧会カタログ、京都国立近代美術館、2018年).

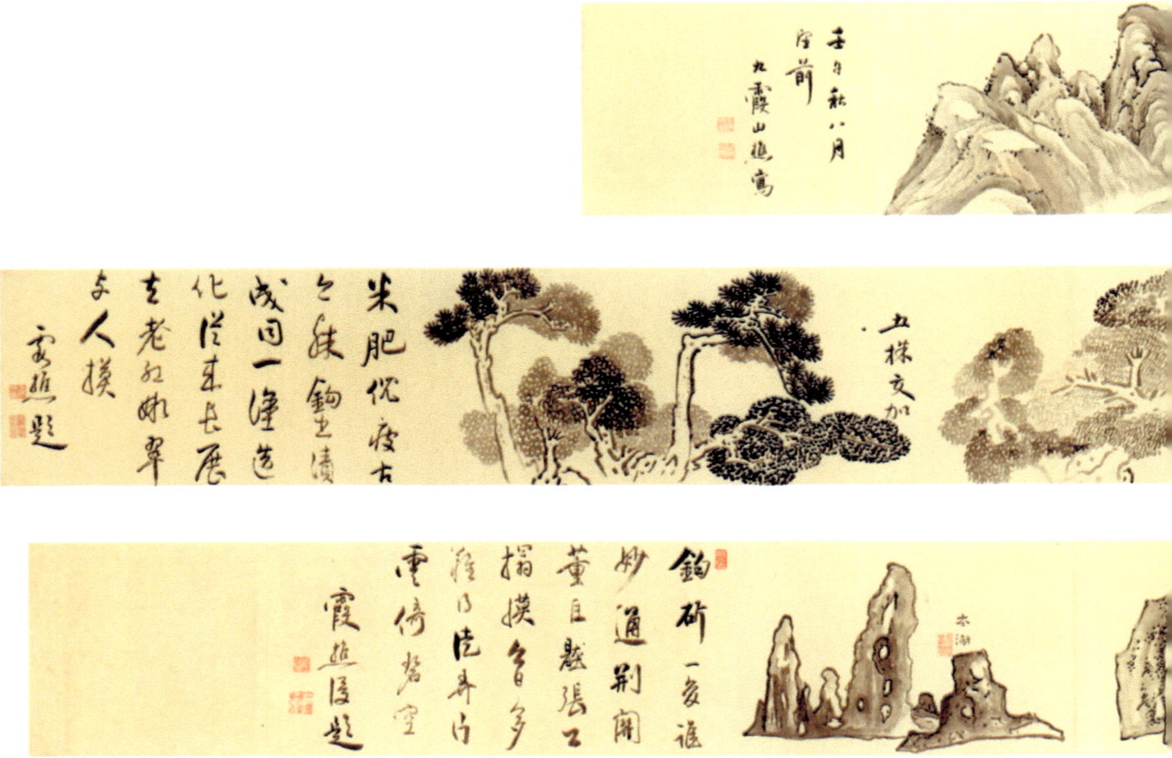

3| Ike no Taiga, Vier Arten der Malerei, 1762, Tusche und Buntfarben auf Papier, 27,9 × 525,2 cm, Private Sammlung.

sten Malstils *Nanga*（南画）in Japan.[5] *Nanga* bedeutet „Südschule", die in China im Gegensatz zur streng-akademischen „Nordschule" steht. Unter *Nanga* versteht man einen freieren und weicheren Darstellungsstil, der sich vor dem Hintergrund der helleren Landschaften der wärmeren Klimazonen und der regionalen Besonderheiten der Südexpansion der Song-Dynastie entwickelte, im Unterschied zum detaillierteren und realistischeren Stil der Gemälde von Kaiser Huizong（徽宗 aus der nördlichen Song-Dynastie.[6] Das *Malereihandbuch des Senfkorngartens* ist nicht nur ein Modell für die Malerei, sondern auch ein Buch, das die Theorie und die Techniken der Malerei erklärt, so dass frühe Nanga-Maler wie Kien häufig

5 Ausst.-Kat.: Kyoto 2018, (wie Anm. 3), S. 33, Kat.-Nr. 20（『池大雅』展覧会カタログ、京都国立近代美術館、2018年、柳沢淇園『ひとりね』から).

6 Sasaki 2018 (wie Anm. 4), S. 7–9（佐々木、前掲論文).

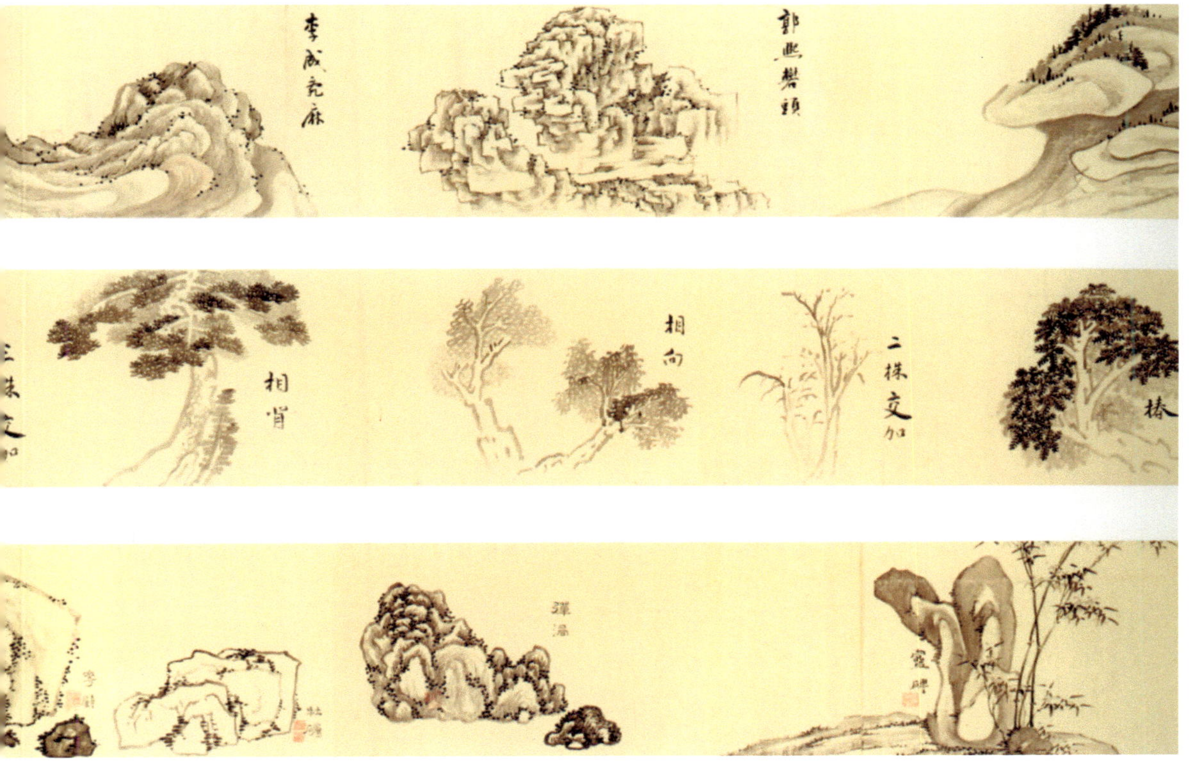

darauf zurückgriffen.[7] Das Buch ist nach Li Yus（李漁）Villa, Senfkorngarten, benannt, und es ist erwiesen, dass es spätestens 1712 auch in Japan verbreitet war.[8]

Tatsächlich finden sich in Taigas *Vier Arten der Malerei* (1762) (Abb. 3) Hinweise darauf, dass er durch dieses Buch Erkenntnisse zur Landschaftsmalerei und Kriegskunst gewann. Da Taiga nie in China gewesen war, muss er versucht haben, aus den wenigen Quellen, die ihm zur Verfügung standen, etwas über die chinesischen Malstile zu lernen.

7 Ausst.-Kat.: Kyoto 2018, (wie Anm. 3), S. 56, Kat.-Nr. 43（『池大雅』展覧会カタログ、京都国立近代美術館、2018年、柳沢淇園『ひとりね』から).

8 Ebd.

## Ut pictura poesis

Der Begriff „Literatenmalerei“ (文人画) bezieht sich auf Bilder, die von Angehörigen der geistigen Elite, meist Dichtern oder gebildeten Beamten, gemalt wurden. Das chinesische Konzept des „Literaten“ ist das Gegenstück zum „Krieger“ und könnte heute als Intellektueller bezeichnet werden. Wenn hochrangige Beamte, *shidafu* (士大夫) genannt, über ein breites Spektrum an akademischem und künstlerischem Wissen verfügten, wurden sie als „Literaten“ bezeichnet. Daher wird die Malerei von „Männern der Kultur und der Tugend, die an der Politik des Landes beteiligt sind“, als „Literatenmalerei“ bezeichnet.[9] Im Zuge ihrer Studien der chinesischen Poesie, Kalligrafie, Malerei und Musik begreifen die Literaten die Malerei als eine Form der Disziplin und der Ausbildung geistiger Fähigkeiten. Die chinesische Malerei erfordert schnelles Urteilsvermögen, Entschlusskraft und Planung bei der Entscheidung, was und wie gemalt werden sollte. Denn Tusche ist ein Material, das nicht mehr gelöscht oder verändert werden kann, sobald es einmal aufgetragen wurde, und man glaubte, dass die so trainierten Fähigkeiten zur Entwicklung eines politischen Urteilsvermögens beitragen würden. Dies deutet darauf hin, dass die Malerei der Literaten nicht, wie wir heute denken, ein gelegentlich ausgeübtes Hobby war, sondern eine Ausdrucksform mit einer philosophischen Struktur, die tief in der Kultur der chinesischen Poesie verwurzelt ist. Die Malerei erfordert auch eine genaue Beobachtung der Natur und ein Verständnis für ihre Prinzipien. Sie wird als eine gleichwertige Disziplin zum Wissenserwerb durch Bücherlesen angesehen.[10]

Die Kunstausübung chinesischer Beamten-Literaten kann mit derjenigen westlicher adliger Dilettanten verglichen werden (Abb.5). Wie zahlreiche andere Fürsten betrieb beispielsweise Kurfürst August von Sachsen (1526–1586) im späten 16. Jahrhundert eine Elfenbeindrechselei und richtete dafür in seinem Schloss eine Drehstube ein. Sein Sohn Christian I. (1560–1591) entwarf zeichnerisch geometrische Figuren und hielt diese im Alter von sechzehn Jahren in seinem *Perspektivbuch* (Abb. 4) fest. Diese bewussten und präzisen künstlerischen Tätigkeiten

9 Sasaki 2018 (wie Anm. 4), S. 6–7 (佐々木、前掲論文:).

10 Ebd., S. 8.

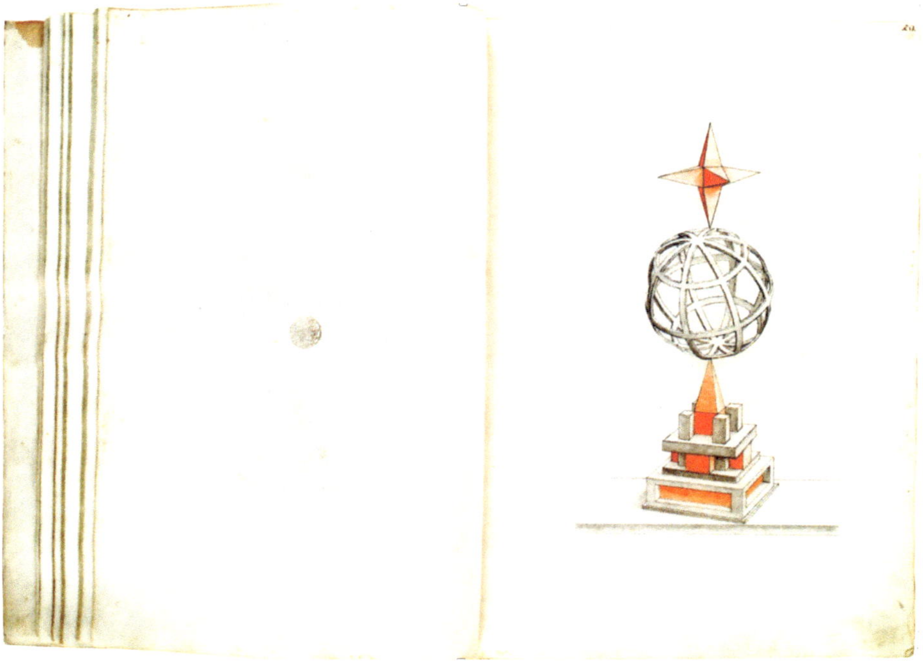

4| Christian I., Kurfürst von Sachsen, Perspektivbuch, 1576, Schwarze Tusche, Kohle und Rötel auf Papier, 41.8 × 28 cm, Staatliche Kunstsammlungen Dresden.

symbolisierten die Fähigkeit, die Welt zu begreifen und politische Entscheidungen zu treffen.[11]

Taigas Mentor Yanagisawa Kien, der die chinesische Denkweise der Literaten studiert hatte, diente in Japan ebenfalls als Staatsdiener, nämlich als *Karō* (Vogt) des *Yamato-Koriyama-Han* (Domäne), und zugleich hatte er den Status eines Literaten inne. Taiga hingegen war ein professioneller Maler und kann daher nicht als Literat bezeichnet werden. Doch Taiga fühlte sich vom Stil der Literatenmalerei

11 Sato, Naoki: Ozoku tachino bijutsukatudo, Sachsen kyutei no sobyo to senbanzaiku (Künstlerische Aktivitäten der Königshäuser), in: Geijutsu aikoukatachino yume (Träume von Kunstliebhabern. Dilettantismus in der deutschen Moderne), hg. von Naoki Sato, Tokio 2019, S. 60–82, hier S. 72–74（佐藤直樹「王族たちの美術活動　ザクセン宮廷の素描と旋盤細工」『芸術愛好家たちの夢　ドイツ近代におけるディレッタンティズム』佐藤直樹編、三元社、2019年:), bzw. dass der Souverän in der Lage ist sein „Reich“ zu gestalten. Siehe Warnke, Martin: Könige als Künstler. Gerda Henkel Vorlesung, Münster 2007, S. 45–75, bes. S. 59ff.

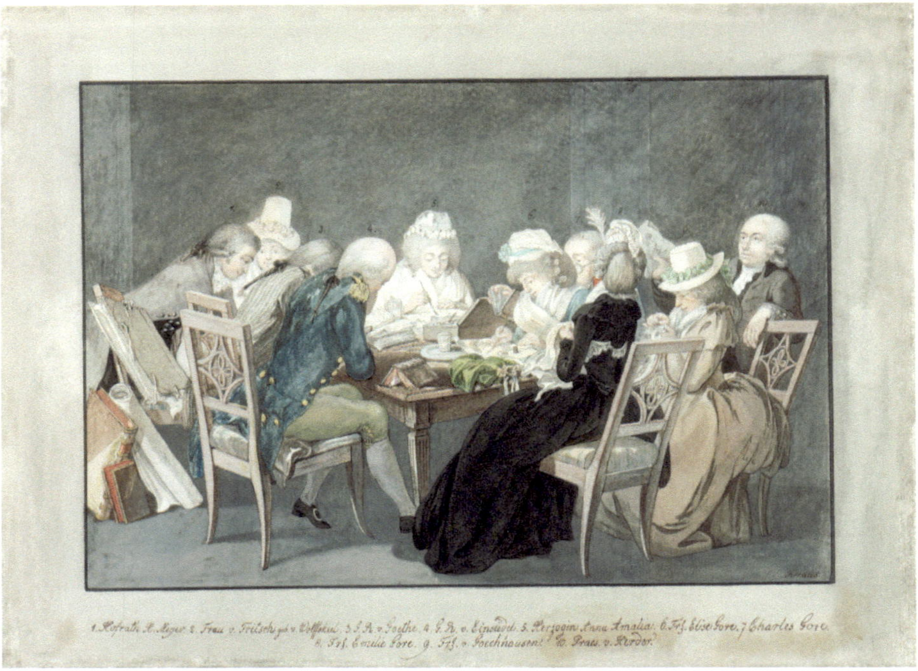

5| Georg Melchior Kraus, Abendgesellschaft bei Anna Amalia, um 1795, Aquarell, 32 × 43 cm, Klassik Stiftung Weimar.

angezogen. Die japanische *Bunjin-ga* (文人画, Literatenmalerei) wurde von Malern entwickelt, die aus Bewunderung für die chinesische Kultur chinesische Themen und Malstile übernahmen. Wichtig ist hier die Ähnlichkeit zwischen den beiden Gattungen, die „Identität von Poesie, Kalligrafie und Malerei (詩書画一致). Die Grenze zwischen Malerei und Kalligrafie wird durch die Verwendung von Tusche als Malmittel verwischt. Die Affinität zwischen beiden war in China offensichtlich, da sie beide kontinuierlich auf demselben Blatt Papier mit denselben Werkzeugen hergestellt werden konnten. Diese Ähnlichkeit zwischen „Poesie und Malerei" ist im Westen durch den römischen Dichter Horaz (65–8 v. Chr.) formuliert worden als: „ut pictura poesis (Wie die Malerei, so die Poesie)".[12] Die Theoretiker und Kritiker der Malerei seit der Renaissance haben die Prinzipien der antiken

12 Horaz: Ars Poetica. Die Dichtkunst, übersetzt von Eckard Schäfer, Stuttgart 1972, S. 26 (Vers. 361).

Poesie auf ihre Theorien der Malerei angewandt, wobei sie den Satz in „ut poesis pictura (Wie die Poesie, so die Malerei)“ umgedreht haben, da die ‚originalen‘ Bildtheorien und Werke der griechischen Antike, auf die sich die Künstler beziehen sollten, meist verloren gegangen waren.[13] Dies veranlasste die westlichen Akademien dazu, die harmonische Beziehung zwischen Malerei und Poesie zu betonen, und die narrative Historienmalerei als wichtigste Gattung zu definieren. Im Osten hingegen hat die Vorstellung von der Identität von Poesie, Kalligrafie und Malerei dazu geführt, dass man eher die Spiritualität des Künstlers als die Technik und Konturierung in der Malerei respektiert. Taiga löste sich vom Mainstream der japanischen Kunst, indem er den freien Geist der Literatenmalerei übernahm, der sich gegen die akademischen Normen der *Kano*-Schule stellte.

## Yipin – normabweichender Malstil

Diese Fokussierung auf die Spiritualität steht im Einklang mit dem chinesischen Konzept *yipin* (逸品, abweichendes Werk). Der chinesische Kunstkritiker 朱景玄Zhu Jingxuan (tätig im 9. Jahrhundert) verweist im Vorwort zu seinem um 840 kompilierten *Katalog berühmter Maler der Tang-Dynastie* (唐朝名画録), in dem er 125 Maler der Tang-Dynastie im Hinblick auf die drei Kategorien *Shin*（神), *Myo*（妙） und *No*（能), d.h. die obere, die mittlere und die untere Klasse bespricht.[14] Außerdem stuft er diejenigen Maler, die einen unkonventionellen, von den drei traditionellen Kategorien abweichenden Stil entwickelten, als *yipin*

13 Morita, Yoshinori: Kaisetsu Bijutsushika R.W. Lee to ut pictura poesis, in: Rensselaer, W. Lee: Ut Pictura Poesis. The Humanistic Theory of Painting, übers. d. Morita Yoshinori und Shinozuka Fumio, Tokyo 2021, S. 205（森田義之「解説　美術史家R.W.リーと〈ウト・ピクトゥラ・ポエシス〉の伝統」、レンスラー・W・リー『ウト・ピクトゥラ・ポエシス詩は絵のごとく/絵は詩のごとく–人文主義絵画理論ー』森田義之, 篠塚二三男訳、アートワークス、2021 年).

14 Shimada, Shujiro: On I-p'in, the ‚Extraordinary‘ Style of Chinese Painting, in: The Bijutsu Kenkyu, The Journal of Art Studies, Nr. 161 (1950), S. 264–291, hier S. 265 (島田修二郎「逸品畫風について」『美術研究』第161号、東京文化財研究所、1950年).

(Klasse der Ungezwungenen)[15] ein und schafft damit eine vierte Kategorie, die noch eine Stufe unterhalb des unteren Niveaus liegt.[16]

Von den drei Malern, die Zhu als *yipin* erwähnt, ist die Beschreibung von Wang Mos (王墨, tätig im frühen 9. Jh.) Arbeitsweise besonders interessant:

> Wenn er [Wang Mo] versucht zu malen, trinkt er zuerst so viel, bis er betrunken ist, dann gießt er Tusche auf das Papier, lacht und singt, trampelt mit dem Fuß darauf herum und streicht mit der Hand darüber. Dann bewegt er den Pinsel aufrecht auf dem Papier und verwendet verschiedene Farbtöne und erschafft schließlich Berge, Steine, Wolken und Wasser aus den so entstandenen Formen.[17]

Dabei handelt es sich um eine Sprenkeltechnik in Tusche, die als *pomo*（潑墨）bezeichnet wird und bei der Berge, Steine usw. den visuellen Assoziationen entsprechend geschaffen werden, die sich aus den hingeklecksten oder aufgespritzten Formen ergeben.[18] Demzufolge verstreicht Wang Mo manchmal Tusche mit der Hand, oder er taucht eine Haarlocke als Pinsel in die Tusche. Diese Technik stellt eine Rebellion gegen die Tradition der Malerei der Tang-Dynastie dar, die einen absoluten Schwerpunkt auf die Linienzeichnung legt, und fördert eine Verlagerung des Schwerpunkts der Malerei von den Porträts der Tang-Dynastie zu den Landschaften der Song-Dynastie und darüber hinaus. Die Eigenart der Landschaftsmalerei seit der Nördlichen Song-Dynastie, in der Berge und Steine wie Wolken dargestellt werden, beruht auf der Assoziationsfähigkeit des menschlichen Sehens. Shimada Shujiro beschreibt den Stil der *yipin* folgendermaßen:

> Es geht nicht darum, dass die Formen leicht als Berge oder Steine zu erkennen sind, sondern dass die unbekannten Formen als Berge oder Steine sichtbar werden. Der Zusatz des Pinsels folgt der sich ausbreitenden

15 Brinker, Helmut: Moxi: „Tuschespiele" in Theorie und Praxis der chinesischen Malerei, in: Georges-Bloch-Jahrbuch des Kunstgeschichtlichen Seminars Universität Zürich, Bd. 1 (1994), S. 9–28, hier S. 21.

16 Shimada 1950 (wie Anm. 14), S. 265.

17 Zitiert nach ebd., S. 266–267. Siehe den Beitrag von Wei Hu in diesem Band.

18 Ebd., S. 267.

> Form der Tusche und macht das Beste daraus, ganz anders als die engen, dünnen Pinselstriche, die eine bestimmte Form umreißen, wie in der traditionellen Malerei.[19]

Es ist eine paradoxe und suggestive Form der figurativen Malerei, bei der die Fantasie des Künstlers eine zufällige entstandene abstrakte Form in ein Objekt verwandelt.[20]

Auch Leonardo experimentierte mit solchen Zufallsbildern. Er betrachtete etwa die Flecken, die durch das Werfen von Schwämmen in vielen Farben auf die Wand entstanden waren: „Es ist wahr, dass man in diesem Fleck verschiedene Erfindungen dessen sehen kann, was der Mensch in ihm suchen will, nämlich Menschenköpfe, verschiedene Tiere, Schlachten, Felsen, Meere, Wolken, Wälder und andere ähnliche Dinge“.[21] Sowohl im Osten als auch im Westen führte die Erforschung der Maltechniken in der figurativen Malerei zur Entdeckung und Verwendung dieser „potentiellen Bilder“.[22]

In China entstand auf diese Weise gleichzeitig mit der Verbreitung der Tuschespritzer eine Art von Performance, bei der gelacht, gesungen und mit dem Schwung des „Trinkens und Betrunkenwerdens“ mit den Füßen und Händen gemalt wurde. Der Überlieferung nach wurde diese Technik in China bereits von dem Kalligrafen Zhang Xu (張旭, ca. 675–750) im achten Jahrhundert angewendet. Man weiß von ihm, dass er gerne trank, und wenn er sehr betrunken war, rannte er wie verrückt, schrie und schrieb in *so-sho* (草書) Kursivschrift. Manchmal tauchte er sein Haar in Tusche und schrieb unvorstellbare Werke.[23] *Die Vier alten Gedichte* (古詩四帖)

19 Ebd.

20 Tsuji, Nobuo: Tobitsu Hanetsutsu-Chugoku Yippin Gafu, in: Geijutsu Shincho, Bd. 740 (2011), S. 152–157, hier S. 156 (辻惟雄「跳びつ、跳ねつ–中国逸品画風」『芸術新潮』2011年8月号（通巻740号）、2011年).

21 „Egli è ben vero che in tale macchia si vedono varie invenzioni di ciò che l'uomo vuole cercare in quella, cioè teste d'uomini, diversi animali, battaglie, scogli, mari, nuvoli e boschi ed altre simili cose.“ Leonardo da Vinci: 57. Precetti del pittore, in: Trattato della Pittura di Leonardo da Vinci, condosso sul cod. Vaticano Urbinate 1270, mit einem Vorwort von Marco Tabarrini, Roma 1890, S. 38.

22 Gamboni, Dario: Potential Images, Ambiguity and Indeterminacy in Modern Art, London 2002.

23 Tsuji 2011 (wie Anm. 20), S. 156.

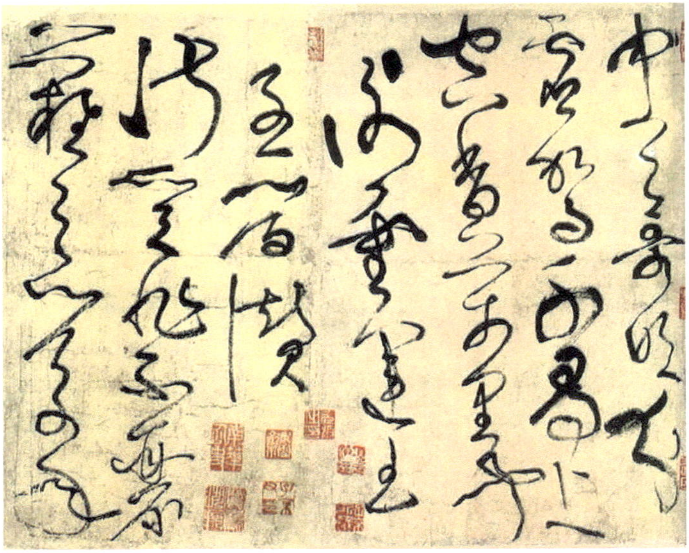

6| Zhan Xu, Die vier alten Gedichte (Ausschnitt), 8. Jh., kursive Schrift, Tinte auf Papier, 28,8 × 192,3 cm, Provinzialmuseum, Shenyang

(Abb. 6) erinnern an seine Rauschzustände. Die Entstehung des Konzepts *yipin* in der Malerei wurde stark von der kursiven Kalligrafie inspiriert, die von den Beschränkungen der alten Kalligrafie befreit war.[24]

## Fingermalerei

In den späten Zwanzigerjahren des 18. Jahrhunderts schuf Taiga eine Reihe von Tuschebilder, bei denen er statt eines Pinsels seine Finger und Nägel benutzte. Diese Art der Fingermalerei entspricht ebenfalls einer der aus China eingeführten Maltechniken. Wahrscheinlich wurde Taiga von Yanagisawa Kien, dem ersten Künstler, der diese Technik in Japan verwendete, darin unterrichtet.[25]

24 Ebd.

25 Fukushi, Yuya: Ike no Taiga, Tomo to tabi no fuukei no gaka, in: Ausst.-Kat.: Kyoto 2018 (wie Anm. 3), S. 259–268, hier S. 263 (福士雄也「池大雅-友と旅の風景の画家」『池大雅　天衣無縫の旅の画家』展覧会カタログ、京都国立近代美術館、2018年).

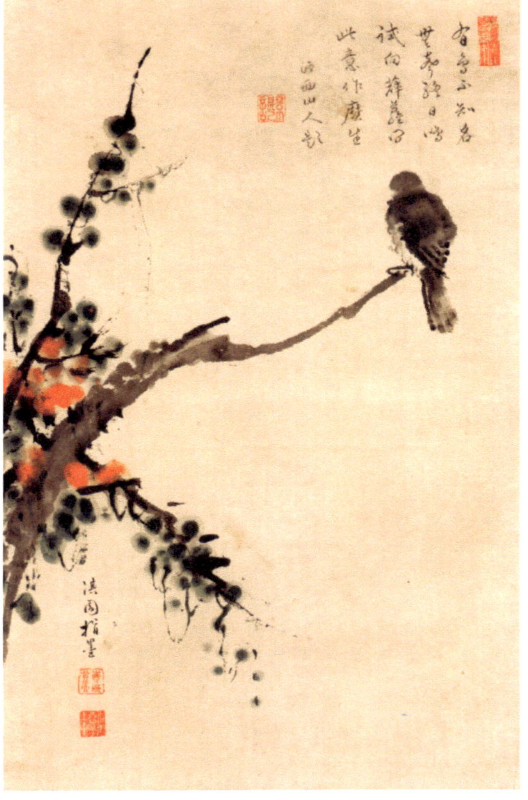

7| Yanagisawa Kien, Efeu mit Fingern gemalt, 18. Jh., Tusche und Buntfarben auf Seide, 46,5 × 29,5 cm, Privat (Ausst.-Kat.: Nara 2017, 64).

Wie Kien von der Tuschemalerei erfuhr und wie er sie erlernte, ist bis heute unklar.[26] Es wird angenommen, dass er die Techniken der Fingertuschebilder der Qing-Dynastie durch einen engen Freund der Obaku-Mönche erlernte.[27] In Kiens *Efeu mit Fingern* (指墨薜蘿図) sind dicke Äste und Vogelflügel mit den Fingern, Vogelfüße und Efeuranken hingegen sehr dünn mit den Fingernägeln gezeichnet.[28] Finger-

26 Yasunaga, Takuyo: Shiboku-zu, Sakuhin-kaisetsu, in: Ausst.-Kat.: Yanagisawa Kien, Bunga no shi, Shinki no gaka, Yamato bunkakan, Nara 2017, S. 145, Kat.-Nr. 38（安永拓世「指墨竹図」作品解説、『特別展　柳沢淇園－文雅の士・新奇の画家』展覧会カタログ、大和文華館、2017年）.

27 Miyazaki, Mono: Shiboku-tsuta-zu, Sakuhin-kaisetzu, in: Ebd., S. 144–145, Kat.-Nr. 3（宮崎もも「指墨薜蘿図」作品解説、同書).

28 Ebd.

malerei ist eine Performance-Kunst mit stark improvisatorischem Charakter. Die Verwendung der Hand zur Handhabung der Tusche ist eine große Einschränkung des Ausdrucks, aber da der Körper des Malers in direktem Kontakt mit der Tusche und dem Papier steht, kann man sagen, dass der *qiyun*（気韻, Geist der Eleganz) direkt zum Ausdruck gelangt. Aufgrund der beschränkten Ausdrucksmöglichkeiten ist es schwierig, die gleiche Qualität wie bei einem mit dem Pinsel gemalten Werk zu erreichen, und der Entstehungsprozess selbst wird hervorgehoben, so dass die Tatsache, dass es sich um ein Fingerbild handelt, oft deutlich auf der Bildfläche zu erkennen ist. Auf Taigas *Landschaft mit Fingern* (指墨山水図) beispielsweise ist vom Künstler eigenhändig vermerkt, dass es sich um ein Fingertuschebild handelt. Überall auf dem Bild gibt es in den groben Abdrücken deutliche Spuren der Verwendung des Fingers. Aber auch die Linien, die die fernen Berge, die Gebäude und die Bäume umreißen, zeigen je nach Motiv die Fingerkuppen des Künstlers.[29] Das Werk befand sich im Besitz des Obaku-Mönchs Shōnan Jūju (修南浄寿), der es lobend erwähnte, was darauf hindeutet, dass Taigas Fingermalerei geschätzt wurde.[30]

Auch in Taigas Bild *Musizierende Kobolde* (怪奇弾琴図) (Abb. 7) ist zu erkennen, dass es mit den Fingern gemalt wurde. Die beiden kleinen Hörner unter dem durchsichtigen Hut auf dem Kopf der Hauptfigur weisen darauf hin, dass es sich nicht um einen Menschen, sondern um einen Dämon handelt. Er spielt die Zither auf einem Steintisch, flankiert von einem kleinen Dämon, der ein Bananenblatt hält. Dahinter ist ein großer Kaktus zu sehen, der mit der Handfläche gemalt wurde. Nach Fukushi Yuya entstand dieses Gemälde, als Taiga etwa 25–26 Jahre alt war. Somit könnte es sich um eines der *Sekiga* (席画, Improvisation bei einem Bankett) handeln, die während seines Aufenthalts in *Edo* (Tokio) vom Publikum gewünscht wurden. Aufgrund der kalligrafischen Neigung und der groben Linienführung bei den Kakteen- und Felsmotiven kann man davon ausgehen, dass es sich um *Suiga*（酔画）handelt, die Taiga in betrunkenem Zustand malt.[31] Das Malen im Rausch sollte es dem Künstler ermöglichen, freie, improvisierte Werke

29 Ausst.-Kat.: Kyoto 2018 (wie Anm. 3), S. 94, Kat-Nr. 70（『池大雅　天衣無縫の旅の画家』前掲書).

30 Fukushi 2018 (wie Anm. 25), S. 263.

31 Ausst.-Kat.: Kyoto 2018 (wie Anm. 3), S. 98, Kat.-Nr. 74.

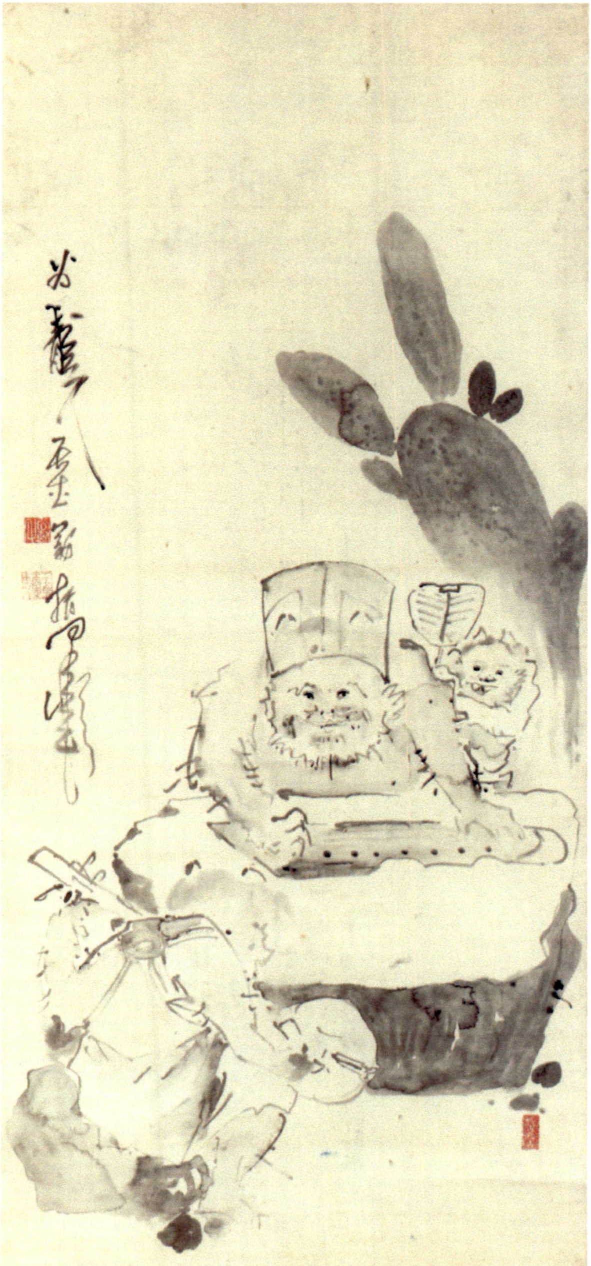

8| Ike no Taiga, Musizierende Kobolde, 18. Jh., Tusche auf Papier, 130 × 57,5 cm, Private Sammlung.

zu schaffen. Auf diese Weise läßt sich seine geistige Verbundenheit mit den chinesischen „Literaten" und sein eigenes Selbstverständnis zum Ausdruck bringen.

In *Schnee, Mond und Blumen* (雪月花図) (Abb. 8) besteht kein Zweifel, dass das Bild mit den Fingern auf Papier gemalt wurde. Einige der Tuschespuren wurden eindeutig als Fingerabdrücke identifiziert.[32] Die Dunkelheit der Nacht wird durch die kühn auf die Bildfläche gegossene Tusche ausgedrückt. Der dunkle Tuschefleck in der Mitte des Bildes scheint eine zufällige Form zu sein, aber es ist schwer zu erfassen, was er darstellt. Die Leerstelle um die Pflaumenblüte evoziert den Schnee auf den Zweigen. Die Verwendung von schwarzer Tusche, die über die Oberfläche der Seide läuft, und die Schattierung der Zweige suggerieren in Verbindung mit den ausgesparten Flächen der Pflaumenblüten die Schneedecke.

## Von Normabweichungen zu Aktionsmalerei

Der späte Qing-Dichter Lin Shu (林紓, 1852–1924) beschreibt in seiner 1935 erschienenen *Theorie der Malerei von Chun jue zhai* (春覚斎論画遺稾) die exzentrische Aufführung eines unbekannten betrunkenen Malers in Wuchang (武昌)[33] folgendermaßen:

> Als jemand diesem Maler ein weißes Seidentuch reichte und ihn bat, es zu bemalen, schloss er die Tür, rieb sein eigenes Gesäß mit Tinte ein, drückte es auf das Seidentuch und zeichnete mit dem Pinsel Zweige und Blätter, so dass ein riesiger Pfirsich entstand. Lin kritisierte das Verfahren dieses betrunkenen Malers, das nicht mehr die Spiritualität besitze, die es erlaube, sich eine Landschaft aus der spontanen Ausbreitung der Tusche vorzustellen.[34]

Der durch den Körpereinsatz erzielte malerische Ausdruck erinnert dagegen an die zeitgenössische westliche Aktionsmalerei. Der französische Maler Georges

32 Ebd., S. 99, Kat.-Nr. 76.

33 Lin, Shu: „Chun jue zhai lun hua yi gao", Beijing 1935, zitiert nach: Tsuji 2011 (wie Anm. 20), S. 157 (林紓「春覚斎論画」『畫論叢刊五十一種』下編、1972年。以下より引用：辻、前掲論文).

34 Ebd.

Mathieu (1921–2012), der 1957 nach Japan kam, kleidete sich in einen weißen *yukata* (浴衣, Sommerkimono) mit einem eingesteckten roten *Hachimaki* (鉢巻, Stirnband), befestigte einen Pinsel am Ende einer Bambusstange und rief lautstark, sprang auf und ab, rannte und spritzte in einer exaltierten Aktion Farbe auf die Leinwand (siehe die Beiträge von Vera Wolff und Monika Wagner in diesem Band). Die akrobatische Inszenierung, die vor Publikum stattfand, war in Japan ein solcher Erfolg, dass sie damals in den Wochenschauen und im Fernsehen übertragen wurde.[35] Die japanische Kunstzeitschrift *Geijutsu Shincho* (芸術新潮) veröffentlichte ein Interview mit Fotos. In dem Interview erwähnte Mathieu, dass André Malraux (1901–1976) seine Kunst als „die erste westliche Kalligrafie" bezeichnet habe, und er drückte seine Begeisterung über seinen Japanbesuch als eine Begegnung mit der japanischen Kalligrafie aus.[36] Er gab jedoch zu, dass seine Kalligrafie eine Abstraktion ohne Bedeutung sei und wies darauf hin, dass die „verrückte Kalligrafie" der Song-Dynastie der freieste Ausdruck der Vergangenheit war, der mit seinem eigenen Werk in Einklang stehe.[37] Mathieu nennt keinen bestimmten Kalligrafen oder ein bestimmtes Werk, aber möglicherweise ließ er sich von Künstlern wie dem trinkenden und schreienden Zhang Xu inspirieren. Doch ist zu bezweifeln, ob diese westliche Aktionsmalerei wirklich dem Geist der Literatenmalerei entspricht.

Auch im Osten findet die chinesische Action-Painting-Tradition eine Fortsetzung und Erneuerung durch Huang Ernan (黄二南, 1885–1971), der in Japan einen anderen Namen führte: Huang Fuzhou (黄輔周) war der erste chinesische Student an der Kunsthochschule Tokio, der 1905 das Studienfach Westliche Malerei belegte.[38] 1908 wurde er von der Hochschule verwiesen, und seitdem hat man in Japan nichts mehr von ihm gehört. Durch eine Untersuchung des Bildes *Bambus und Fels* (竹石図) (Abb. 9) fand Tsuruta Takeyoshi heraus, dass es sich bei dem Maler dieses Werkes um den ehemaligen Tokioter Studenten handelt: Huang Ernan, der von

35 Ebd., S. 155.

36 Geijutsu Shincho, Nr. 156 (1957), S. 57. (『芸術新潮』1957年10月号、通巻156号).

37 Ebd., S. 58.

38 Tsuruta, Takeyoshi: Huang Fuzhou's Shehua (Tongue Painting): Study Materials on Painting during China's Republican Period, in: The Bijutsu Kenkyu, The Journal of Art Studies, National Research Institute for Cultural Properties, Tokyo, Nr. 390 (2006), S. 40–50, hier S. 40. (鶴田武良「図版解説　黄輔周の舌画ー民国期絵画資料ー」『美術研究』第390号、東京文化財研究所、2006年).

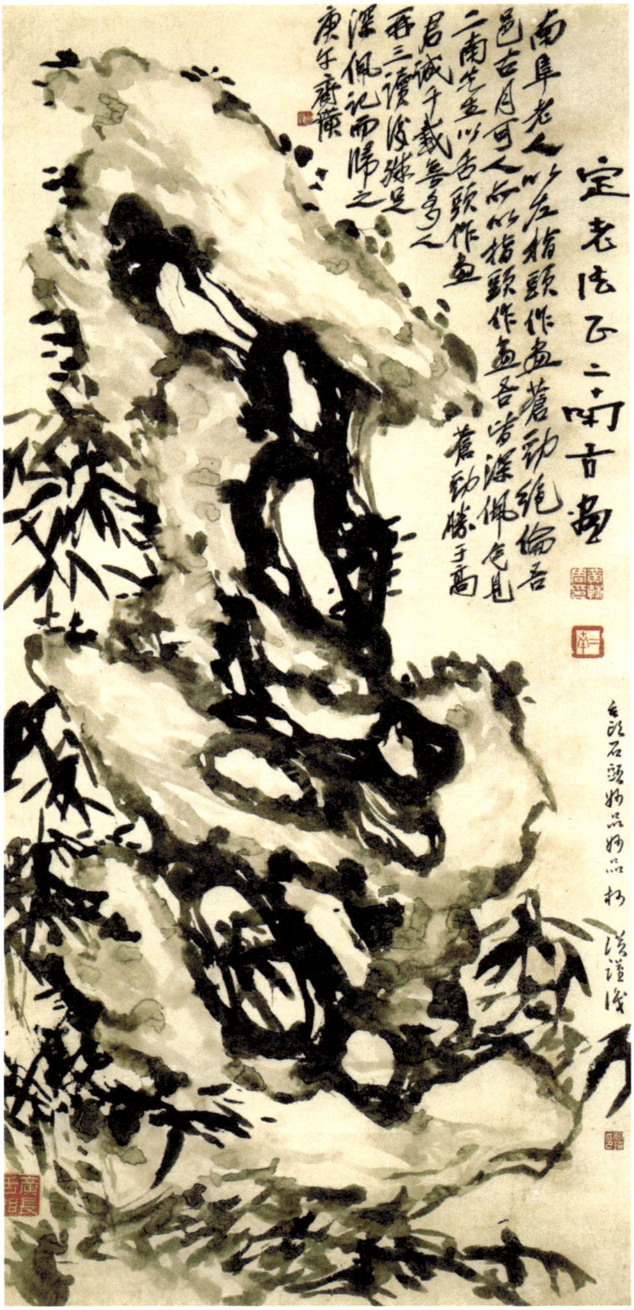

9| Huang Ernan, Bambus und Fels, 1930, Tusche auf Papier, 166,4 × 78,7 cm, Private Sammlung.

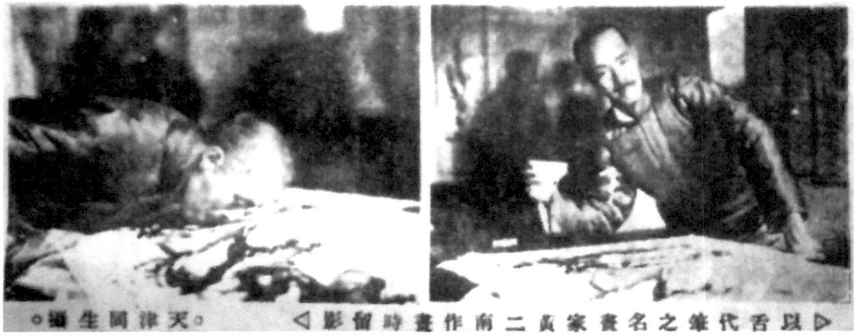


10| The Pei-yang Pictorial News, Nr. 569, 5. Dez. 1930, S. 2.

etwa 1930 bis in die frühen 1940er Jahre in China als Zungenmaler tätig war.[39] Während der Wirren der späten Qing-Dynastie kehrte Huang nach China zurück und wurde Soldat, doch nach seiner Entlassung 1929 begann er, sich wieder für die Malerei zu begeistern. Nachdem er in einem Buch gelesen hatte, dass ein Maler Bilder durch das Pusten in die frische Tusche erzeugte, studierte er diese Technik und schuf darauf basierend Zungenbilder (舌画). Es ist nicht ganz klar, um welches Buch es sich handelte, wahrscheinlich wohl um den vierten Band von Zhang Yanyuans (張彦遠, ca. 815–ca. 877) *Geschichte berühmter Gemälde der verschiedenen Dynastien* (歴代名画記). Darin findet sich die Malmethode des Tuschespritzens in der Beschreibung des Lie Yi (烈裔) der Qin-Dynastie (秦朝).[40] 1930 besuchte ein Reporter der *The Pei-yang Pictorial News* (北洋画報) Huang und berichtete in einem Artikel mit Fotos über ihn und seine neu erfundenen Zungenmalerei (Abb. 10).[41] Er spuckt Tusche auf die weiße Seide und setzt seine Zunge als Pinsel ein, um eine Vielzahl von Blumen, Vögeln und Landschaften zu malen.[42] Manchmal benutzt er auch seine Finger und sogar seinen Bart zum Malen.[43] In diesem Interview erläutert Huang, dass eine Schwierigkeit bei der Zungenmalerei darin bestehe, dass „die Augen nur einen Zentimeter vom Papier entfernt sind, so

39 Ebd.

40 Ebd., S. 42.

41 The Pei-yang Pictorial News, no. 569 (1930), S. 2, zitiert nach: Ebd., S. 40 (『北洋画報』第569期、1930年、p. 2。 次から引用。鶴田、前掲論文).

42 Ebd.

43 Ebd., S. 42.

dass die Augen bereits ihre Funktion verloren haben".[44] Er betont, es sei wichtig, sich zu konzentrieren und das Bild auszudrücken, das man vorher im Kopf habe.[45] Die Art und Weise, wie er mit seiner Zunge die Tusche auf der Bildfläche ertastet, mit anderen Worten, wie er *qiyun* (気韻, Geist der Eleganz) durch seinen eigenen Körper direkt auf der Bildfläche fixiert, ist eine Form der Aktionsmalerei, aber gleichzeitig auch eine moderne Wiederbelebung des Stils der Literatenmalerei.

44 Shen Bao (Shanghai News), 30th June, Shanghai 1939, 21, zitiert nach: Ebd., S. 43 (『申報』1939年6月30日号、第21面。以下より引用。鶴田、前掲論文).

45 Ebd.

Vera Wolff

# BOXING PAINTING

## Ushio Shinohara und die moderne Legende vom spontanen Malen

### I

Am 30. September 1960 versammelten sich die Mitglieder der „Neo Dada Organizers" im Weißen Haus. Beim *Howaito Housu* handelte es sich nicht um den Regierungssitz des US-Präsidenten, sondern um das von Arata Isozaki erbaute Atelier des Künstlers Masunobu Yoshimura. Das Gebäude lag auch nicht in Washington, sondern am Rande des 1945 von Bombenangriffen der US Air Force fast vollständig zerstörten Tokioter Bezirks Shinjuku, der wegen des dort angesiedelten Schwarzmarkts, der Vergnügungslokale, der Prostitution und Kriminalität als Tokios „Wilder Westen" berühmt werden sollte.[1]

Auf der im September 1960 im Weißen Haus abgehaltenen Ausstellung *Bizarre Versammlung* soll Ushio Shinohara zum ersten Mal eine Aktion durchgeführt haben, die als *Boxing Painting* (*Bokushingu Peintingu*) bekannt geworden ist. Schilderungen zufolge umwickelte Shinohara, der an der Tokioter Akademie Ölmalerei studiert hatte, seine Hände mit Lumpen, tauchte sie in Farbe und bearbeite spontan und in großer Schnelligkeit ein Trägermaterial mit geballten Fäusten. Die Aktion hat Shinohara in unterschiedlichen Varianten immer wieder aufgeführt. Zunächst benutzte er eine klebrige Masse aus Wasser, Weizenmehl und *gofun*, einem Pigment aus zerstoßenen Austernschalen, das in der „japanischen Malerei"

1 Oshima, Ken Tadashi: Shinjuku 新宿: Messy Urbanism at the Metabolic Crossroads, in: hg. von Manish Chalana, Jeffrey Hou: Messy Urbanisms. Understanding the „Other" Cities of Asia, Hongkong 2016, S. 101–118.

(*Nihonga*) verwendet wird.[2] Als Trägermaterialien dienten Shinohara Abfälle, wie zum Beispiel ein alter Hanfsack[3] oder ein schäbiger, mit altmodisch-floralem Rapport verzierter Stoff (Abb. 1).

*Boxing Painting* lässt sich schon vom Titel her als Angriff auf die Malerei verstehen. Der Titel fungiert aber zugleich als Titel der bei der Aktion entstandenen Gemälde, sofern Shinohara sie nicht anschließend zerstört hat.[4] Dagegen sind viele der Aufführungen der Aktion durch Fotografien und Filmaufnahmen überliefert. Shinohara hat verschiedentlich geäußert, *Boxing Painting* sei für diese Medien, die das Spontane hervortreiben und seit Mitte der 1950er Jahre den einst verborgenen Akt des Malens öffentlich machten,[5] überhaupt erst geschaffen worden: „Vor einer Kamera darf man nicht zögern, sondern muss anfangen, nackt zu tanzen."[6]

Mediale Aufmerksamkeit zu erzeugen, war beabsichtigt und avancierte zu einem wesentlichen Bestandteil der Aktion. Damit veränderten sich auch die Möglichkeiten Shinoharas. Als ein populäres japanisches Magazin den Schriftsteller und späteren Nobelpreisträger Kenzaburō Ōe beauftragte, über den Künstler zu berichten, soll Shinohara sein gesamtes Honorar für Packpapier und fünf Flaschen *sumi*, also Tusche, ausgegeben haben, die er für *Boxing Painting* verwendete.[7] Trotz dieser Materialien, die auf die Tradition der japanischen Tuschmalerei zu verweisen scheinen, konnte Ōe „nichts Traditionelles" an *Boxing Painting*

2 Tomii, Reiko: Ushio Shinohara's Action in Three Modes. Boxing Painting and Beyond, in: Ausst.-Kat.: Shinohara Pops! The Avant-Garde Road Tokyo/New York. Hiroko Ikegami und Reiko Tomii (Hg.), Samuel Dorsky Museum State University of New York, New Paltz, Albany 2012, S. 27–35, hier S. 30.

3 Ebd.

4 Erst ungefähr seit 1991, als das Osaka National Museum Shinohara um die Wiederaufführung der legendären Aktion bat, werden die früher zerstörten Produkte der Aktion als eigenständige Werke erhalten. Tomii 2012 (wie Anm. 2), S. 32.

5 Siehe dazu Wagner, Monika: Der kreative Akt als öffentliches Ereignis, in: hg. von dies., Michael Diers: Topos Atelier. Werkstatt und Wissensform, Berlin 2010 (= Hamburger Forschungen zur Kunstgeschichte. Studien, Theorien, Quellen, Bd. 7), S. 45–58.

6 Shinohara, Ushio: Zen'ei no Michi, Tokyo 1968, S. 79.

7 Tomii 2012 (wie Anm. 2), S. 30.

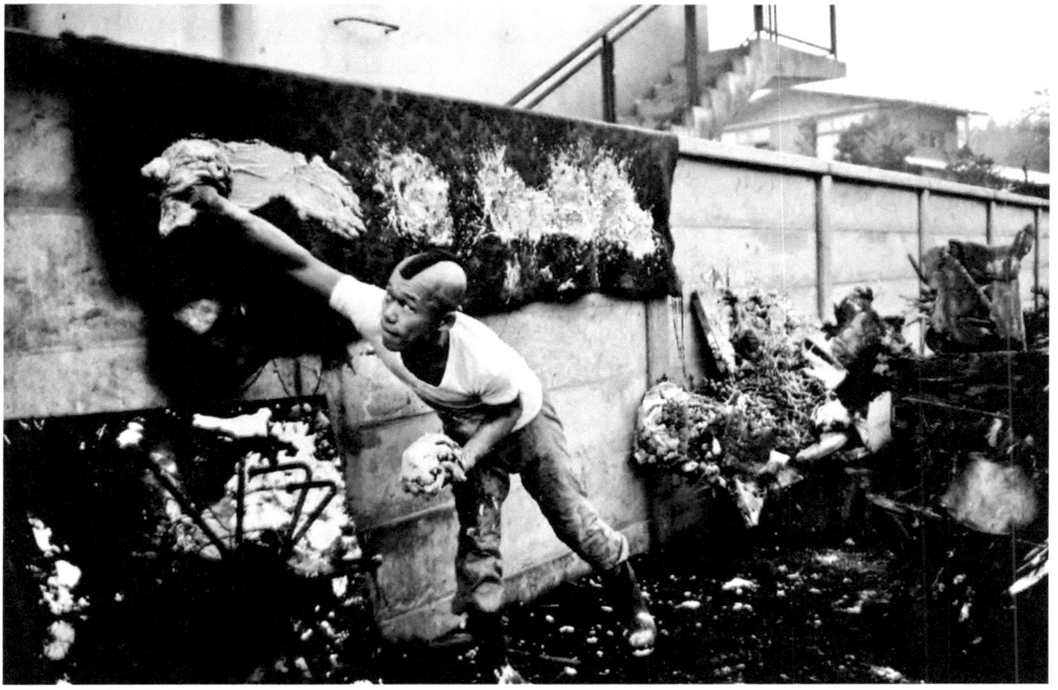

1| Ushio Shinohara, Boxing Painting, 1960.

erkennen.[8] Er porträtierte Shinohara als Beatnik und beschrieb die Aktion als „Beat-Krieg", bezog sie also auf den zeitgenössischen Kontext der US-amerikanischen Subkultur.[9]

Wenig später dokumentierte der Fotograf und Filmemacher William Klein die Aktion und nahm die Fotografien in sein 1964 publiziertes *Tokyo*-Buch auf (Abb. 7). Auch diesmal boxte Shinohara mit Tusche. Im Gegensatz zu Oes Deutung verweist Kleins Bildlegende auf eine vom Zen-Buddhismus beeinflusste Tradition der Malerei mit Tusche und bezieht Shinoharas *Boxing Painting* auf die häufig zitierte Passage einer kanonischen Abhandlung zum Thema.[10] In der deutschen Fassung des *Tokyo*-Buchs lautet sie folgendermaßen:

8 Ōe, Kenzaburō: Ōe Kenzaburō dōdijai rupo (8): Mechakucha bīto gēru, in: Mainichi gurafu (7. Mai 1961), S. 25–27.

9 Ebd.

10 Es handelt sich um: Duthuit, Georges: Chinese Mysticism and Modern Painting/Mystique chinoise et peinture moderne, Paris, London 1936.

> Wer überlegt und seinen Pinsel bewußt zum Malen eines Bildes benutzt, verfehlt zu einem großen Teil die Kunst des Malens. Zeichne Bambus zehn Jahre lang, werde selbst Bambus, dann vergiss alles, was Du über Bambus weißt, wenn du zeichnest. Im Besitz einer unfehlbaren Technik liefert sich das Individuum ganz der Gnade der Inspiration aus.[11]

Auf diese Passage, in der Meisterschaft als Fähigkeit geschildert wird, Gelerntes abzuwerfen oder aber – je nach Interpretation – das Gelernte zu reproduzieren, ohne dass dem Ausführenden jedoch bewusst wäre, dass er Gelerntes wiedergibt, hatte sich bereits Arthur Koestler bezogen, einer der prominentesten *public intellectuals* der 1950er und 1960er Jahre.[12] Für Koestler, der das „spontane Aufblitzen schöpferischer Originalität" von der „Pseudospontaneität in der automatischen Ausübung einer Fertigkeit" unterscheiden wollte, offenbarte sich hier „die Verwechslung zweier grundverschiedener Arten der Spontaneität".[13] Zwar habe eine „bemerkenswerte Anzahl von Japanern den Trick heraus, bemerkenswert niedliche Bambusstauden" zu zeichnen, „dazu auch Felsen, Bäume, Kraniche und Schmetterlinge", nur sähen die – so Koestler 1960 – leider „immer gleich" aus.[14]

Als Gründungsmitglied des Congress for Cultural Freedom beruhte Koestlers Abneigung gegen den „mechanischen Trick" der „von Zen beherrschten Kunst" auf der nationalsozialistischen und der faschistisch-imperialistischen Überformung des Zen.[15] Koestler schrieb, Zen habe „als eine Revolte gegen die soziale Dressur" begonnen und sei „selbst zu einer neuen Form der Dressur" geworden.[16] Seiner Bewunderung für die Spontaneität des japanischen Malers Sesshū, von dem er berichtete, dass er mit Fäusten voller in Tusche getauchten Strohs gemalt habe, tat das jedoch keinerlei Abbruch.[17] Denn Spontaneität war für Koestler, der 1964 *The Act of Creation* publizierte – ein 800 Seiten dickes, von psychologischen

11 Legende zur Bildtafel 40–41 in: Klein, William: Tokio, Hamburg 1965, o. S.
12 Koestler, Arthur: Von Heiligen und Automaten [1960], Bern, München, Wien 1961, S. 335.
13 Ebd., S. 330.
14 Ebd., S. 335.
15 Ebd., S. 332, S 335.
16 Ebd.
17 Koestler, Arthur: The Act of Creation, London, Melbourne, Sidney u. a. 1964, S. 399.

Theorien zur Kreativität inspiriertes Buch – Ausdruck des liberalen, antitotalitären Freiheitsgedankens.

II

Heute zählt der Begriff der Spontaneität, dem eine positive Qualität, die Ahnung von Authentizität und Unmittelbarkeit eignet, zwar noch immer zu den ubiquitär auftauchenden Beschreibungsformeln des kunstkrititischen Jargons. Seine einstige Strahlkraft hat er dennoch eingebüßt. Dabei hatte die „Kultur der Spontaneität“[18] nach dem Ende des Zweiten Weltkrieges und während des Kalten Krieges als Bollwerk gegen jegliche Art von Totalitarismus gegolten (vgl. Monika Wagner in diesem Band) – handele es sich dabei um Faschismus, Nationalsozialismus, Stalinismus oder Behaviourismus. Die Zuschreibung von Spontaneität hatte damals auch die Integration der ostasiatischen Kunst in den westlichen Kanon befördert und damit der abstrakten Kunst aus Europa und den USA eine Tradition verliehen, mit der sich ihr universaler Geltungsanspruch legitimieren ließ.

Für die ästhetische Theorie und die Künste spielt Spontaneität mittlerweile keine große Rolle mehr. Für die Ökonomie, die Innovationstheorie und das Managerwissen ist der Begriff seit der Zeit um 1960 hingegen immer wichtiger geworden. Der „neue Geist des Kapitalismus“[19] hat die Spontaneität und den mit ihr assoziierten Freiheitsbegriff assimiliert. Aufgegangen sind beide in einem neoliberalen Kreativitätsdiskurs, der sich häufig auf angeblich uralte ostasiatische Lehren beruft, wobei die Präferenz sich, bedingt durch die weltpolitische und die wirtschaftliche Situation, vom „alten Japan“ auf die Lehren des „alten China“ verlagert hat.

Ein exemplarisches Beispiel hierfür bietet die von François Jullien Anfang der 2000er Jahre entworfene Theorie altchinesischer Ästhetik. Bei Jullien, der neben seiner akademischen Tätigkeit als Philosoph und Sinologe eine Zeit lang Unternehmen beriet und seine Überlegungen auch in diesem Kontext präsentierte,

18 Belgrad, Daniel: The Culture of Spontaneity: Improvisation and the Arts in Postwar America, Chicago, London 1998.

19 Boltanski, Luc und Chiapello, Ève: Der neue Geist des Kapitalismus, Konstanz 2003.

wird eine positiv konnotierte „chinesische“ Spontaneität schließlich zum Gegensatz „europäischer“ Auffassungen von Freiheit[20] und Arbeit.[21] In der „Welt der Unternehmen“[22] konnte Julliens Theorie als kompatibel mit liberalen Wirtschaftsmodellen wie Friedrich von Hayeks biologisch legitimierter „spontaner Ordnung“[23] erscheinen. Dass Julliens Entwurf in der Sinologie oder Ostasiatischen Kunstgeschichte weniger erfolgreich war, hat damit zu tun, dass Jullien auf ein populäres Image zurückgreift – die lang tradierte Legende von der Spontaneität und Unmittelbarkeit der ostasiatischen Malerei.

Seine Theorie einer „chinesischen“ Ästhetik spontaner Prozessualität knüpft Jullien an die Tusche. Die auch als „india ink“ oder „chinese ink“ bezeichnete Tusche[24] war bereits im England des 18. Jahrhunderts mit der Absage an das *Disegno*-Paradigma, also den aus dem Intellekt hervorgehenden künstlerischen Entwurf, verbunden gewesen.[25] Seither haben viele Generationen von Autor*innen Vergleiche zwischen der vormodernen ostasiatischen Malerei und der modernen westlichen Malerei angestellt und sich bemüht, Einflüsse oder stilistische Korrespondenzen zwischen beiden aufzuweisen – beispielsweise anhand der *New Method of Assisting the Invention* von Alexander Cozens (Abb. 2).[26]

20 Vgl. Marchal, Kai: Vereinnahmung des Anderen. Der Philosoph und Sinologe François Jullien, in: Merkur. Deutsche Zeitschrift für europäisches Denken, 68. Jahrgang (August 2014), Heft 8, S. 728–733, hier S. 731.

21 Siehe Wolff, Vera: Der chinesische Maler arbeitet nicht. François Jullien und die Rezeption der ostasiatischen Kunst, in: Berührung. Taktiles in Kunst und Theorie, hg. von Kristin Marek, Carolin Meister, Paderborn 2022, S. 179–205.

22 Jullien, François: Der Umweg über China. Ein Ortswechsel des Denkens, Berlin 2002, S. 117.

23 Siehe dazu Hodgson, Geoffrey M.: Hayek, Evolution, and Spontaneous Order, in: Natural Images in Economic Thought. „Markets Read in Tooth and Claw“, hg. von Philip Mirowski, Cambridge, New York, Melbourne, u. a. 1994, S. 408–450.

24 Ward, Gerald W. R. (Hg.): Grove Encyclopedia of Materials and Techniques in Art, Oxford, New York, u. a. 2008, 159, S. 279–286.

25 Kemp, Wolfgang: „... einen wahrhaft bildenden Zeichenunterricht überall einzuführen“. Zeichnen und Zeichenunterricht der Laien 1500–1870. Ein Handbuch, Frankfurt a. M. 1979, S. 136.

26 Zu den frühesten Beispielen zählen z. B. Russell, Archibald G. B.; Croix, Rouge: Alexander Cozens at the Burlington Fine Arts Club, in: The Burlington Magazine for Connoisseurs 30.167 (February 1917), S. 66–68; Oppé, A. P.: Chinese and English Landscape Painting, in: English. The Magazine of the English Association 1.2 (1936),

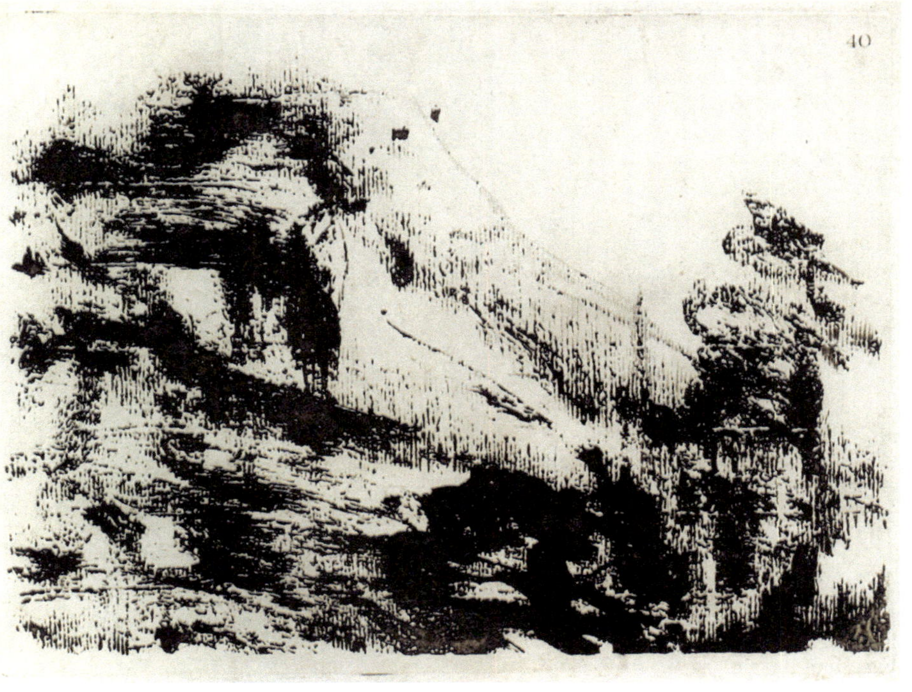


2| Alexander Cozens, A New Method of Assisting the Invention in Drawing Original Compositions of Landscape, Tafel 40, um 1785, Aquatinta auf Papier, 21,6 × 30,8 cm, Tate Britain, London.

Wie viele vor ihm geht auch Jullien davon aus, dass die chinesische Malerei sich lange vor der europäischen von der Aufgabe der Repräsentation gelöst habe, um ihre eigenen materiellen Grundlagen zur Darstellung zu bringen. Material und Werkzeug der Darstellung – Papier, Tusche und Pinsel – bringen, Jullien zufolge, das „große Bild" gleichsam von selbst hervor.[27] Und wie sein Werkzeug fungiert der Maler bei der Arbeit nur als „Kanal" oder „Vermittler" der im Sinne des Daoismus als ebenso unabschließbar wie spontan aufzufassenden Transformationsprozesse der Welt.[28] Jullien bezieht sich unter anderem auf die um 400 vor Chr.

S. 115–124. Siehe dazu auch Wolff, Vera: Die Rache des Materials. Eine andere Geschichte des Japonismus, Zürich, Berlin 2015, S. 229–299.

27 Jullien, François: Das große Bild hat keine Form oder vom Nicht-Objekt durch Malerei. Essay über Desontologisierung, München 2005.

28 Ebd., S. 227.

entstandenen Grundlagentexte des Daoismus – Laotses *Daodejing* und das 2008 auf Deutsch bezeichnenderweise unter dem Titel *Buch der Spontaneität*[29] publizierte *Zhuangzi*. Außerdem bezieht er sich auf verschiedene Malereitrakte aus der Zeit vom 4. bis zum 12. Jahrhundert nach Chr. sowie auf Texte aus dem 17. und 18. Jahrhundert – was für seinen Entwurf, der beansprucht, „mehr als zweitausend Jahre" chinesischen Nachdenkens über Malerei zu reflektieren,[30] aber keine Rolle spielt.

Zur Übersetzung unterschiedlicher chinesischer Termini verwendet Jullien immer wieder das lateinische „sponte sua" (siehe Karin Leonhard und Friedrich Weltzien in diesem Band) – einen der Schlüsselbegriffe des römischen Dichters Lukrez, bei dem der Terminus eine autonome, den Göttern nicht unterworfene Natur bezeichnet. Legitimation für seine Ästhetik der Spontaneität sucht Jullien überdies in Derridas *Grammatologie* von 1967 und der dort entwickelten „materiellen Poetik"[31]. Derrida hatte die chinesische Schrift als Differenzmodell zu den „logisch grammatikalischen Strukturen des Abendlandes"[32] beansprucht und sich dafür auf Ernest Fenollosas berühmten, 1919 von Ezra Pound edierten Essay „The Chinese Written Character as a Medium for Poetry" berufen, der den chinesischen Zeichen dieselbe ursprüngliche Dynamik zuschreibt wie den Prozessen der Natur.[33] Allerdings war Derrida schon seinerzeit für die scharfe, dichotome Gegenüberstellung von Ost und West kritisiert worden. Der jungen Gayatri Spivak, die die *Grammatologie* ins Englische übertrug, hatte nicht eingeleuchtet, weshalb Logozentrismus auf den Westen beschränkt sein sollte und wieso Derrida den „Osten" nicht ebenfalls dekonstruierte.[34]

29 Zhuangzi: Das Buch der Spontaneität. Über den Nutzen der Nutzlosigkeit und die Kultur der Langsamkeit: Das klassische Buch daoistischer Weisheit, Aitrang 2008.

30 Jullien 2005 (wie Anm. 27), S. 9.

31 Derrida, Jacques: Grammatologie, Frankfurt a. M. 1974, S. 166.

32 Ebd.

33 Siehe Saussy, Haun: Fenollosa Compounded, in: Ernest Fenollosa/Ezra Pound: The Chinese Written Character as a Medium for Poetry. A Critical Edition, hg. von ders., Jonathan Stalling, Lucas Klein, New York 2008, S. 1–40.

34 Spivak, Gayatri Chakravorty: Translator's Preface, in: Derrida, Jacques: Of Grammatology, Baltimore 1976, ix–xc. Siehe auch Longxi, Zhang: The Tao and the Logos: Notes on Derrida's Critique of Logocentrism, in: Critical Inquiry 11.3 (1985), S. 385–398.

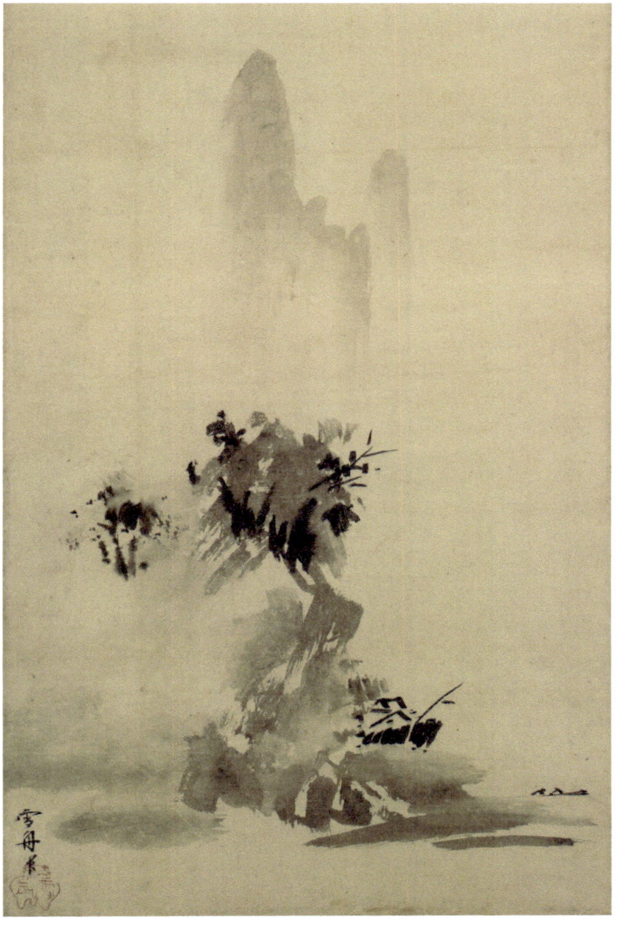

3| Sesshū, Haboku-sansui (Haboku-Landschaft), 1495, Tusche auf Papier, Detail der insgesamt 147,9 × 37,7 cm messenden Hängerolle, Nationalmuseum, Tokio.

Selbst wenn immer unklar war, was Spontaneität eigentlich ist und wieviele Formen im Zweifelsfall zu unterscheiden sind, hat es sich in der westlichen Geschichtsschreibung der ostasiatischen Kunst eingebürgert, bestimmte Verfahren und Phänomene als „spontan" zu beschreiben. Etwa seit den 1940er Jahren findet sich diese Beschreibung vermehrt in der Literatur. Das Stehenlassen der Pinselspur, Tuschflecken und -kleckse – Techniken, die als „fliegende" oder „gebrochene Tusche" bekannt sind und deren Gebrauch durchaus bestimmten tradierten und eingeübten Konventionen folgt – wurden nun als „spontan“ bezeichnet. Zu einem eigenen Stilbegriff avancierte Spontaneität in den 1960er Jahren, als der Begriff auch für die Entstehung des Neuen in Wissenschaft und liberaler, sich selbst organisierender Marktwirtschaft und Gesellschaft des „freien Westens“ reklamiert wurde.[35] So nannte Sherman E. Lee in seiner lange Zeit als Standardwerk geltenden *History of Far Eastern Art* von 1964 den Stil einer song-zeitlichen Malerschule „Spontaneous Style“[36]. Auf diesem historischen Beschreibungsmuster und einer merkwürdigen Verquickung mit neoliberalen Vorstellungen von Freiheit und Arbeit beruht Julliens Darstellung des qingzeitlichen Malers Shitao, dessen Malerei er als exemplarisches Beispiel für ein spontanes, anstrengungslos-natürliches Geschehenlassen charakterisiert. Noch heute gelten auch die Werke des japanischen Malers Sesshū vielen als unvermittelter Ausdruck einer intuitiv-ursprünglichen Spontaneität oder als visuelles Äquivalent zen-buddhistischer Lehren, obwohl die Forschung gezeigt hat, dass Sesshū, nicht nur die Komposition der Elemente seiner Gemälde minutiös geplant und kontrolliert hat, sondern – ähnlich wie Shitao – ein solches Image des Spontanen gezielt konstruiert hat, um daraus wirtschaftliche Vorteile zu ziehen (Abb. 3).[37]

## III

Eine der von Ushio Shinohara genannten Quellen für *Boxing Painting* war der französische Maler Georges Mathieu.[38] Mathieu, dessen Werke für ihre Spontaneität gepriesen und mit der malerischen Tradition des Fernen Ostens assoziiert wurden, war im Brotberuf Public Relations Manager einer US-amerikanischen

35 Die prominentesten Beispiele hierfür sind die Arbeiten Hayeks und die des Chemikers und Wissenschaftsphilosophen Michael Polanyi, der wie Koestler zu den einflussreichsten Mitgliedern des Congress for Cultural Freedom zählte. Vgl. z. B. Polanyis heute viel gelesenes Buch The Tacit Dimension (New York 1966) oder The Creative Imagination, in: Chemical and Engineering News 44 (1966), S. 85–93.

36 Lee, Sherman E.: A History of Far Eastern Art, New York 1964, S. 344, 354ff.

37 Siehe Lippit, Yukio: Of Modes and Manners in Japanese Ink Painting. Sesshū's „Splashed Ink Landscape“ of 1495, in: Art Bulletin 94.1 (März 2012), S. 50–77; Hay, Jonathan: Shitao. Painting and Modernity in Early Qing China, Cambridge 2001, S. 199–237.

38 Shinohara 1968 (wie Anm. 6), S. 40.

Schifffahrtslinie. 1957 führte er mehrere große öffentliche Malaktionen in Japan durch: Im September inszenierte er in der alten Kaiserstadt Kioto die Rückkehr des 96. Tenno auf den Thron, ein Ereignis aus dem 14. Jahrhundert. Im Schaufenster eines Tokioter Kaufhauses stellte Mathieu die Schlacht von Bun'ei nach, bei der die Japaner 1274, an einem einzigen Tag, die Invasion der eigentlich überlegenen Mongolen zurückgedrängt haben sollen. Und auf dem Dach des Daimaru-Kaufhauses in Osaka inszenierte er eine Hommage an General Hideyoshi, unter dessen Militärherrschaft im 16. Jahrhundert die Reichseinigung gelang. Auch in Frankreich führte Mathieu zehn Jahre nach dem Ende des Zweiten Weltkriegs solche malerischen Reinszenierungen vormoderner Schlachten von hoher nationaler Bedeutung auf, 1954 beispielsweise die Schlacht bei Bouvines von 1214, die den Geschichtsbüchern des 19. Jahrhunderts als Symbol der deutsch-französischen Feindschaft gegolten hatte. Im selben Jahr fertigte er ein riesiges abstraktes Historiengemälde zu Ehren des fränkischen Adelsgeschlechts der Kapetinger an, dessen Herstellung in nur einer Stunde und zwanzig Minuten vom *LIFE*-Magazine und *ArtNews* dokumentiert wurde, die zuvor schon Jackson Pollock weltweit bekannt gemacht hatten.

Über Monumentalität, Anzahl und Herstellungsgeschwindigkeit von Mathieus Gemälden kursieren unterschiedliche Informationen. Sicher ist, dass es ebenso sehr um die schier unglaublichen Dimensionen des künstlerischen Outputs ging und die „maschinenartige Effizienz" seines Verfahrens, die an den Fordismus im Nachkriegsfrankreich denken lässt,[39] wie um die Verdrängung der unmittelbar zurückliegenden Geschichte. Barnett Newman erkannte in Mathieus Darbietungen jedenfalls nur eine „Burleske des Unmittelbaren".[40] Und weil er seinen französischen Kollegen trotz all dessen zur Schau gestellten Spontaneität für reaktionär hielt, äußerte Newman in einem an *ArtNews* gerichteten Leserbrief die ironische Erwartung, Mathieu werde die Schlacht bei Bouvines demnächst in einer „blitzkrieg production"[41] aufführen.

39 Berecz, Ágnes: Grand Slam: Histories of and by Georges Mathieu, in: Yale University Art Bulletin (2008), S. 64–74, hier S. 68.

40 Newman, Barnett: Letter to the Editor, ARTnews, in: ders., Selected Writings and Interviews, hg. von John P. O'Neill, Berkeley 1992, S. 199–200, hier S. 200.

41 Ebd., S. 199.

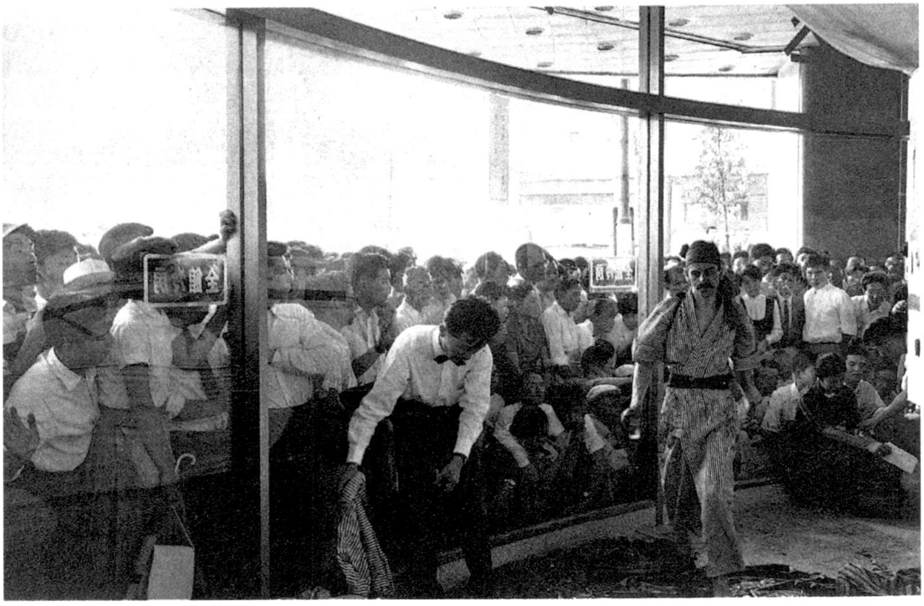

4| Georges Mathieu beim Malen der Schlacht von Bun'ei im Schaufenster des Shirokiya-Kaufhauses, Tokio, 3. September 1957.

In Japan konnten Mathieus öffentliche Darbietungen gleichwohl im Kontext der nach 1945 angestrengten Bemühungen um Demokratisierung verstanden werden. Die Praxis improvisierter Malerei vor Publikum war bereits im 16. Jahrhundert weit verbreitet gewesen; im 17. Jahrhundert bildete sich ein eigenes Genre namens *Sekiga* aus (siehe Naoki Sato in diesem Band).[42] Solche *impromptu*-Vorführungen hatten häufig bei Festen in Gegenwart wichtiger Gäste und der Auftraggeber stattgefunden; in der Regel war das der Shogun. Noch von Hokusai wird berichtet, er habe zu Ehren und in Anwesenheit des Tokugawa-Shoguns ein ephemeres Gemälde angefertigt und 1804, anlässlich der jährlichen Ausstellung der Kunstschätze eines Tempels in Edo, ein 176 tatamimattengroßes Tuschgemälde geschaffen.[43] Derartige Veranstaltungen waren schon im frühen 19. Jahrhundert in bestimmten Maß öffentlich gewesen, erst im 20. Jahrhundert aber trat tatsäch-

42 Hofmann, Alexander: Performing/Painting in Tokugawa Japan. Artistic Practice and Socio-economic Functions of Sekiga (Paintings on the Spot), Berlin 2011.

43 Ebd., S. 136.

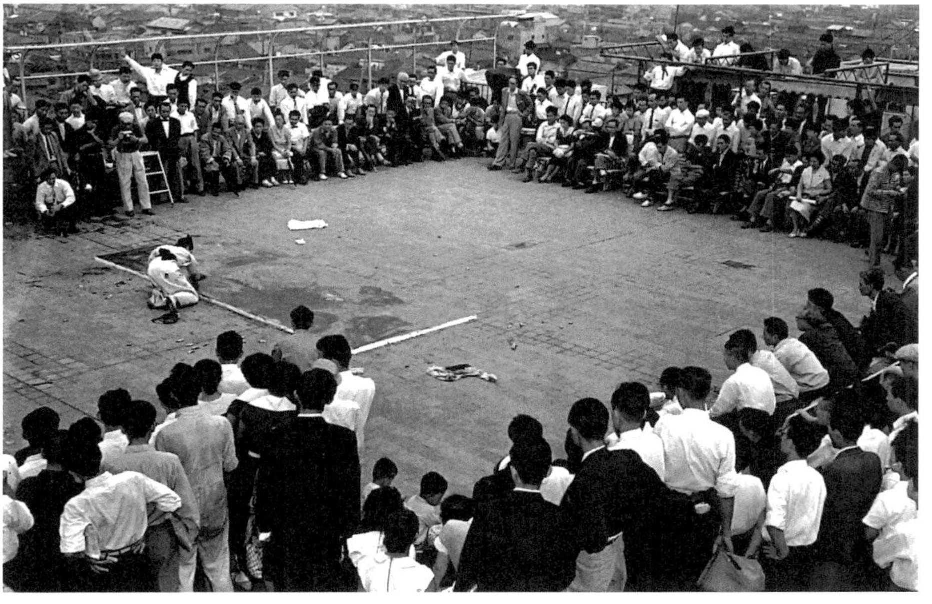

5| Georges Mathieu bei der Arbeit an der Hommage au général Hideyoshi auf dem Dach des Daimaru Kaufhauses, Osaka, 12. September 1957.

lich eine bürgerliche Öffentlichkeit an die Stelle des Shoguns. Die Fotografien der Aktionen Mathieus inszenieren auch diese neue bürgerliche Öffentlichkeit im Japan der Mitte der 1950er Jahre (Abb. 4; Abb. 5).

Ushio Shinohara war weniger von den Gemälden Mathieus beeindruckt, die er als konservativ verwarf, da sie auf tradierten kompositorischen Prinzipien beruhten, als vielmehr vom „Look" des französischen Malers, der sich für seine Vorführungen in fantastische Gewänder kleidete.[44] In Tokio trug George Mathieu eine Yukata (einen Sommerkimono) und ein um den Kopf geschlungenes Tuch, das seltsam orientalisch wirkte. Dabei trat Mathieu stets in der Rolle eines Kriegers auf und konnte so alte Konzepte von Virtuosität und Bravura bedienen, die die Malerei als Kriegshandwerk imaginieren, wie sie sich schon in der Frühen Neuzeit finden.[45]

44 Shinohara 1968 (wie Anm. 6), S. 40.

45 Siehe Suthor, Nicola: Bravura. Virtuosität und Mutwilligkeit in der Malerei der Frühen Neuzeit, München 2010, S. 13–78.

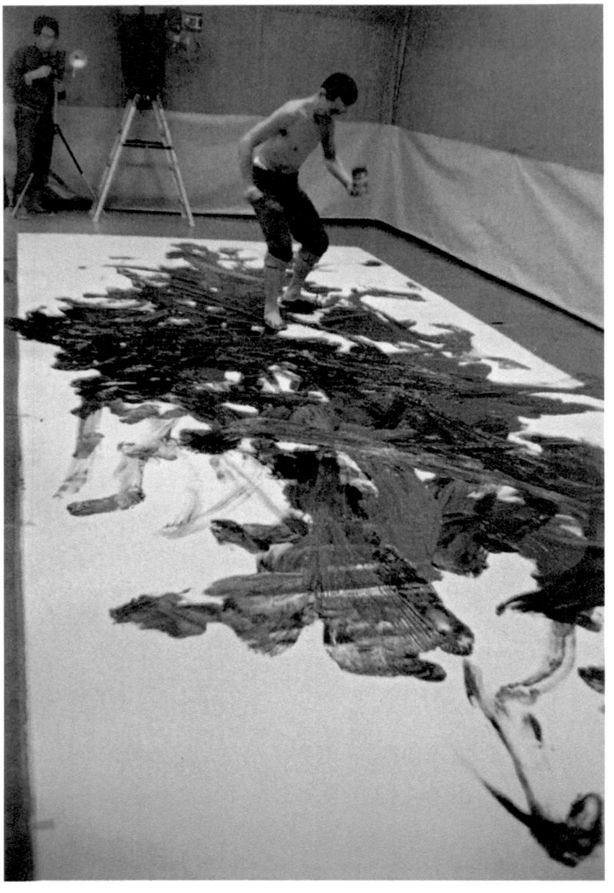

6| Kazuo Shiraga auf der 2. Gutai Ausstellung, Ohara Kaikan, Tokio 1956.

Zur selben Zeit, als Mathieu den Malerkrieger spielte, formulierte Daisetz Suzuki sein Idealbild des freien, spontanen Menschen am Beispiel des japanischen Schwertkämpfers und Tuschmalers. Dem von seinen Zeitgenossen als „bedeutendster Vertreter des Zen-Buddhismus"[46] verehrten Suzuki hatte die um Frieden, Völkerverständigung und Kulturaustausch bemühte Rockefeller Foundation 1951 eine Vorlesungsreihe finanziert, die Suzuki an sämtlich Ivy League-

46 Fromm, Erich; Suzuki, D.T.; de Martino, Richard: Zen-Buddhismus und Psychoanalyse, München 1960, Klappentext.

Universitäten der USA führte. Er war einer der meistgelesenen Autoren der Zeit. Auch Standardwerke zur ostasiatischen Kunstgeschichte wie Sherman E. Lee's *History of Far Eastern Art* bezogen sich auf Suzuki. Viele seiner Schriften sind zumindest vom Titel her heute noch bekannt, insbesondere *Zen und die Kultur Japans*, ein Text, den Suzuki bereits 1938 und 1941 publiziert hatte und der 1958 leicht verändert in rowohlt's deutscher enzyklopädie erschien.[47] Ein anderer auf Deutsch unter dem Titel *Zen-Buddhismus und Psychoanalyse* publizierter Band war Ergebnis einer 1957 von Erich Fromm in Mexiko abgehaltenen Arbeitstagung. Hier formulierte Suzuki, wolle der Mensch ein „Leben in Freiheit und Spontaneität" führen, dann solle er als „Künstler des Lebens" dem „von Verstand und Bewusstsein befreiten" japanischen Tuschmaler und Schwertkämpfer nacheifern.[48] Dem 1932 geborenen Ushio Shinohara dürfte Suzukis an Tuschmaler und Schwertkämpfer entwickeltes Spontaneitätskonzept nicht unvertraut gewesen sein. Denn was nach Kriegsende leicht modifiziert ins liberale Kreativitätsdispositiv der westlichen Psychologie eingeschrieben und zur Völkerverständigung zwischen den ehemaligen Kriegsgegnern eingesetzt werden konnte, hatte noch in den 1930er und 1940er Jahren der nationalen Selbstdarstellung des imperialen Japan gedient.

Shinohara kannte auch die Arbeiten des Gutai-Künstlers Kazuo Shiraga, der um 1954 begonnen hatte, mit den Händen und dann mit den Füßen zu malen (Abb. 6). Entsprechend der Zusammensetzung des Namens der Gutai-Gruppe (der aus *gu* für Werkzeug und *tai* für Körper gebildet wird) setzte Shiraga seinen Körper als Werkzeug ein. Shiragas oft fotografisch dokumentiertes Verfahren und seine öffentlichen Malaktionen entsprachen Suzukis Konzeption eines „Künstlers des Lebens", der „alles, was zum Körper gehört wie Hände, Füße, Rumpf, Kopf, Eingeweide [...] als Material und Werkzeug"[49] auffassen sollte, durchaus. In einem 1955 publizierten Text äußerte Shiraga, er wolle „malen als hetze er über ein Schlachtfeld"[50].

47 Suzuki, Daisetz Teitarō: Zen Buddhism and its Influence on Japanese Culture, Kyoto 1938; ders.: Zen und die Kultur Japans, Stuttgart 1941.

48 Suzuki, Daisetz Taitarô: Über Zen-Buddhismus, in: Fromm; Suzuki; De Martino 1960 (wie Anm. 46), S. 9–99, hier S. 32, 26 ff.

49 Ebd., S. 26, 27.

50 Shiraga, Kazuo: Omou koto, in: Gutai 2 (10. Oktober 1955), S. 20. Siehe dazu Wolff, Vera: „‚Not the real thing at all'. Zur kulturellen Übersetzung künstlerischer Techniken am Beispiel der japanischen Ölmalerei", in: Kulturelle Übersetzungen, hg. von Anika

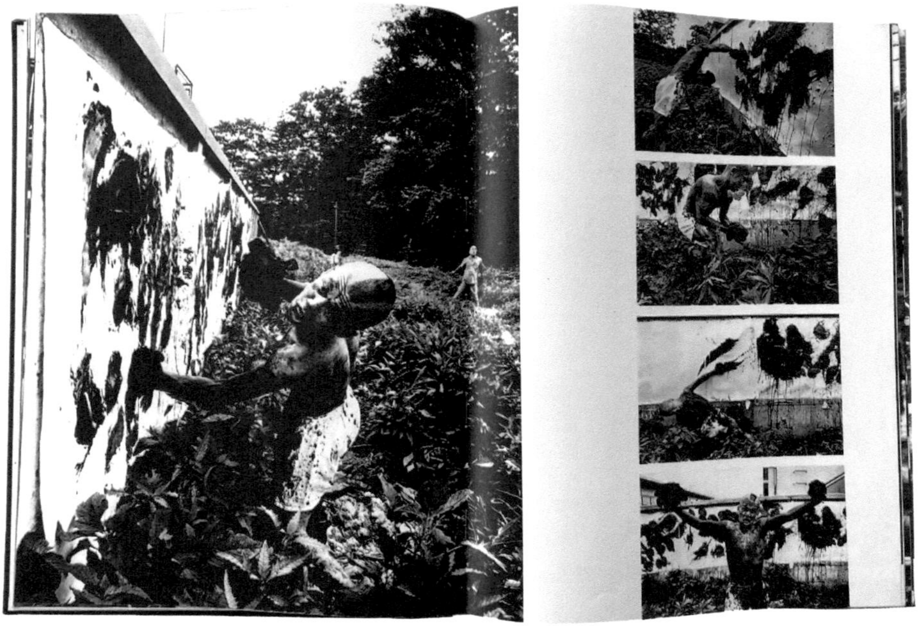

7| William Klein, Tokyo, New York 1964, Tafel 40–41.

## IV

William Kleins Fotografien zeigen Shinohara nicht bei der Aktion, die er 1960 im sogenannten Weißen Haus durchführte, sondern irgendwo draußen, wo der Boden von großblättrigem Unkraut überwuchert ist (Abb. 7). Die in Kleins *Tokyo*-Buch auf einer Doppelseite platzierte Folge von fünf Fotografien zeigt Shinohara beim Kampf, mit verzerrtem Gesicht, bekleidet nur mit einer von Tusche besudelten, kurzen weißen Hose. Auch sein nackter Oberkörper ist besudelt. Wüsste man nicht, dass es sich um Malertusche handelt, müsste man annehmen, es handele sich um Blut oder den Schlamm eines Schlachtfelds. Anders als Georges Mathieu sieht dieser japanische Tuschmaler jedoch nicht besonders japanisch aus. Kleins Schwarz-Weiß-Fotografien, die entstanden und publiziert wurden, als die Bilder des afroamerikanischen Boxers Muhammed Ali um die Welt

Keinz, Klaus Schönberger, dies., Berlin 2012, S. 67–96; Wolff 2015 (wie Anm. 26) S. 301–337.

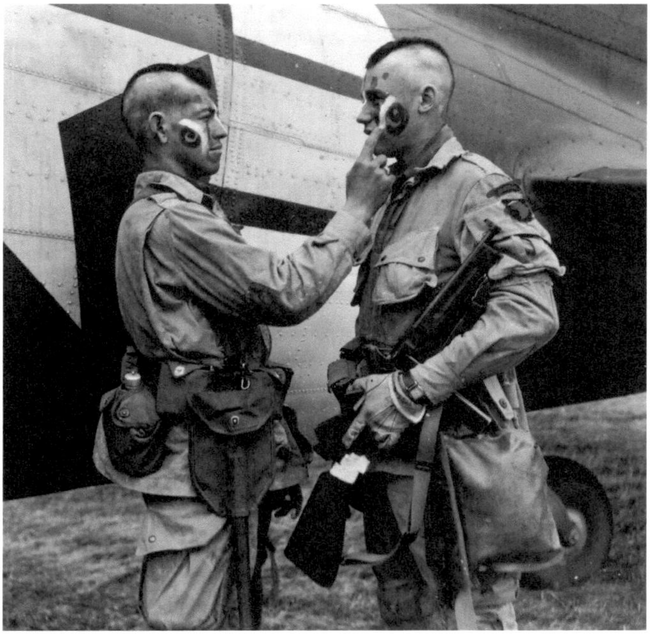

8| Clarence Ware, Charles Plauda, Mitglieder der „Filthy Thirteen", einer Einheit der US-Armee in Kriegsbemalung und mit Mohawks, vor der Landung in der Normandie, 5. Juni 1944.

gingen, lassen Shinoharas Körper beinahe schwarz erscheinen. In der Bildlegende des *Tokyo*-Buch heißt es:

> Shinohara, alias der Mohikaner, alias der Kampf-Maler. Er hat sich das Kopfhaar nach indianischer Art rasiert. Sein Englisch hat auch etwas Indianisches an sich. ‚Me fighter painter, me tough', sagte er zu mir und lud mich ein, ihm bei der Arbeit hinter dem Haus seiner Mutter zuzusehen. Er behängt eine Mauer mit Papier, umwickelt seine Fäuste mit Lumpen, taucht sie in Tinte und legt los.[51]

Shinohara trug einen Mohawk, wie ihn im Japan der 1950er und 1960er Jahre die sogenannten „rockabilly tribes" trugen – die als degeneriert und dekadent

51 Klein 1965 (wie Anm. 11), o. S.

diffamierten jugendlichen Anhänger der Musik der US-amerikanischen Besatzungstruppen. Irokesenschnitte hatten aber auch die legendären „Filthy Thirteen", Mitglieder eines im Zweiten Weltkrieg eingesetzten US-amerikanischen Sonderkommandos, das hinter den feindlichen Linien operierte und sich nicht an die übliche militärische Disziplin hielt (Abb. 8).

*Boxing Painting* und einige andere frühe Neo Dada-Aktionen sind als Parodien des „aktionistischen Stils"[52] von Jackson Pollock oder Georges Mathieu aufgefasst worden. Tatsächlich haben sich die Unterschiede zwischen beiden in der Rezeption – nicht nur in Japan – so stark verschliffen, dass nur „Aktionismus" übrigblieb, der an die Stelle des Werks treten sollte. Dabei war Pollocks Arbeitsweise erst durch die Publikation von Hans Namuths Fotografien in *ArtNews* bekannt geworden und in der Folge hatte die Kritik Pollock zum Helden des „American Action Painting" gekürt, in dessen Spontaneität sie einen der angeblich „typisch amerikanischen Wesenszüge"[53] erkannte. Mathieu hingegen inszenierte den Prozess der Herstellung seiner Gemälde von Anfang an als medienwirksames Ereignis, was ihm den Ruf eines „Schaustellers"[54] einbringen sollte, dessen Malaktionen einem „permanente[n] künstlerischen Harakiri"[55] glichen.

Shinoharas Aktion lässt sich durchaus als Parodie auffassen. Allerdings weniger als die Parodie einer „aktionistischen Stilform" – dafür spielt die ästhetische Dimension der als Ergebnis der Aktion entstandenen Gemälde eine zu geringe Rolle. Viel eher lässt *Boxing Painting* sich verstehen als parodistische Reinszenierung Mathieus in seiner Rolle als japonistischem Schausteller oder als „indianische" Parodie von Pollocks tragischem Heldentum. *Boxing Painting* ist ein Angriff

52 Marotti, William: Money, Trains, and Guillotines. Art and Revolution in 1960s Japan, Durham, London 2013, S. 174.

53 Rose, Barbara: Amerikas Weg zur modernen Kunst. Von der Mülltonnenschule zur Minimal Art, Köln 1969, S. 217. Siehe auch dies.: Hans Namuth's Photographs and the Jackson Pollock Myth: Part One: Media Impact and the Failure of Criticism, in: Arts Magazine 53.7 (March 1979), S. 112–119.

54 So z. B. Gehlen, Arnold: Erörterung des Avantgardismus in der bildenden Kunst (1966), in: Arnold Gehlen Gesamtausgabe. Zeit-Bilder und weitere kunstsoziologische Schriften, hg. von Karl Siegbert, Bd. 9, Frankfurt a.M. 2016, S. 432–444, hier S. 441.

55 Ausst.-Kat. Westkunst. Zeitgenössische Kunst seit 1939. Laszlo Glozer (Hg.), Museen der Stadt Köln, Köln 1981, S. 219.

auf die an den Figuren des Kriegers und des Tuschmalers entwickelten Spontanitätskonzepte, bei dem nicht ganz klar ist, wo Affirmation in Defätismus übergeht oder umgekehrt. Die Aktion legt den historischen und politischen Gehalt der als spontan, vor allem aber als Geste der Befreiung von Politik verstandenen Verfahren offen,[56] mit denen Pollock, Mathieu und andere damals berühmt wurden.

*Boxing Painting* verweist jedoch nicht allein auf Mathieu, Pollock, deren „aktionistischen Stil" oder die ihnen zugeschriebene, bis heute mit Verweisen auf uralte ostasiatische Traditionen legitimierte Spontaneität. Das zeigen schon die von Shinohara verwendeten Materialien – Acrylfarbe, Tusche und die in der Nihonga-Malerei verwendeten Pigmente. Der Boxkampf mit der Malerei, als die der Titel Shinoharas Aktion ausweist, greift auch die Japanizität der *Nihonga*-Malerei an und kämpft mit den legendären Traditionen der ostasiatischen Tuschmalerei.

Shinohara, den die zeitgenössische japanische Presse „rockabilly Maler"[57] nannte, betrieb ein aufwändiges, Identitäten verwirrendes und negierendes Travestiespiel. Überliefert ist, dass die Mitglieder der Neo Dada Organizers 1960 an den gewalttätigen Demonstrationen gegen die Ratifizierung des japanisch-amerikanischen Sicherheitsvertrags (Anpo) teilnahmen, der die weitere Stationierung US-amerikanischer Truppen auf japanischem Territorium vorsah. Die Anpo-Proteste waren die größten Demonstrationen in der Geschichte Japans und die ersten weltweit massenmedial übertragenen.[58] Sie richteten sich gegen das Bündnis mit den USA und gegen das konservative Establishment Japans und dessen Allianz mit den antidemokratischen, ultranationalistischen Kräften, die die Remilitarisierung des Landes vorantrieben. Die Neo Dada Organizers sollen sich unter die Demonstranten gemischt, statt deren Schlachtruf „Weg mit Anpo" jedoch „Weg mit Anfo", gerufen haben, wobei mit *Anfo* die auf Japanisch als *anforumeru* bezeichnete *Art Informel* gemeint war.[59] Es wäre zu kurz gegriffen, *Boxing*

56 Vgl. Rosenberg, Harold: The American Action Painters [1952], in: ders.: The Tradition of the New, London 1962, S. 23–39, hier S. 30.

57 N.N.: Rokabirī gaka, in: Shūkan Sankei (27. April 1958), S. 39–41.

58 Siehe Kapur, Nick: Japan at the Crossroads. Conflict and Compromise after Anpo, Cambridge, London 2018, S. 3.

59 Tōno, Yoshiaki: Neo Dada et Anti-Art, in: Ausst.-Kat.: Japon des avant-gardes, Centre Georges Pompidou, Paris 1986, S. 329–337, hier S. 330.

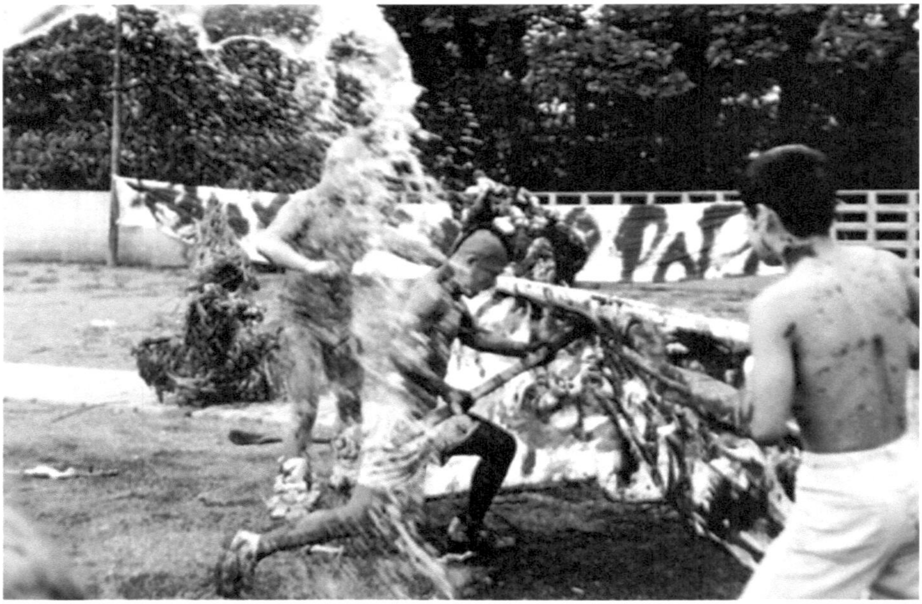

9| Ushio Shinohara, Masunobu Yoshimura und Tatsumi Yoshino bei der Hibiya Park Aktion (Hibiya Kōen akushon), 3. Neo Dada Ausstellung, Tokio, 1.–7. September 1960.

*Painting* daher als japanische Kritik am „Großhandelsimport“[60] westlicher Kunst, an der Instrumentalisierung der Abstraktion und ihrer Freiheitsversprechungen im Kalten Krieg zu verstehen oder schlicht als künstlerische Form des politischen Protests. Bei einer Anfang September 1960 im Hibiya Park – einem der Versammlungsorte der Demonstrationen – durchgeführten Aktion attackierte Shinohara textile Banner mit Farbe und einem Stock (Abb. 9). Mehr als Mathieus stockartigen Pinseln ähnelt Shinoharas Werkzeug den auf Japanisch mit einem vom deutschen „Gewalt“ abgeleiteten Lehnwort als *gebabō* bezeichneten Stöcken. Die so bezeichneten Stöcke wurden von den linksradikalen japanischen Studenten im Kampf gegen die rechtsradikalen Gegendemonstranten eingesetzt, die ihrerseits mit nagelbeschlagenen Holzlatten bewaffnet waren. Die ästhetische Mimikry der gewalttätigen politischen Auseinandersetzungen und das Verschleifen des Aktionismus der gestischen Malerei mit dem politischen Aktionismus der Zeit

60 Kapur 2018 (wie Anm. 58), S. 196.

bedeutet nicht, dass die Neo Dada Organizers die Anpo-Proteste mehr als „künstlerisches denn als politisches Ereignis"[61] verstanden oder den politischen Protest selbst der Lächerlichkeit preisgeben wollten. Die parodistische Wiederholung, die Travestie und der Spott zielten auch auf die Tatsache, dass die Konflikte in der demokratischen Zivilgesellschaft des liberal regierten Nachkriegsjapan keineswegs zivil ausgetragen wurden.

Was Shinohara nicht offenlegte, führte schließlich Shigeko Kubota auf einer als „Variété" angekündigten Fluxus-Veranstaltung vor, die am amerikanischen Unabhängigkeitstag des Jahres 1965 in New York stattfand (Abb. 10). Das Veran-

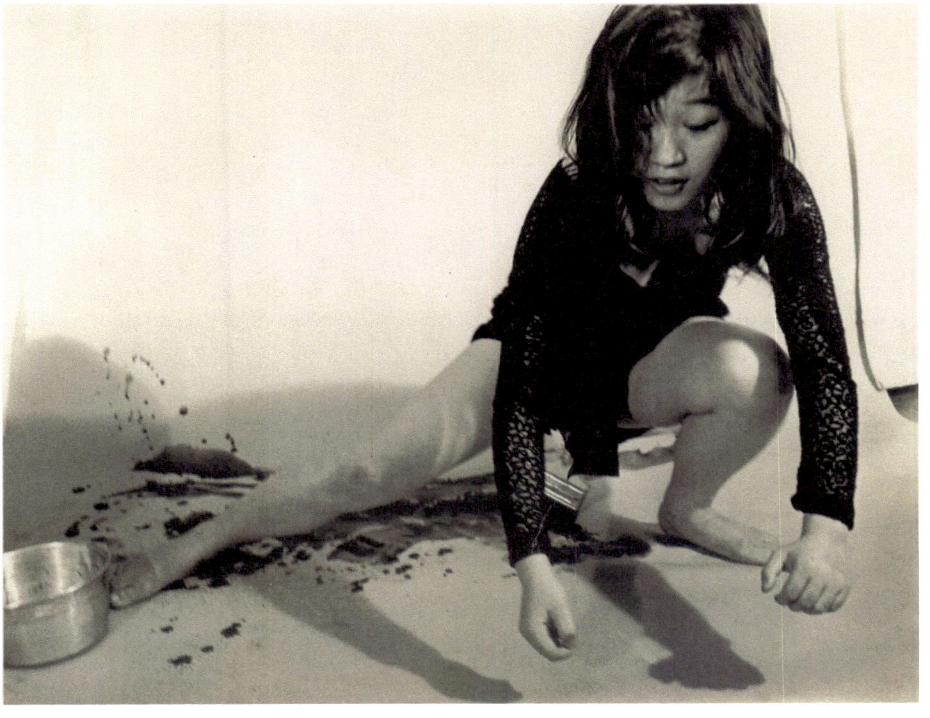

10| Shigeko Kubota, Vagina Painting, Perpetual Fluxfest, Cinematheque, New York, 4. Juli 1965.

61 Chiba, Shigeo Interview, 11.3.2002, in: Havens, Thomas R.: Radicals and Realists in the Japanese Nonverbal Arts: The Avant-Garde Rejection of Modernism, Honolulu 2006, S. 130.

staltungsplakat versprach: „See Vagina Painting!“. Tatsächlich hatte Kubota einen in rote Tusche getauchten Pinsel an ihrer Unterhose befestigt und malte in der Hocke auf einem unter ihr auf dem Fußboden liegenden Papier. Kubota konterkarierte und verspottete auf diese Weise den bellizistischen Machismo der modernen Legende vom spontanen Malen.

Matthias Krüger

# PINSEL, KAMERA, RADIERNADEL UND SCHREIBMASCHINE

## Zur Dialektik von Spontaneität und Mechanisierung

### Rembrandt und die Momentfotografie

Vermutlich wurde im 19. Jahrhundert kein anderer Alter Meister so sehr für seine Spontaneität gepriesen wie Rembrandt. So strich etwa der französische Kunstkritiker Théophile Thoré, einer der damals anerkanntesten Kenner der niederländischen Malerei, wiederholt die außergewöhnliche Qualität der Rembrandt'schen Spontaneität heraus. Anders als üblich habe die Spontaneität – sonst ein Vorzug der Jugend – bei Rembrandt im Lauf seines Schaffens nicht ab-, sondern vielmehr zugenommen.[1] Und auch der niederländische Schriftsteller Carel Vosmaer sah in ihr die herausstechende Eigenschaft von Rembrandts Malerei. „Das, was einen fortwährend am Werk Rembrandts überrascht", heißt es in seiner 1868 publizierten Monografie über den Künstler, „ist die Spontaneität aller seiner Gemälde."[2] Diese Qualität offenbarte sich für Vosmaer allerdings nicht nur in der Malerei, sondern im selben, wenn nicht sogar im größeren Maße auch in Rembrandts Zeichnung und Radierung.[3]

Rembrandts so außergewöhnliche Spontaneität (dazu Yannis Hadjinicolaou in diesem Band) äußerte sich für die Kunstschriftsteller*innen des 19. Jahrhunderts

Für die kritische Lektüre des Aufsatzes danke ich Ulrike Keuper. Die Übersetzungen der französischen Zitate sind von mir.

1 Bürger, William [Thoré, Théophile]: Salons de W. Bürger, Paris 1870, Bd. 1: 1848–1868, S. 355.

2 Vosmaer, Carel: Rembrandt Harmens van Rijn. Sa vie et ses œuvres, Den Haag 1868, S. 190.

3 Ebd., S. 361.

vor allem in der Sicherheit und Schnelligkeit der Ausführung. Diese Fähigkeit setzte ihn Thoré zufolge in die Lage, jede noch so unscheinbare Bewegung seiner Modelle einzufangen, wie beispielsweise das Anziehen eines Handschuhs im Fall von Rembrandts berühmten Gemälde des Bürgermeisters Jan Six (Abb. 1). Ja, es habe geradezu den Anschein, als male Rembrandt in Null Komma nichts wie die Sonne auf eine mit Kollodium präparierte Glasplatte.[4] Dieser implizite Vergleich zwischen der Schnelligkeit von Rembrandts Malerei mit derjenigen der Momentfotografie ist schon deshalb interessant, da 1858, als Thoré diese Zeilen schrieb, letztere noch in den Kinderschuhen steckte. Vosmaer wird diesen Vergleich von Thoré übernehmen. Auch er pries Rembrandt dafür, die von ihm Porträtierten wie in der Momentfotografie als sich bewegende Subjekte festgehalten zu haben – wobei er diese in der Ausgabe von 1868 noch als „photographie spontanée" bezeichnet[5] – einen Ausdruck, den er in der Ausgabe von 1877 durch den inzwischen etablierten Begriff der „photographie instantanée" ersetzen wird.[6]

Der Begriff Spontaneität gehört zu den facettenreichsten und deshalb zugleich schillerndsten Begriffen im Kunstdiskurs des 19. Jahrhunderts. Tatsächlich wurde der Begriff damals in verschiedenen wissenschaftlichen Disziplinen recht unterschiedlich verwendet. In der Philosophie, aber auch im politischen Denken bezeichnete „spontan" Handlungen, die einer freien Willensentscheidung unterlagen. So zeichnete es für Vosmaer die Kunst der Niederlande aus, dass sie aus „spontanem Verlangen" und „freiem Willen" heraus entstand und sich daher nicht nach Vorgaben von Seiten eines Auftraggebers oder der Akademie zu richten hatte.[7] Spontaneität war mithin für ihn ein Vorrecht republikanischer Kunst.

In der Physiologie, der Medizin oder der Botanik wurden mit dem Begriff „spontan" dagegen alle sich unwillkürlich vollziehenden organischen Abläufe und Prozesse bezeichnet (dazu Karin Leonhard in diesem Band).[8] Als „spontan" galt, was nicht „künstlich", durch einen operativen Eingriff herbeigeführt wurde,

4 Bürger, William [Thoré, Théophile]: Les Rembrandts des collections particulières d'Amsterdam, in: L'Artiste, Bd. 5 (1858), S. 17–22, hier S. 20.

5 Vosmaer 1868 (wie Anm. 2), S. 156.

6 Ders.: Rembrandt Harmens van Rijn. Sa vie et ses œuvres, Den Haag [2]1877, S. 226.

7 Ders.: Rembrandt Harmens van Rijn. Ses Précurseurs et ses années d'apprentissage, Den Haag 1863, S. 128; ders. 1877 (wie Anm. 6), S. 41.

8 Grand dictionnaire universel du XIXe siècle, hg. von Pierre Larousse, Bd. 14, Paris 1875, S. 1029 (sub voce „spontané, -ée").

1| Rembrandt van Rijn, Porträt von Jan Six, 1654, Öl auf Leinwand, 112 × 102 cm, Collectie Six, Amsterdam.

also beispielsweise die natürliche Atmung gegenüber der künstlichen Beatmung,[9] die Spontangeburt gegenüber der operativen Extraktion des Fötus aus dem Mutterleib[10] oder die natürliche gegenüber der künstlichen Bestäubung.[11]

9 Siehe z. B. Perrin, Maurice; Lallemand, Ludger: Traité d'anesthésie chirurgicale, Paris 1863, S. 282 (respiration spontanée / artificielle).

10 Siehe z. B. Moulin, Etienne: Cours pratique d'accouchement, avec une nouvelle nomenclature des présentations et positions du fœtus [...], Paris 1821 (accouchment spontáné / artificiel, siehe unten).

11 Siehe z. B. Godron, Dominique-Alexandre: Nouvelles expériences sur l'hybridité dans le règne végétal [...], Nancy 1866, S. 38 (fécondation spontanée / artificielle).

Aus dieser Opposition speist sich auch die Bedeutung, die dem Begriff der Spontaneität innerhalb des Kunst- und Mediendiskurses der Zeit zufiel – einer Zeit, in der die tradierten Bild- und Schriftmedien zunehmend durch neue Erfindungen in ihrem Fortbestand bedroht erschienen. Wie in diesem Kontext der Begriff der Spontaneität mit neuen Bedeutungsvalenzen aufgeladen wurde, soll im Folgenden anhand von drei Medienwettstreiten näher ausgeführt werden – nämlich dem Medienparagone zwischen der Malerei und der Fotografie, dem zwischen der Druckgrafik und der Fotografie sowie schließlich dem zwischen der Hand- und der Maschinenschrift.

## Schnellmalerei

Die zitierten Vergleiche zwischen Rembrandts spontaner Malweise und der Momentfotografie fallen in eine Zeit, als die Schnellmalerei in der französischen Kunst eine Konjunktur erlebte.[12] Besonders die Alla-prima-Malerei, französisch *peinture au premier coup*, erfreute sich großer Beliebtheit in der Künstlerschaft – also eine Malerei, die in einem Zug, auf einem Anhieb, in einer einzigen Sitzung ausgeführt wird.[13] Dass selbst die Impressionist*innen, die es sich zum Programm gemacht hatten, ihre Werke stets vor dem Motiv fertigzustellen, dennoch oft ihre Werke im Atelier überarbeiteten, ist von der Forschung hinreichend belegt worden und muss uns hier nicht weiter interessieren.

Das 19. Jahrhundert war eine Zeit, die nicht zuletzt durch die enorme technische Beschleunigung von Verkehr, Kommunikation und Güterproduktion geprägt war. Zumindest ironisch wurde die Schnellmalerei oft in diesem Rahmen gesehen, wenn etwa die Geschwindigkeit des impressionistischen Malakts mit dem derjenigen der Telegrafie verglichen wurde.[14] Und auch die Fotografie wurde als Vergleich herangezogen (dazu Friedrich Weltzien in diesem Band) – einen Vergleich, den Claude Monet sogar selbst bemühte, wenn er 1890 in einem Brief an

12 Grundlegend: Brettell, Richard: Painting Quickly in France 1860–1890, in: Ausst.-Kat.: National Gallery, London, New Haven 2000.

13 Zur *peinture du premier coup*: Callen, Anthea: The Art of Impressionism. Painting Technique and the Making of Modernity, New Haven, London 2000, S. 157–161.

14 Siehe z. B. Claretie, Jules: La Vie à Paris. Les Artistes indépendants, in: Le Temps, 5.4.1881, S. 3.

Gustave Geffroy es als sein Ziel ausgab, in seiner Malerei *instantanéité* – Augenblicklichkeit – zu erreichen,[15] handelte es sich dabei doch um einen Terminus technicus der Momentfotografie.[16]

Bei keiner Bildgattung machte sich der Konkurrenzdruck durch die Fotografie so schnell bemerkbar wie beim Porträt. Und hier ist es zweifelsohne Edouard Manet, dessen Malpraxis derjenigen von Thorés Rembrandt am nächsten kommt. Der Überlieferung seines Freundes Antonin Proust zufolge war auch Edouard Manet ein Anhänger der *peinture du premier coup*. So zitiert er etwa das Diktum des Künstlers: „Es gibt nur eine wahre Sache: das, was man sieht, auf den ersten Anhieb auszuführen. Wenn es gelingt, dann gelingt es! Und wenn es nicht gelingt, beginnt man von vorne."[17] Dieser Devise sei Manet auch beim Porträt gefolgt, das er von Proust anfertigte – und nach sechs bis sieben gescheiterten Versuchen hatte der Künstler Proust zufolge schließlich tatsächlich sein „es ist gelungen" (*ça y est*) ausrufen können.[18] Proust war damit vergleichsweise glimpflich davongekommen, ist doch überliefert, dass Manet in anderen Fällen die Geduld seiner Modelle weitaus stärker strapazierte – ja, mitunter benötigte der Künstler vierzig Sitzungen – und so manch ein Porträt blieb unausgeführt, wie auch dasjenige des Kunstkritikers Albert Wolff, der nach 15 Sitzungen die Geduld verlor, da sein Bildnis immer noch nicht über die erste Anlage herausgekommen war (Abb. 2). Wolff attestierte Manet zwar Spontaneität, sah in dieser – im Unterschied zu Thoré – jedoch nur einen zweifelhaften Wert: So heißt es in seiner Rezension des Salons von 1873, in dem von Manet die beiden Gemälde *Le Bon Bock* und *Le Repos* zu sehen waren: „Manets Kunst ist impulsiv. Die wesentliche Qualität dieses Malers besteht in seiner Spontaneität; es ist jemand, der stets seiner ersten Eingebung

15 Brief von Claude Monet an Gustave Geffroy, 7.10.1890, zit. nach Geffroy, Gustave: Claude Monet. Sa vie, son temps, son œuvre, Paris 1922, S. 189.

16 Vgl. Thomson, Richard: Monet's *Rouen Cathedrals*. Anarchism, Gothic Architecture and Instantaneous photography, in: Fowle, Frances: Soil and Stone. Impressionism, Urbanism, Environment, Aldershot 2003, S. 153–169.

17 Proust, Antonin: Edouard Manet. Souvenirs, Paris 1913, S. 30.

18 Ebd. S. 101. Zu diesem Porträt, vgl. Krüger, Matthias: „Une œuvre sincère par excellence". Der Maler Edouard Manet malt seinen Freund Antonin Proust. Der Politiker Antonin Proust erinnert sich an seinen Freund Edouard Manet, in: Pro domo. Kunstgeschichte in eigener Sache, hg. von ders., Léa Kuhn, Ulrich Pfisterer, Paderborn 2021, S. 131–153.

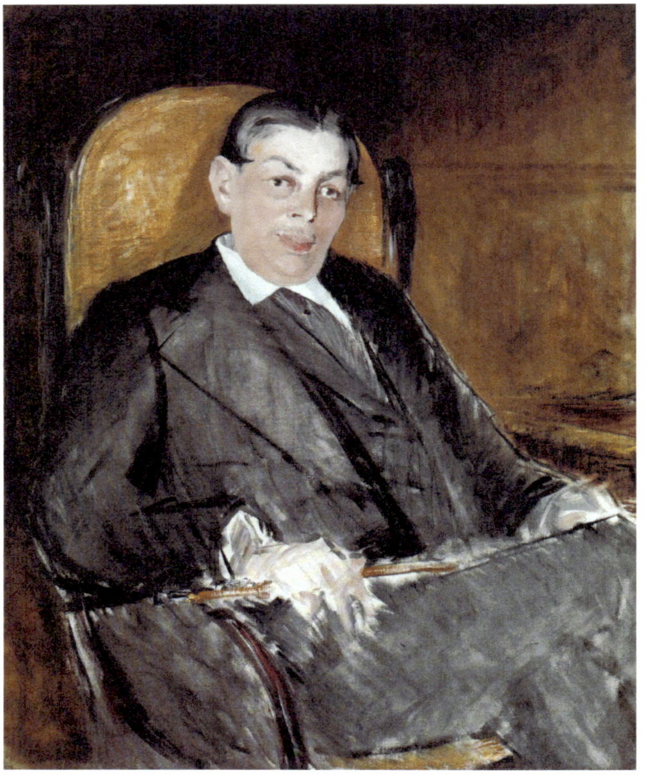

2| Edouard Manet, Porträt von Albert Wolff, 1877, Öl auf Leinwand, 89 × 77 cm, Kunsthaus Zürich.

folgt, zum Guten oder zum Schlechten."[19] Was Wolff jedoch vor allem bemängelte, war, dass Manets Gemälde nie über das erste Stadium hinauskamen. Tatsächlich galt Spontaneität als Qualität einer Skizze, nicht eines fertigen Werks. Wie so oft bestätigen auch hier die Ausnahmen die Regel, denn wenn es etwa in einer 1880 erschienenen Monografie über Jacques-Louis David in Bezug auf dessen Gemälde *Der Tod des Marat* heißt, das Werk bewahre die Spontaneität einer Skizze (*la spontanéité d'une esquisse*), so ist damit ja zugleich gesagt, dass Spontaneität zu den Eigenschaften gehört, wie man sie üblicherweise von einer schnell hingehauenen Skizze, nicht aber von einem ausgearbeiteten Gemälde erwartete.

19 Wolff, Albert: Le Salon den 1873, in: Le Figaro, 13.5.1873, S. 2.

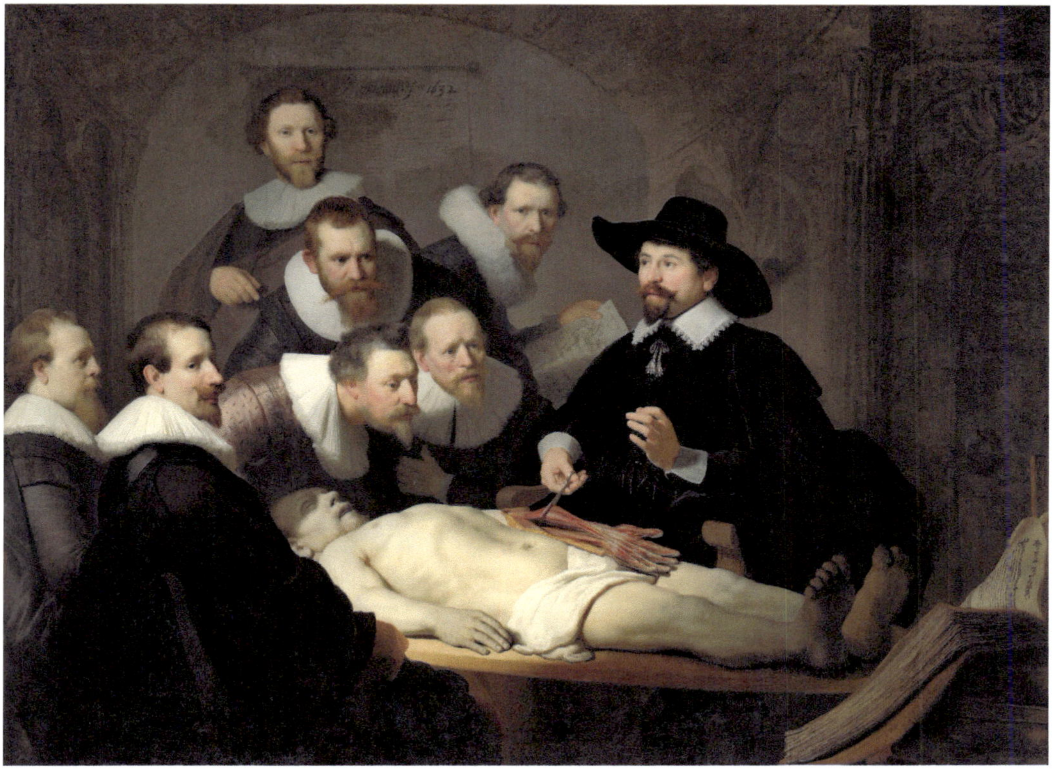

3| Rembrandt van Rijn, Die Anatomie des Dr. Tulp, 1632, Öl auf Leinwand, 169,5 × 216,5 cm, Mauritshuis, Den Haag.

## Die Klaue des Löwen

Wenn Théophile Thoré Rembrandts Malweise in der Schnelligkeit ihrer Ausführung mit der Momentfotografie verglich, so nicht, weil er in Malerei und Fotografie zwei gleichwertige Medien gesehen hätte. Er gehörte vielmehr zu denjenigen, für die die Fotografie keine Kunstform darstellte. Für ihn hatte ein Kunstwerk einen höheren Anspruch zu erfüllen, als dies eine Fotografie zu leisten vermochte. Aus diesem Grund konnte er sich nicht so recht für Rembrandts *Anatomie des Dr. Tulp* (Abb. 3) erwärmen, da dieses Bild zwar ein Stück Natur zeige, „aber ein wenig so, wie jedermann sie sieht (und besteht darin der höchste Verdienst der Künste?) oder so wie eine schöne Photographie sie wiedergibt." Das besondere Genie des Künstlers, das einen überraschenden Aspekt des Lebens erfasse und zur Darstellung bringe, fehle hier; *la griffe du lion*, die ‚Klaue des Löwen', habe sich nicht ins Gemälde eingegraben.[20]

Als *griffe* („Klaue" oder „Kralle") wurden seit dem 18. Jahrhundert – wie Charlotte Guichard gezeigt hat –[21] ein spezielles Werkzeug bezeichnet, „mit dem man" – laut Definition des *Dictionnaire de l'Academie française* von 1798 – „anstelle einer eigenen Unterschrift den Abdruck eines Namens setzt."[22] Eine *griffe* war also ein Prägestempel, mit dem man ein Produkt mit seinem Markenzeichen versah. Schon im 18. Jahrhundert wird der Begriff in der Kunstkritik auch metaphorisch in Bezug auf Kunstwerke verwendet, die derart stark durch den Stil eines Künstlers geprägt sind, dass sie sich sofort als von ihm geschaffen zu erkennen geben. In diesem Sinne heißt es etwa bei Denis Diderot über Chardin, dieser brauche nur eine Birne oder eine Weintraube zu malen, um seine Signatur zu hinterlassen. „‚Ex ungue leonem.' Wehe dem, der nicht weiß, wie man das Tier an seinen Klauen erkennt."[23] Die *griffe* eines Künstlers wurde dabei nicht selten ganz direkt mit der *touche*, dem Pinselstrich, gleichgesetzt. In diesem Sinne etwa verwendet ihn 1862 der bekannte Dichter und Feuilletonist Théophile Gautier in einem Aufsatz über eine damals Velázquez zugeschriebene Ölskizze der *Schlüsselübergabe von Breda*, die laut Gautier derart stark von der Kralle des Löwen zerkratzt worden sei, dass sich in jedem Pinselstrich die Signatur des Meisters erkennen lasse.[24]

Dass Fotografien jede persönliche Prägung durch ihren Autor fehle, gehörte zu den gängigsten Argumenten, mit denen damals dem neuen Medium der Rang einer Kunst abgesprochen wurde. Thoré vermisst dieselbe Qualität auch an Rembrandts Gemälde der *Anatomie des Dr. Tulp* – und man darf vermuten, dass das nicht zuletzt auch an der gründlichen Ausarbeitung lag, dem *fini*, das nichts von dem schnellen maltechnischen, improvisatorischen Zugriff hat, wie sie die übrige Bildproduktion des Künstlers auszeichnet.

20 Thoré, Théophile: Musées de la Hollande, Paris 1858, Bd. 1: Amsterdam, Den Haag, S. 201.

21 Guichard, Charlotte: La griffe du peintre. La valeur de l'art (1730–1820), Paris 2018, speziell zu der Bedeutung von *griffe* als Markenzeichen, S. 77–114.

22 Dictionnaire de l'Académie française, Paris 1798, Bd. 1, S. 662 (sub voce „la griffe").

23 Diderot, Denis: Salon de 1769 [1769], in: Œuvres Complètes de Diderot, Bd. 11, hg. von Jules Assézat, Paris 1876, S. 411.

24 Gautier, Théophile: Une esquisse de Velazquez [1862], in: ders.: Tableaux à la plume, Paris 1880, S. 213–228, hier S. 217.

Tatsächlich signalisierte die Rede von der Löwenklaue im 19. Jahrhundert zugleich eine schnelle und sichere Ausführung. Wer über eine *griffe*, eine Kralle, oder eine *patte*, eine Pranke, verfügt, kann kraftvoll zupacken – das Wort *griffe* ist mit dem deutschen Wort „greifen" verwandt. So schreibt etwa Vincent Van Gogh seinem Bruder Théo in Bezug auf Claude Monets Arbeitstempo, dass schnell zu malen nicht mit fehlender Seriosität verwechselt werden dürfe. Vielmehr hänge bei der Schnellmalerei alles vom Selbstvertrauen und der Erfahrung ab: So habe er bei bei Jules Guérard – Autor des 1855 erschienenen Buchs *La chasse au lion* – gelesen, dass, während junge Löwen meist noch ungeschickt seien, ältere ohne Weiteres in der Lage seien, ein Pferd oder einen Ochsen mit einem einzigen geschickten Hieb ihrer Pranke zu töten.[25] Wie bei dem Begriff der *spontanéité* verband sich im Wort *griffe* mithin die Vorstellung von einer schnellen, sicheren Ausführung mit der einer individuellen Prägung des Kunstwerks durch den Künstler. Wie der Nexus dieser beiden Vorstellungen genau zu denken ist, gilt es im Folgenden herauszuarbeiten.

## Die Spontaneität der Radierung

Wenngleich die Konjunktur der Schnellmalerei zweifelsohne nicht allein auf den Medienparagone mit der Fotografie zurückzuführen ist, so hat letzterer sicher zu ihr beigetragen – eine These, die sich durch einen Blick auf den Diskurs, der zeitgleich über die Druckgrafik geführt wurde, erhärten lässt. Besonders für die Reproduktionsgrafiker*innen stellte die Fotografie bekanntlich eine weitaus größere existentielle Bedrohung dar als für ihre malenden Kolleg*innen. Bereits 1860 prognostizierte der Kunstkritiker Philippe Burty den baldigen Tod der Druckgrafik. Den Stechern drohe daher dasselbe Schicksal, wie es den Schreibern und Illuminatoren im 15. Jahrhundert durch den Buchdruck widerfahren sei. Zwar sei die Fotografie so wunderbar wie unvollkommen, entspreche aber besser den ökonomischen Bedürfnissen und der Geschwindigkeit der Epoche.[26] Wie in

25 Brief von Vincent van Gogh an Théo van Gogh, 23. Juni 1888 [Nr. 630], zit. nach Vincent van Gogh: The Letters, hg. von Leo Jansen, Hans Luijten, Nieke Bakker, 6 Bde., London 2009, Bd. 4, S. 150f., hier S. 151.

26 Burty, Philippe: Salon de 1863. La gravure et la photographie au Salon de 1863, in: Gazette des Beaux-Arts, Bd. 15 (1863), S. 147–160, hier S. 147.

der Malerei gewann auch in den grafischen Künsten die Schnelligkeit in der Ausführung zunehmend an Bedeutung. Das führte dazu, dass Techniken wie Radierung und Aquatinta einen Boom erlebten, während langsamere Techniken wie der Kupfer- oder der Stahlstich zunehmend an Popularität verloren.[27] Dass sich diese Entwicklung durchaus aus dem Konkurrenzdruck mit der Fotografie erklären lässt, zeigt sich wie durch ein Prisma in der Gründung der *Société des Aquafortistes*, die von ihren Initiatoren explizit als Antwort auf die Übermacht des neuen Mediums verstanden wurde – eine Motivation, die in der Presse ebenso ausdrücklich begrüßt wurde.[28] In den zahlreichen Rezensionen auf die von der *Société* herausgegebenen Grafikalben wird dabei immer wieder auf die Schnelligkeit der Ausführung abgehoben, die diese Technik dem Künstler abverlange. Dabei werden auch ökonomische Gründe vorgebracht: Charles Baudelaire etwa betont in einer 1862 publizierten Besprechung eines von der *Société* publizierten Albums mit Radierungen von Edouard Manet (Abb. 4) und Alphonse Legros die Schnelligkeit und Günstigkeit der Aquatinta-Radierung – „wichtige Dinge", wie der Dichter ausführt, „in einer Zeit, in welcher der günstige Preis als eine ausschlaggebende Qualität angesehen wird und die nicht bereit ist, für die langsamen Operationen des Stichels [d. h. des Werkzeugs des Kupferstechers] ihren Preis zu zahlen."[29]

Doch es sind nicht nur ökonomische Vorteile, die vorgebracht werden. Wichtiger ist den Rezensenten noch ein anderer Vorzug der Radierung: die sich in der Schnelligkeit der Ausführung entladende Spontaneität. In nahezu jeder Publikation zur Radierung, die in der zweiten Jahrhunderthälfte erscheint, wird die Spontaneität des Verfahrens herausgestellt. Ja, das Einritzen der Linien ist bei der Radierung nicht nur wesentlich leichter als beim Kupferstich, vielmehr ist die

27 Zu dieser Tendenz vgl. Armstrong, Carol: Manet Manette, New Haven, London 2002, S. 71–98; Betz, Juliane: *Le Chant du cygne*. Die *Gazette des Beaux-Arts* und die französische Reproduktionsgraphik in der zweiten Hälfte des 19. Jahrhunderts, Merzhausen 2016. Zum Medienparagone zwischen der Reproduktionsgrafik und der Fotografie vgl. Keuper, Ulrike: Reproduktion als Übersetzung. Eine Metapher und ihre Folgen – vom Salonbericht bis zur frühen Fotokritik, Paderborn 2018, S. 133–198.

28 Zur *Société des Aquafortistes* und den Rezensionen auf die von ihren veranstalteten Ausstellungen und herausgegebenen Mappenwerke vgl. Armstrong 2002 (wie Anm. 27), S. 88–98.

29 Baudelaire, Charles: Peintres et aquafortistes [1862], in: ders.: Art romantique, Paris ²1885, S. 115–122, hier S. 118.

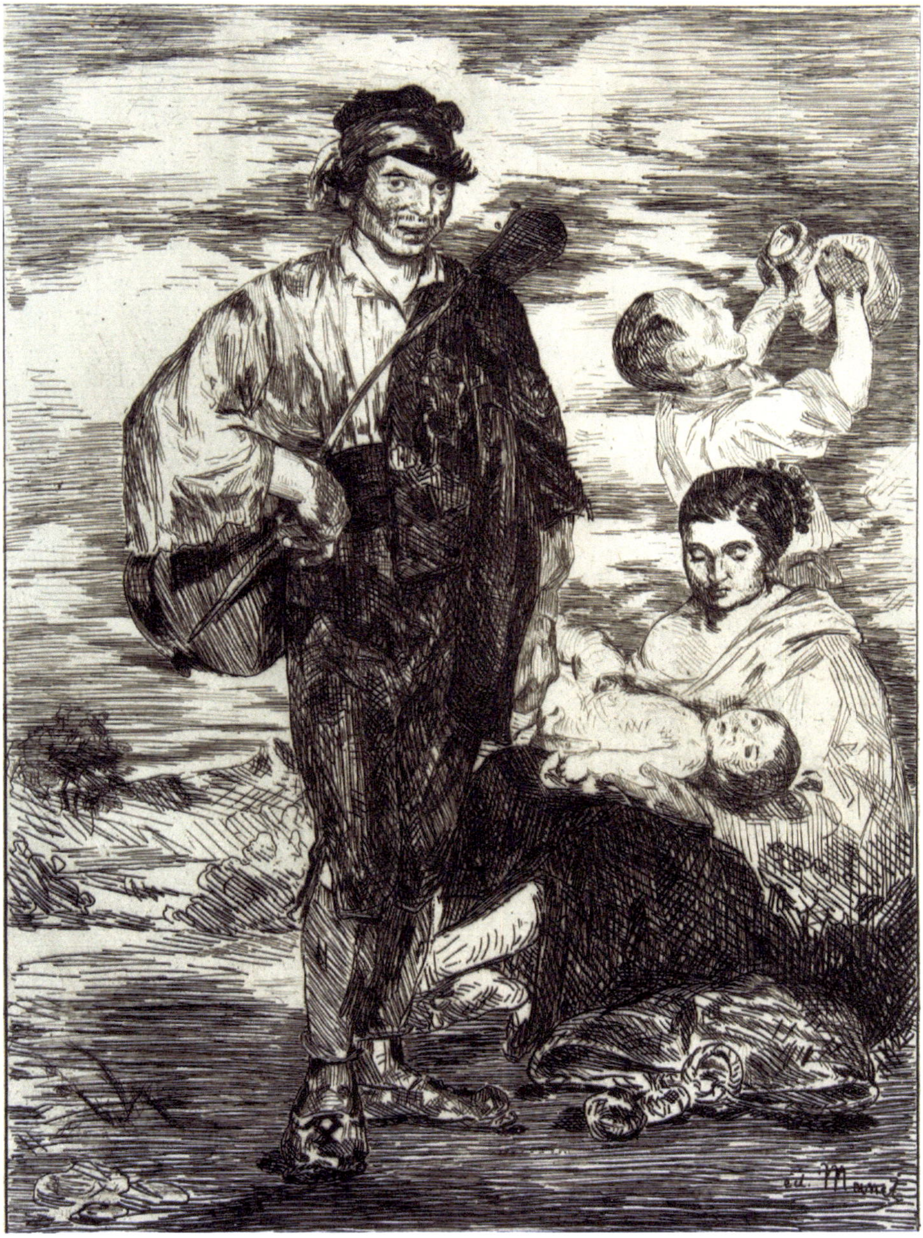

4| Edouard Manet, Roma, 1862, Aquatinta-Radierung, Platte 30.5 × 23.8cm, Papier 44.8 × 29.5cm, Metropolitan Museum of Art, New York.

Radiernadel auch wesentlich schneller und einfacher zu handhaben als ein mit zäher Farbe beladener Pinsel. Genau darin wurde auch der Grund gesehen, weshalb so viele berühmte Maler „zur Erholung" so gern mit der Radierung experimentiert hätten, eröffnete sich ihnen doch damit die Möglichkeit, ihrer-Phantasie hier einen freieren Lauf zu lassen als das in der Malerei möglich war.[30]

Zugleich wurde in dieser der Radierung eigenen Spontaneität auch ein Unterpfand der Authentizität gesehen – ein Topos, der auch die Berichterstattung über die *Société des Aquafortistes* durchzieht. So heißt es in einem Artikel von 1862: „Von den vielen Druckverfahren, mittels derer sich Kunstwerke reproduzieren und vervielfältigen lassen, gibt es keines, das so schnell, so spontan und vor allem so aufrichtig ist wie die Radierung."[31] Schnelligkeit, Spontaneität und Authentizität gehen bei der Radierung demnach Hand in Hand. Ja, immer wieder wird sogar behauptet, dass das Verfahren eine solche Authentizität garantiere, dass es für den Kenner keiner Signatur bedürfe, um eine Radierung korrekt zuzuschreiben. Die Radierung selbst habe, so formuliert es Théophile Gautier, die Authentizität einer Unterschrift, da hier ein talentierter Künstler mit jeder in den Firnis geritzten Linie gleichsam sein Werk signiere.[32] So gelte – laut Gautier – in der *Société des Aquafortistes* der Individualismus als das einzige Gesetz. Jedes Genre sei erlaubt, keine Manier vorgegeben; jeder sei hier frei, seine ganze Originalität auszuleben: Alles habe hier seine Berechtigung, so es nur bedeutungsvoll sei und in einer Ecke der Radierung eine *griffe du lion* aufzeige[33] Gautier spielt hier mit der Metapher der Löwenklaue als künstlerischer Signatur, die der Künstler seinem Werk aufprägt. Zwar wurde der Begriff auch – wie gezeigt – genauso für ein Gemälde verwendet. Doch da ein Grafiker sein Werkzeug ganz realiter in die vor ihm liegende Platte eingräbt, nahm die Rede von der sich in das Fleisch des Beutetiers eingrabenden Löwenpranke in Bezug auf die Druckgrafik eine Anschaulichkeit an, die sie in Bezug auf die Malerei entbehrte.

30 De Saint-Victor, Paul: Société des Aquafortistes. Eaux-fortes modernes, publication d'œuvres originales et inédites, in: La Presse, 27.4.1863, o. P. [S. 1].

31 De la Fizelière, Albert: La Société des Eau-fortistes, in: Le Boulevard, 7. Sept. 1862, zit. nach Armstrong 2002 (wie Anm. 27), S. 340, Anm. 34.

32 Gautier, Théophile: Un mot sur l'eau-forte [1863], in: Gautier 1880 (wie Anm. 24), S. 231–235, hier S. 235.

33 Ebd., S. 234.

Die Spontaneität des Verfahrens wurde von Gautier und anderen Autoren des 19. Jahrhunderts immer wieder als Garant der künstlerischen Freiheit gesehen. Wie kein anderes Verfahren schien die Radierung dem Künstler zu erlauben, seiner Originalität freien Lauf zu lassen. Baudelaire ging noch einen Schritt weiter. Für ihn bot die Radierung nicht nur die Möglichkeit zu einer künstlerischen Selbstentfaltung, sondern erzwang diese vielmehr geradezu: „Es ist nicht nur so, dass die Radierung die Individualität des Künstlers verherrlicht, vielmehr wäre es für den Künstler sogar schwierig, auf der Platte nicht seine intimste Persönlichkeit einzuschreiben."[34] Die Spontaneität der Technik ist also dergestalt, dass der Künstler gar nicht anders kann, als auf der Druckplatte seine Individualität preiszugeben – gleich, ob er die Absicht hatte oder nicht. Genau hier zeigt sich auch die Nähe zu dem oben skizzierten Verständnis der Spontaneität, wie es in der zeitgenössischen Physiologie, Medizin und Botanik vorherrschte.

## Der Konditionalis der Grafologie

Die Vorstellung, dass man einen Künstler an seiner Malweise erkennen könne – eine Vorstellung, wie sie etwa auch der metaphorischen Rede von der *griffe du lion* zugrunde liegt – begegnet einem bereits in der Kunsttheorie der Renaissance – und zwar offenbar das erste Mal in der 1550 publizierten Erstausgabe von Vasaris Viten. Dort heißt es, dass es einem Maler durch lange Übung möglich sei, die Manieren verschiedener Künstler voneinander zu unterscheiden, wie ein kundiger Kanzeleibeamter die verschiedenen Handschriften seiner Kollegen und ein jeder die Schriftzüge seiner nahen Freunde und Verwandten zu unterscheiden in der Lage sei.[35] Dieser Topos war damals allerdings noch nicht mit der Vorstellung gekoppelt, dass diese unverwechselbare Schrift zugleich Informationen über den Charakter des Skribenten enthalte. Sie kam erst im 17. Jahrhundert auf, hatte damals aber noch eine eher geringe Bedeutung für die bildenden

34 Baudelaire 1885 (wie Anm. 29), S. 122.

35 Vasari, Giorgio: Le vite de' più eccellenti pittori scultori e architettori nelle redazioni del 1550 e 1568, hg. von Rosanna Bettarini, Paola Barocchi, Bd. 6, Florenz 1966–1997, S. 411.

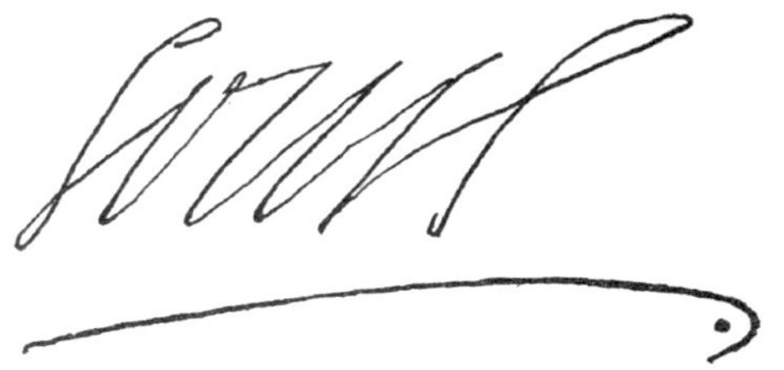

5| Schriftprobe von Louis XIV, in : Jean Hippolyte Michon: Système de graphologie. L'art de connaître les hommes d'après leur écriture, Paris 1875, S. 89.

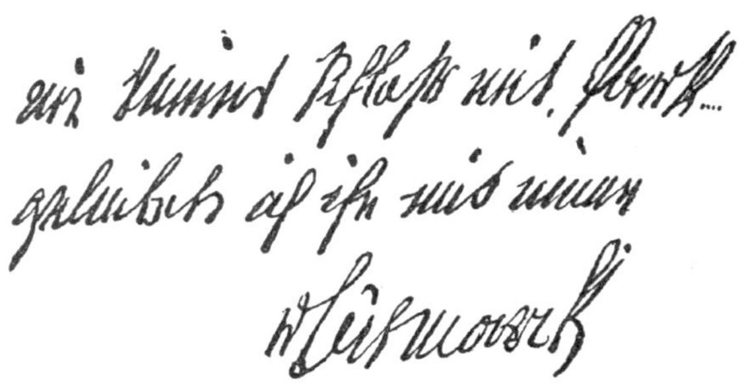

6| Schriftprobe von Bismarck, in : Jean Hippolyte Michon: Système de graphologie. L'art de connaître les hommes d'après leur écriture, Paris 1875, S. 90.

Künste.[36] Im Laufe des 19. Jahrhunderts gewannen diese der Handschrift zugeschriebenen Ausdrucksqualitäten indes radikal an Bedeutung, bis schließlich gegen Ende des 19. Jahrhunderts in der künstlerischen Handschrift das wichtigste Kennzeichen künstlerischer Originalität gesehen wurde. Dass dies mit dem Aufkommen der Fotografie zusammenfällt, ist alles andere als ein Zufall – genauso wenig wie es ein Zufall ist, dass das erste systematische Handbuch zur Grafologie

36 Bohde, Daniela: Die künstlerische Handschrift als Ausdruck des Charakters? Die scheinbare Kontinuität eines Topos'. Giorgio Vasaris *maniera* – Roger de Piles' *caractères* – Wilhelm Fraengers Formpsychogramme, in: Vasari als Paradigma. Rezeption, Kritik, Perspektiven / The Paradigm of Vasari. Reception, Criticism, Perspectives, hg. von Fabian Jonietz, Alessandro Nova, Venedig 2016, S. 67–78.

genau zu jener Zeit erschien, in der die Schreibmaschine zum Gegenstand industrieller Massenproduktion wurde.[37]

1875 publizierte der gern als Gründervater der Grafologie gefeiert Jean-Hippolyte Michon mit seinem *Système de Graphologie* ein Werk, dessen erklärte Absicht es war, die Grafologie auf ein wissenschaftliches Fundament zu stellen.[38] Michon war überzeugt, dass sich aus der Schrift ein vollständiges Bild des Charakters des Schreibenden gewinnen ließe – ja, er behauptete sogar, dass dafür lediglich drei oder vier geschriebene Worte von der entsprechenden Person genügten. Allerdings sei dies nur dort möglich, wo die Schrift nicht rein mechanischer Natur ist – wie dies etwa bei einer schulischen Schreibübung oder auch bei Schönschrift der Fall ist. Da sich hier der Schreibende während des Schreibens auf den Schreibakt selbst konzentriert, sei eine solche Schrift für den Grafologen ohne jeden Wert. Der Charakter der Skribenten enthülle sich dem Grafologen nämlich nur dann, wenn es sich bei der Schrift um eine spontane Alltagsschrift handele (Abb. 5 und Abb. 6). So habe, wie Michon ausführt, der Grafologe seine Deutung stets im Konditionalis vorzutragen: „Wenn diese Schrift von dieser Person ist und sich nicht der gezielten Täuschung oder einer besonderen Sorgfalt verdankt, sondern spontan und gewöhnlich ist, dann sagt sie uns, etc."[39] Michon sieht also einen direkten Zusammenhang zwischen Spontaneität und dem persönlichen Ausdruck – ganz ähnlich wie die hier zitierten Stimmen aus der Kunstkritik, nur dass diese ihn nie so explizit in Form einer Regel formulierten.

Wenn Michon auch an keiner Stelle seines über 300 Seiten starken Lehrwerks auf die Schreibmaschine eingeht, so vergleicht er interessanterweise und etwas anmaßend die Erfindung der Grafologie mit der Erfindung der Fotografie. So erlaube die Deutung aus einer Handschrift ein Porträt der jeweiligen Person anzufertigen, das in seiner Exaktheit einer Fotografie gleichkomme, wenn diese auch den äußeren Menschen zeige, sein Porträt dagegen den inneren.[40]

37 Vgl. Neef, Sonja: Abdruck und Spur. Handschrift im Zeitalter ihrer technischen Reproduzierbarkeit, Berlin 2008, S. 192.

38 Vgl. Krüger, Matthias: Das Relief der Farbe. Pastose Malerei in der französischen Kunstkritik. 1860–1890, Berlin, München 2007, S. 272–277.

39 Michon, Hippolyte: Système de graphologie. L'art de connaître les hommes d'après leur écriture, Paris 1875, S. 60f.

40 Ebd., S. 47.

## Résumé

Wie gezeigt wird auch die künstlerische Handschrift von Seiten der Kunstkritik als Ausdruck der Persönlichkeit des Schreibenden gelesen. Sie galt als umso ehrlicher und authentischer, je spontaner sie ausgeführt war – und auch hier geschah dies in expliziter Abgrenzung von der Fotografie, deren Überlegenheit in der Wiedergabe der Realität zwar nicht bestritten, deren künstlerischer Rang jedoch mit dem Argument in Abrede gestellt wurde, dass sie eben nichts von der Persönlichkeit ihres Autors preisgebe.

Die Bedeutung, welche die Spontaneität in den bildenden Künsten dieser Zeit annahm, ließe sich freilich in einen noch größeren Kontext stellen – nämlich den der industriellen Revolution. Denn diese bedeutete – um Friedrich Kittler zu zitieren – nicht nur einen Schlag gegen die Handschrift, sondern auch gegen die Handarbeit.[41] Schon im 19. Jahrhundert wurden die Folgen, die die zunehmende Mechanisierung auf den Arbeiter hatte, immer wieder in einem Verlust an Spontaneität gesehen. So paraphrasiert etwa *Larousse* unter dem Stichwort *machine* auch die Kritik an der Maschine, wie sie der Schweizer Ökonom Jean-Charles-Léonard Simonde de Sismondi formuliert hatte, dass die Maschine nicht nur den Lohn drücke, sondern zugleich den Arbeiter abstumpfe, ihn seiner *spontanéité* beraube und zu einem Rädchen im Getriebe reduziere.[42] In diesem Sinne wäre zu fragen, ob die Bedeutung der Spontaneität in der Kunst des 19. Jahrhunderts sich nicht vor allem als eine kompensatorische begreifen lässt.

41 Kittler, Friedrich: Grammophon, Film, Typewriter, Berlin 1986, S. 277.

42 Grand dictionnaire universel du XIXe siècle, hg. von Pierre Larousse, Bd. 11, Paris 1873, S. 862 (sub voce „machine").

Anna Grosskopf

# „BAUCHKLATSCHER AUF ÖLLAKE“

## Spontanes Malen in Karikatur und Satire

1959, anlässlich der II. documenta in Kassel, wurde international wieder einmal über abstrakte Kunst gestritten. Von Werner Haftmann zur „Weltsprache“ erklärt[1] und in der Ausstellung als einzig zeitgemäße künstlerische Ausdrucksform präsentiert, hagelte es dennoch Kritik und Polemik über „Gigantomanie [...], Diktatur, Willkür und Konformismus des Abstrakten“.[2] Besonders verärgert zeigte sich das europäische Publikum über die Werke von US-amerikanischen Vertreter*innen des Abstrakten Expressionismus, denen in der Ausstellung viel Platz eingeräumt wurde. Für einige der in den USA längst etablierten Künstler*innen, unter ihnen Jackson Pollock, Barnett Newman, Clyfford Still und Helen Frankenthaler, war die documenta ihr transatlantisches Debüt. Der Abstrakte Expressionismus rückte erstmals ins Bewusstsein einer breiten westdeutschen Öffentlichkeit, die darauf keineswegs vorbereitet war: Bewunderung für die Vorkriegsavantgarde, den Expressionismus und die frühe Abstraktion war beim Publikum bereits eingeübt, doch hier zeigte sich etwas qualitativ und angesichts der imposanten Bildformate auch quantitativ Neues. Die Überforderung durch diese ungewohnt wilde, ausgesprochen raumgreifende und maltechnisch scheinbar völlig voraussetzungslose Abstraktion machte sich auch in allerlei satirischen Formaten Luft, die im Folgenden als Belege für eine zeitgenössische Auseinanderset-

1 Haftmann, Werner: Malerei nach 1945, in: Ausst.-Kat.: II. documenta, 59. Kunst nach 1945, Bd. 1: Malerei, Köln 1959, S. 11–19.

2 Autsch, Sabiene: „Die Welt schmeißt mit Farben“ – Abstraktion und Amerikanisierung auf der Documenta 2, in: Modernisierung als Amerikanisierung? Entwicklungslinien der westdeutschen Kultur 1945–1960, hg. von Lars Koch, Bielefeld 2007, S. 233–254, hier S. 233.

zung mit künstlerischen Techniken einer spontanen Bildherstellung herangezogen werden.

Die Einführung neuer, experimenteller Maltechniken wurde schon seit dem 19. Jahrhundert stets von einem humoristischen Widerhall begleitet. Das Geheimnisvolle, ja geradezu Alchemistische der Kunstschöpfung haben Karikatur und Satire ebenso konsequent dekonstruiert wie die Kunsttheorie an seiner Nobilitierung arbeitet.[3] Laut Sigmund Freud steht der Witz „im Dienst unterdrückter Tendenzen"[4] und ist „ein Mittel [...], das Verlorene wiederzugewinnen".[5] Gegenüber anderen diskursiven Praktiken vermag er etwas freizusetzen, das sonst der Verdrängung unterliegt – zum Beispiel komische oder irritierende Aspekte der künstlerischen Produktion, die in der wissenschaftlichen Theoriebildung meist keine Erwähnung finden. So nehmen Karikatur und Kunstsatire oft Banales ins Visier, etwa die manuellen und materiellen Anteile der Produktion oder die ungeplanten, impulsiven und zufälligen, man könnte auch sagen: spontanen Akte des Kunstschaffens: All das Rühren, Klecksen, Wischen, Spachteln und Streichen, den Farbauftrag unter vollem Körpereinsatz, der das Auseinanderklaffen von vorgeblich intellektuellem Geistesarbeiter und furiosem „Malerschwein" sichtbar werden lässt. In diesem Kontrast entfaltet die Satire ihren Witz, der zugleich ein Reflexionsangebot ist. Das Spontane, seine Darstellung und Bewertung, erweist sich dabei als neuralgischer Punkt.

Für den Maler, Publizisten und selbsternannten „Kunst-Allrounder" Lothar-Günther Buchheim bot die documenta II einen ergiebigen Materialfundus. Ein humoristischer Coup gelang ihm mit der *taschen documenta*, einem alternativen Ausstellungsführer, der auf 50 Seiten eine geradezu kanonische Auswahl von Witzen und Karikaturen über die moderne Malerei versammelt.[6] Visuell an das Layout des offiziellen Ausstellungskataloges angelehnt, besitzt auch die *taschen documenta* eine Gliederung in Malerei, Grafik und Skulptur. Einzelne Künstler

3 Vgl. Grosskopf, Anna: Die Arbeit des Künstlers in der Karikatur. Eine Diskursgeschichte künstlerischer Techniken in der Moderne, Bielefeld 2016.

4 Freud, Sigmund: Der Witz und seine Beziehung zum Unbewussten (1905), in: Ders.: Psychologische Schriften (Studienausgabe Bd. IV), Frankfurt am Main 2000, S. 13–168, hier S. 127.

5 Ebd., S. 96.

6 Buchheim, Lothar-Günther: Taschen documenta, Feldafing 1959.

werden darin ganz explizit durch den Kakao gezogen (wie der Maler Sam Francis, der als „Saint Francis" erscheint), während Werktexte im Jargon der zeitgenössischen Kunstkritik auch diese routiniert aufs Korn nehmen. Besonders aussagekräftig sind die Angaben zu Material und Technik der vorgestellten (fiktiven) Werke, weil sie populäre Vorbehalte gegen die Abstraktion auf engstem Raum wie in einem Brennglas verdichten. Ein Abschnitt ist dem Gemälde *Stigmatisierte Markise* eines gewissen „Theodoros Staphylos" gewidmet.[7] Hier macht sich Buchheim über den US-amerikanischen Maler Theodoros Stamos und dessen großformatige Farbfeldmalereien lustig, die in Kassel ausgestellt waren. Technik und Material des beschriebenen Werkes sind als „Bauchklatscher auf Öllake" angegeben, auf eine Visualisierung dieses spektakulären Verfahrens wird jedoch verzichtet, so dass der Vollzug des „Bauchklatschers" in die Fantasie der Leser*innen verlegt wird. Buchheims Witz bedient seit dem 19. Jahrhundert gängige Verdikte und Stereotype über die moderne Kunst, die aus ein und demselben semantischen Feld stammen: Das Spontane und seine verschiedenen Nachbarbereiche – Unmittelbarkeit, Irrationalität, Heftigkeit, Unbeherrschtheit, Impulsivität usw. – stehen dabei im Mittelpunkt.

## „Betrunkene Besen"

Staphylos, wörtlich Traube, ist in der antiken Mythologie der Sohn des Weingottes und ein berüchtigter Veranstalter enthemmter Orgien. Als Spottname für den griechischstämmigen Theodoros Stamos gebraucht, klassifizierte er den Abstrakten Expressionisten als Trinker. Aus satirischer Sicht erschien dies naheliegend: Die Alkoholsucht Jackson Pollocks war eine bekannte Tatsache, Teil der Fama des skandalumwitterten Künstlers, dessen Image auf die ganze Gruppe der US-amerikanischen documenta-Teilnehmer*innen abfärbte. Doch die Trunkenheit des Künstlers ist ein bereits im alten China verbreiteter Topos (dazu Wei Hu und Naoki Sato in diesem Band) der Kunstsatire. In Frankreich lässt er sich mindestens bis zum sprichwörtlichen *balai ivre*, dem „betrunkenen Besen" zurückverfolgen, dessen Gebrauch nacheinander Eugène Delacroix, Gustave Courbet,

7 Ebd., S. 11.

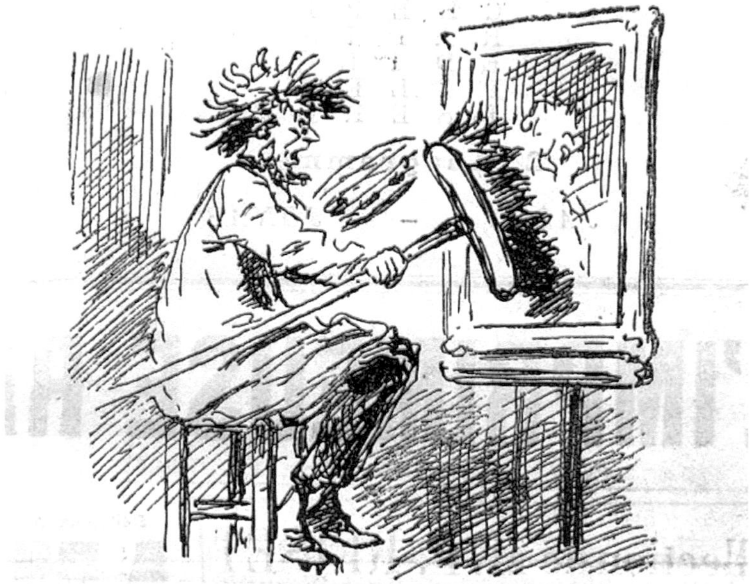


1| Cham, Nouvelle École – Peinture Indépendante, in: Le Charivari, 20.04.1879.

Édouard Manet und den Impressionisten unterstellt wurde.[8] Der Karikaturist Cham (eigtl. Amédée de Noé) zeichnete 1879 für den Pariser *Charivari* einen besenschwingenden Impressionisten, dessen wild abstehendes, borstiges Haupthaar seinem Malwerkzeug gleicht und dabei Aufschluss über den geistigen Zustand des Künstlers geben soll (Abb. 1). Ein Verlust der intellektuellen Ratio, sei es durch Alkoholismus, Geisteskrankheit oder willentliche Abkehr von Vernunft und Besinnung, war indes schon immer ein populäres Erklärungsmuster für die Entstehung abstrakter Kunst. Dass die Ratio auch bei Stamos nicht ausschlaggebend für den Produktionsprozess sei, macht die unterstellte Technik deutlich. Denn mit dem „Bauchklatscher" wird jener Bereich des Körpers angesprochen, der

8 Vgl. Grosskopf 2016 (wie Anm. 3), S. 77 ff.

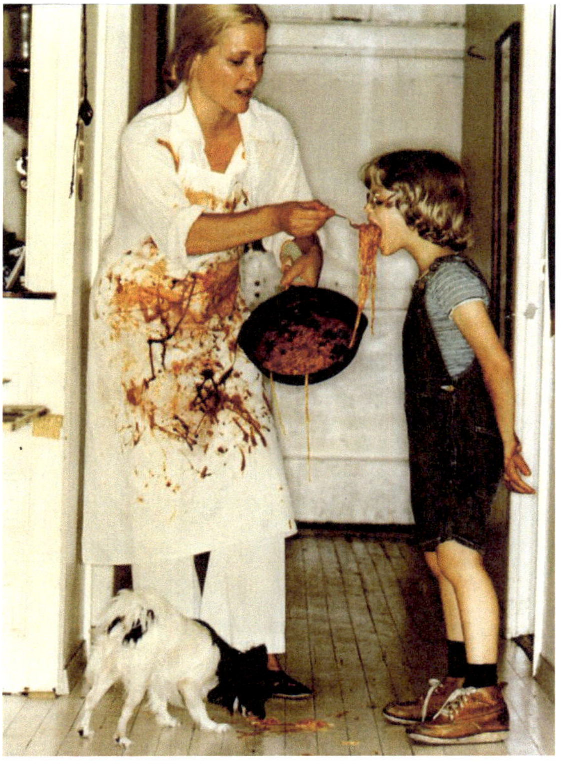

2| Postkarte Jackson Pollock's Mother, 1980er Jahre.

traditionell als Sitz von Intuition und Spontaneität gilt. Hier, und nicht etwa im Kopf, sei der Entstehungsort abstrakt-expressionistischer Malerei; nicht der Intellekt, sondern der Körper, gar der Bauch, sei das entscheidende Werkzeug. Die „Öllake" wiederum führt uns vom gastroenterologischen in den gastronomischen Bereich. Die klassische Technik der Ölmalerei wird aufgerufen und zugleich mit der Kochkunst überlagert. Kochen wiederum war und ist ein beliebtes Referenzfeld für Witze zum Abstrakten Expressionismus – das zeigt die populäre Witzpostkarte *Jackson Pollock's Mother* (Abb. 2) ebenso wie neuere Cartoons, die den Künstler als wild herumklecksenden Freizeit- oder Fernsehkoch zeigen.

In seinem berühmten Aufsatz *The Sublime is Now* von 1948 hatte Barnett Newman die Kunst des Abstrakten Expressionismus mit Prädikaten wie „sublime", „erhaben", „einleuchtend, wirklich und konkret wie eine Offenbarung" belegt:

„Anstatt Kathedralen [...] zu machen, schaffen wir Bilder [...].“[9] Ein Jahr zuvor war die Abstraktion von dem Deutschen Willi Baumeister, 1959 ebenfalls documenta-Teilnehmer, in seiner Schrift *Das Unbekannte in der Kunst* mit ähnlichem, beinahe religiösem Pathos beschrieben und dabei mit Begriffen wie „Numinoses“ und „Mysterium“ besetzt worden.[10] Der künstlerische Schaffensakt wurde in der Theorie des Abstrakten Expressionismus nobilitiert wie niemals zuvor – doch er war kein Mysterium mehr: Durch Fotos des malenden Jackson Pollock wie der bereits 1949 in *Life* abgedruckten Serie von Martha Holmes, besonders aber durch Hans Namuths 1950 entstandene und 1951 erstmals publizierte Fotos und Filme war der Vorgang des Kunstmachens auf bisher ungekannte Weise zum öffentlichen Spektakel geworden. Namuths Fotos waren in der Berichterstattung über Pollock omnipräsent, besonders seit dessen Tod 1956, und wurden, wie Regine Prange schreibt, „stilbildend für die populäre Aufbereitung avantgardistischer Kunst im Zeitalter der Massenmedien“.[11] Sie veranlassten auch andere Vertreter des Abstrakten Expressionismus, etwa Willem de Kooning, dazu, ihre Arbeit fotografisch und filmisch dokumentieren zu lassen. Der Herstellungsprozess wurde zum Zentrum des Werkes und seiner Rezeption. Das fertige Gemälde gewann seinen Wert vor allem als authentische Aufzeichnung der „Offenbarung, die sich im Malakt enthüllt“, wie es der Kritiker Harold Rosenberg formulierte.[12]

## „Schwamm drüber“

In Karikaturen des 19. und frühen 20. Jahrhunderts wurden recht häufig impulsive Malakte visualisiert, die aus heutiger Sicht an Verfahren des Action Painting denken lassen. Spontaneität konnte sich so als Modus der Kunstproduktion bereits etablieren, lange bevor das Spontane nach 1945 zum Kreativitäts-

9 Newman, Barnett: Das Erhabene jetzt (1948), in: Kunsttheorie im 20. Jahrhundert. 1940–1991, hg. von Charles Harrison, Paul Wood, Bd. 2, Ostfildern-Ruit 1998, S. 699–701, hier S. 701.

10 Vgl. Hirner, René: Einführung in Willi Baumeisters Kunsttheorie, in: Baumeister, Willi: Das Unbekannte in der Kunst (1947), Köln 1988, S. 237–262, hier S. 262.

11 Prange, Regine: Jackson Pollock Number 32, 1950. Die Malerei als Gegenwart, Frankfurt am Main 1996, S. 29.

12 Rosenberg, Harold: Die amerikanischen Action Painters (1952), in: Harrison und Wood 1998 (wie Anm. 9), S. 708–711, hier S. 709.

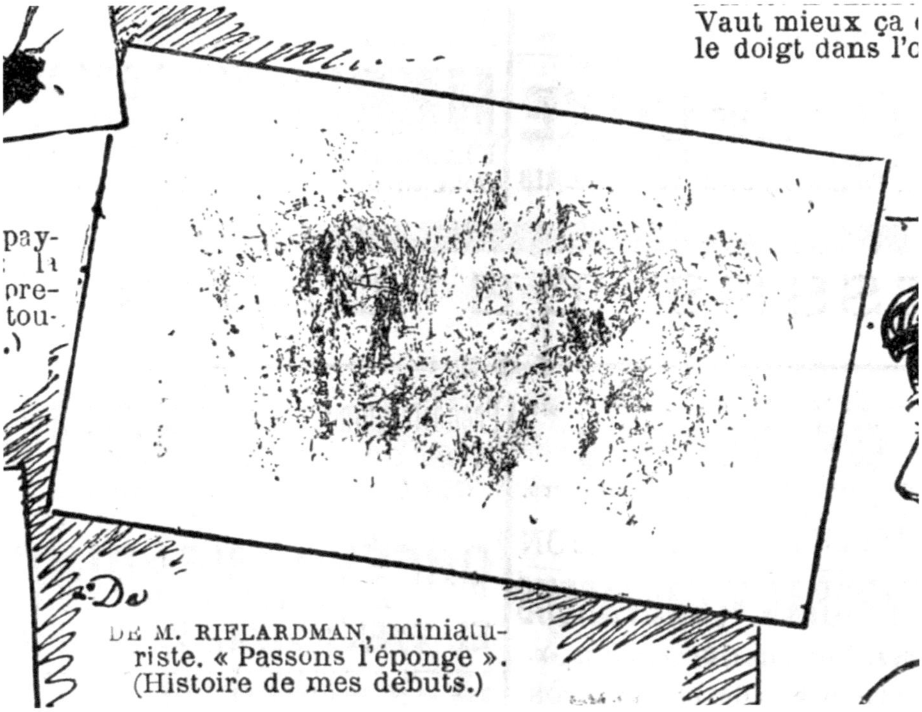


3| Mars, M. Riflardman, miniaturiste. *Passons l'éponge.* (Histoire de mes débuts), in: Le Charivari, 26.04.1883.

merkmal avancierte. In der Kunsttheorie des 19. Jahrhunderts begann sich – abgesehen von der *bravura*[13] – ein positives Konzept von Spontaneität erst allmählich herauszubilden (dazu Matthias Krüger in diesem Band), so dass das Spontane und seine Nachbarbereiche in der Karikatur meist negativ dargestellt sind: Faulheit, technische Unfähigkeit oder ein Temperamentsausbruch des Künstlers führen dazu, dass die akademisch regelkonforme Ausarbeitung eines Gemäldes unterbleibt und durch einen impulsiven Akt ersetzt wird. Letzteres wurde satirisch überall dort vermutet, wo ein freier, lockerer Farbauftrag mit sichtbarer Pinselfaktur die Sehgewohnheiten von Betrachter*innen herausforderte, die durch akademische Salonmalerei sozialisiert waren. Vor allem der französische Impressionismus

13 Vgl. Suthor, Nicola: Bravura: Virtuosität und Mutwilligkeit in der Malerei der Frühen Neuzeit, München 2010.

wurde seit seinen Anfängen in den 1870er Jahren als *école de taches* (Fleckenmalerei) verspottet und variantenreich karikiert. Sehr oft hebt die Karikatur dabei auf den Produktionsprozess ab, so auch Mars (eigtl. Maurice Bonvoisin) in einer Karikatur für den *Charivari*, die im Vorfeld der Salonausstellung von 1883 erschien (Abb. 3). Zu sehen sind vollkommen abstrakte schwarze Flecken auf weißem Grund, laut Bildlegende das Werk eines Miniaturenmalers namens M. Riflardman (etwa: Herr Schrupphobel) mit dem Titel *Passons l'éponge*, was der deutschen Redensart „Schwamm drüber!" entspricht. Text und Bild suggerieren einen fragwürdigen Herstellungsprozess, denn die fleckige Struktur des Bildes erinnert an den flüchtigen Abdruck eines farbgetränkten Schwamms auf weißer Fläche. Womöglich ist die Illustration auch genauso entstanden. Obwohl der Impressionismus nicht explizit angesprochen wird, ist die Darstellung eindeutig im Kontext der Impressionismuskritik zu verorten. Denn der Vorwurf, impressionistische Maler erzielten ihre Effekte durch das Werfen des Malschwamms auf die Leinwand, taucht auch in der zeitgenössischen Kunstkritik auf. Er rekurriert seinerseits auf einen alten, bis in die Antike zurückreichenden Topos der Künstlerbiografik. So berichtet Plinius der Ältere über den griechischen Maler Protogenes, dieser habe sich einst bemüht, den Schaum vor dem Maul eines keuchenden Hundes darzustellen und, als es ihm nicht gelang, verärgert den Malschwamm auf das Bild geworfen: „...da schuf der Schwamm den gewünschten Effekt."[14] Ähnliche Anekdoten sind zu den antiken Malern Nealkes und Apelles überliefert und hier wie dort wird der Gedanke formuliert, dass der Zufall dem spontan und unbeherrscht agierenden Künstler zu Hilfe kommt.[15] Doch wurde dabei stets ein figürliches Resultat erzielt, während der „impressionistische Fleck" der Karikatur vollkommen abstrakt bleibt. Denn auch in den Augen der Kritiker stellte die impressionistische *peinture des taches* buchstäblich nichts dar. 1877 bediente sich der Kunstschriftsteller Victor Fournel des antiken Künstlertopos in einer Polemik zu Monets *Gare Saint-Lazare*[16]:

14 Plinius XXXV, 103, zit. nach: Kris, Ernst; Kurz, Otto: Die Legende vom Künstler. Ein geschichtlicher Versuch (1934), Frankfurt am Main 1995, S. 71 f.

15 Vgl. Kris und Kurz 1995 (wie Anm. 14), S. 72.

16 Claude Monet, *Gare Saint-Lazare*, 1877, Öl auf Leinwand, 54,3 × 73,6 cm, National Gallery, London.

> Mais la Vue intérieure cataloguée 102 mérite la palme de l'exposition. Elle réalise à merveille ce que raconte la légende de ce peintre antique, Protogène ou Apelle, qui, ne pouvant représenter l'écume d'un chien, jeta de dépis son pinceau contre la toile et réussit par hasard à ce qu'il n'avait pu faire à force de travail. On dirait que M. Monet a jeté sur sa toile un éponge trempé au préalable dans un seau de peinture; la seule différence est qu'il n'a réussi à rien figurer du tout.[17]

## Farbe werfen

Das Werfen von Farbe markiert in der Karikatur zweifellos einen Höhepunkt malerischer Spontaneität – und zugleich einen Tiefpunkt maltechnischen Könnens. Das darin liegende komische Potenzial machte sich die Karikatur in immer neuen Varianten zunutze und brachte den Farbwurf dabei mit unterschiedlichen künstlerischen Strömungen in Verbindung. Nach dem Impressionismus traf es die Malerei des Neoimpressionismus und damit paradoxerweise eine Stilrichtung, deren formale Strenge eigentlich keinerlei spontane Impulse zuließ. Dennoch erschien in 1890er Jahren eine Reihe von Karikaturen, die den neoimpressionistischen, divisionistischen Farbauftrag mit dem Werfen von Konfetti gleichsetzte. So zeichnete Henriot (eigtl. Henri Maigrot) 1893 einen Künstler, der Pinsel und Palette durch einen Beutel Konfetti ersetzt hat (Abb. 4). Den Beutel in der Linken, wirft er sein Material mit temperamentvoller, zugleich lässiger Geste auf die Leinwand, während ein Atelierbesucher ihm staunend über die Schulter blickt. Den Anlass für die Karikatur, die in der Rubrik *Actualités* des *Charivari* erschien, bot die Eröffnung des jährlich stattfindenden, antiakademisch ausgerichteten *Salon des Indépendants*, der für neoimpressionistische Maler wie Georges Seurat und Paul Signac die wichtigste Plattform zur Präsentation ihrer Kunst darstellte. Signac zeigte bei dieser Ausstellung sein großformatiges Gemälde *Jeunes Provençales au puits*, das in der von ihm entwickelten Technik der

17 Bernadille (eigtl. Victor Fournel): Chronique parisienne: L'Exposition des impressionistes, in: Le Français, 13.04.1877, S. 2.

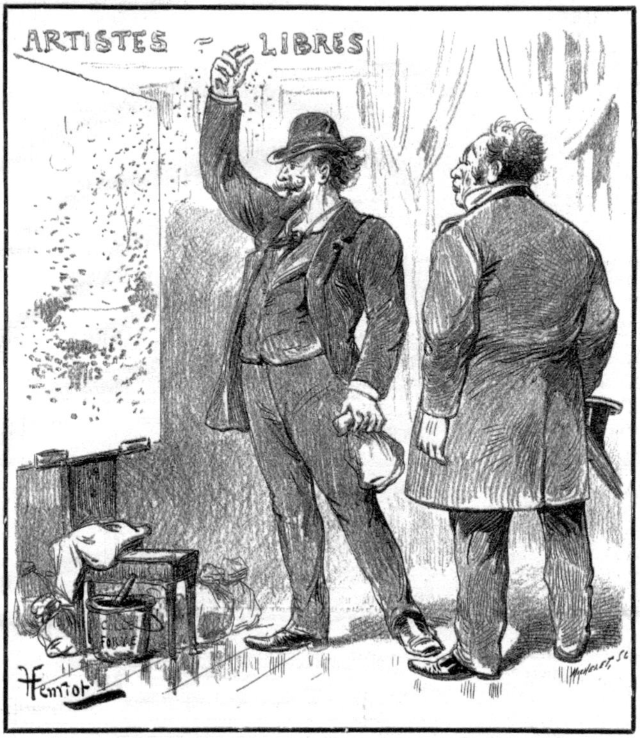


4| Henriot: Artistes Libres, in: Le Charivari, 14.04.1893.

Farbenzerlegung ausgeführt war.[18] In einer Rezension des *Mercure de France*, die zwei Wochen nach der Karikatur erschien, bezeichnete der Kritiker das Bild polemisch als „avalanche de confetti", der Bildwitz fand also rasch Aufnahme in das Sprachrepertoire der Kunstkritik. Was ihn so eingängig machte, war die auffällige formale Analogie: neoimpressionistischen „points", aus denen die Bilder aufgebaut sind, entsprechen in ihrem Durchmesser und ihrer Farbigkeit etwa der Größe und Farbe von Papierkonfetti. Mit der tatsächlichen Malpraxis neoimpressionistischer Künstler hat das gezeigte Verfahren allerdings rein gar nichts gemein. Denn während der Impressionismus Unmittelbarkeit anstrebte und daher auch

18 Signac präsentierte das Gemälde unter dem Titel *Jeunes Provençales au puits (décoration pour un panneau dans la pénombre)*. Heute ist es bekannt unter dem Titel *Femmes au puits*, 1892, Öl auf Leinwand, 195 × 131 cm, Musée d'Orsay, Paris.

spontane, malerisch-gestische Impulse zuließ, verfolgten die Neoimpressionisten das Ziel einer wissenschaftlich objektivierbaren Kunst. Sie komponierten ihre Bilder nach den neuesten Erkenntnissen der Neurologie und physiologischen Optik und führten sie mit beinahe mathematischer Präzision aus. Die Farben wurden nicht auf der Palette gemischt, sondern unvermischt nebeneinandergesetzt, um ihre Leuchtkraft zu erhalten, wobei naturwissenschaftliche Regeln zur Kontrastwirkung, Abstufung und Strahlung zu beachten waren. Obwohl sich die Karikatur hier also motivisch der Seite der Produktion zuwendet, reflektiert die Figur des Konfettiwerfers weniger die Arbeit des Künstlers als vielmehr die Rezeptionsschwierigkeiten zeitgenössischer Betrachter*innen, die in den präzise komponierten Werken anfangs nur eine „Konfettilawine" zu sehen vermochten. Natürlich ist auch der Assoziationsraum, den das Konfetti eröffnet, von der Karikatur gewünscht. Als Massenprodukt gelangte Konfetti gegen Ende des 19. Jahrhunderts in den Handel und war somit zur Zeit des Neoimpressionismus ein neuer Modeartikel, der im Fasching, bei Maskenbällen oder anderen Lustbarkeiten zum Einsatz kam. Indem die Karikatur das Konfetti mit neoimpressionistischer Malerei in Verbindung bringt, klassifiziert sie auch diese als „faschingshaft" und damit unseriös.[19]

Obwohl er also keine tatsächliche Atelierpraxis reflektiert, ist der Konfettiwerfer eine interessante Figur im Kontext der Narrative, die die Entwicklung des spontanen Malens begleiteten. Denn die Karikatur stellt ihn nicht als wirren, bemitleidenswerten Sonderling, sondern als souverän agierenden Zeitgenossen dar: Er bestätigt das ihm im Titel *Artistes Libres* angeheftete Etikett der Freiheit durch seine selbstbewusste Körpersprache. Überlegene Leichtigkeit zeichnet seinen Schaffensakt aus: Die Leinwand wird nicht mit den Händen berührt; dennoch bewahrt sie die individuelle, spontane Bewegungsspur des Künstlers, dessen Wurfrichtung und -intensität in der Verteilung des Materials als gestischer Niederschlag sichtbar bleiben. Die Karikatur nimmt hier Charakteristika vorweg, die erst in der weiteren Entwicklung der Moderne eine breite Wertschätzung erfahren sollten.

Dagegen kann Karl Schiedermair in seiner 1919 erschienenen Karikatur bereits auf ein kunstkritisches Begriffsrepertoire anspielen, das sich mit dem

19 Vgl. Grosskopf 2016 (wie Anm. 3), S. 330 ff.

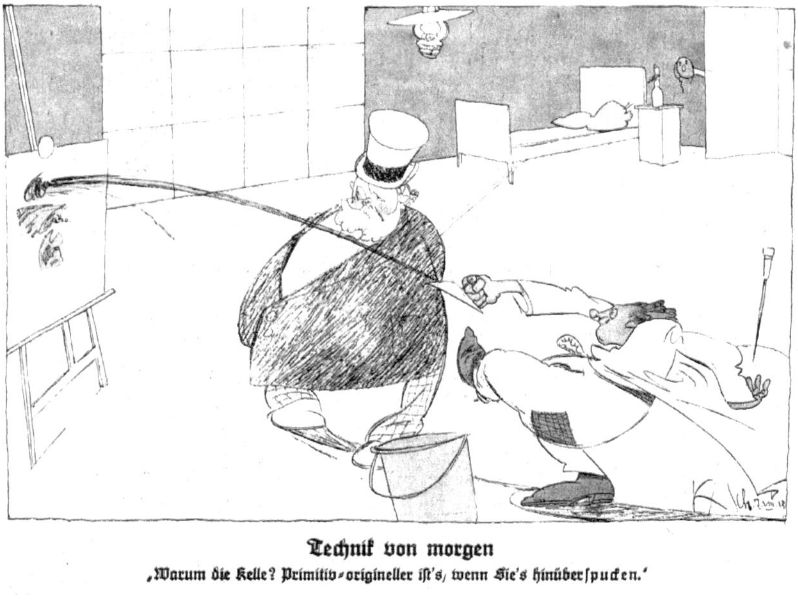


5| Karl Schiedermair, Technik von morgen, in: Jugend, Bd. 24 (1919), Nr. 23, S. 485.

Aufkommen des Expressionismus etablierte (Abb. 5). Der Farbwurf wird hier als „Technik von morgen" vorgestellt; zu sehen ist ein Maler in heftiger Bewegung, der mit weit ausholender Gebärde und wehenden Kittelschößen einen Klumpen Farbe auf die vor ihm aufgebaute Leinwand schleudert. Während die Flugbahn des Farbklumpens noch als Bewegungslinie sichtbar ist, bildet das Material auf dem Bildträger bereits einen abstrakten dunklen Fleck. Als Wurfinstrument wird eine Kelle benutzt, eine Anspielung auf die seit dem 19. Jahrhundert praktizierte Technik der Messermalerei, bei der die Farbe nicht mit dem Pinsel, sondern mit dem Palettmesser aufgetragen wird, was in der Karikatur Anlass zu allerlei Scherzen über Maler und Maurer gegeben hatte.[20] Die Kontrolle über den detaillierten Farbauftrag ist bei der Messermalerei geringer als beim Farbauftrag mit dem Pinsel,

20 Vgl. ebd., S. 92 ff.; Matthias Krüger: Gespachtelter Zufall: Gustave Courbet und die Messermalerei, in: Werkzeuge und Instrumente, hg. von Philippe Cordez, Matthias Krüger, Berlin 2012, S. 109–127 (= Hamburger Forschungen zur Kunstgeschichte. Studien, Theorien, Quellen).

so dass der Vergleich mit dem Farbwurf, bei dem der Künstler jegliche Kontrolle abgibt, scheinbar nahe liegt. Doch die Wurftechnik war satirisch noch ausbaufähig: „Warum die Kelle? Primitiv-origineller ist's, wenn Sie's hinüberspucken", rät ein Atelierbesucher dem arbeitenden Künstler und bringt damit zwei Eigenschaften ins Spiel, die im Expressionismus hochgeschätzt wurden: Primitivität und Originalität gehörten zu den Schlagwörtern moderner Malerei um 1920, die im Bild des Farbwurfs desavouiert werden sollte. Der Vorschlag, die Farbe künftig auf die Leinwand zu spucken, lässt die Kelle als anachronistisches Werkzeug und die Wurftechnik als bereits veraltetes Verfahren erscheinen. Als Witz über den Expressionismus, dessen Vertreter*innen ihr Inneres nach außen kehren, also gleichsam „ausspucken" sollten, ist die Karikatur ein Debattenbeitrag über jene Kunst, die vor allem als Selbstentäußerung des Künstlers ihre Bedeutung entfaltet.[21] Sie reflektiert, was Kurt Schwitters erst 1925 festhielt: „Alles, was ein Künstler spuckt, ist Kunst."[22] Als Authentizität verbürgendes Material wurden Körperflüssigkeiten wie Blut, Urin oder Speichel von Künstler*innen vor allem seit den 1960er Jahren vermehrt eingesetzt. Die Karikatur scheint diese Idee hier vorwegzunehmen.

Auch in Karikaturen und Cartoons zum Abstrakten Expressionismus ist der spontane Farbwurf noch Thema, allerdings ist er nicht mehr an und für sich komisch, weil die Atelierpraxis der Künstler*innen die Satire längst eingeholt hat. So liegt in einem bekannten Cartoon von Warren Miller, erschienen 1961 im *New Yorker*, der Witz auch nicht im angewandten Verfahren, sondern in dessen überraschendem Ergebnis (Abb. 6). Denn was hier mit großem Körpereinsatz als abstraktes Splashing angelegt ist, ergibt auf der Leinwand ein figuratives Bild, noch dazu ein kunsthistorisches Zitat. Deutlich zu erkennen ist James Abbott McNeill Whistlers berühmtes *Porträt der Mutter*[23], das hier allerdings als Chiffre für eine Debatte des 19. Jahrhunderts über handwerkliche Sorgfalt und schnelles, spontanes Malen, Figuration und Abstraktion, steht. Ihr Anlass war ein aufsehenerregender

21 Vgl. Grosskopf 2016 (wie Anm. 3), S. 347 f.

22 Schwitters, Kurt: Merz, in: Lissitzky, El; Arp, Hans (Hg.), Die Kunstismen, Erlenbach-Zürich, München, Leipzig 1925, S. XI.

23 James Abbott McNeill Whistler: Arrangement in Grey and Black No. 1 (The Artist's Mother), 1871, Öl auf Leinwand, 144,3 × 162,4 cm, Musée d'Orsay, Paris.

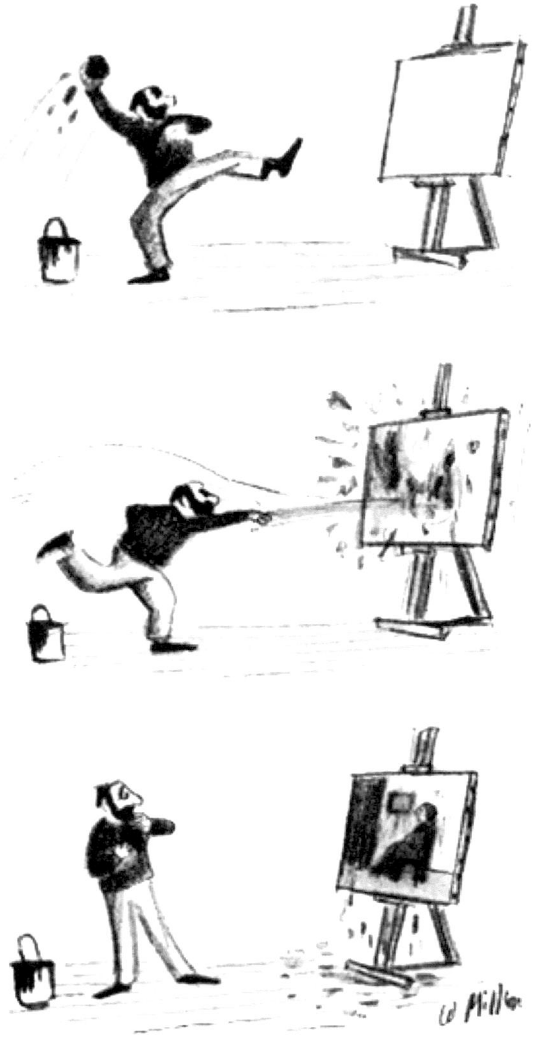

6| Warren Miller, Ohne Titel, in: The New Yorker, 16.09.1961.

Gerichtsprozess, den Whistler 1890 unter dem Titel *The gentle art of making enemies* publizierte.[24]

24 Whistler, James Abbott McNeil: The gentle art of making enemies: as pleasingly exemplified in many instances, wherein the serious ones of this earth, carefully exasperated, have been prettily spurred on to unseemliness and indiscretion, while overcome by an undue sense of right, London [2]1892.

## Schnellmalerei

1877 stellte der Künstler in der Londoner Grosvenor Gallery sein Gemälde *Nocturne in Black and Gold: The Falling Rocket* aus, das ein Feuerwerk in den Cremorne Gardens zeigt.[25] Der Japonist Whistler wandte bei diesem Werk eine Technik an, die von der japanischen Malerei inspiriert war: Formen wurden eher skizziert als mit einem festen Kontur umrahmt, der Hintergrund nicht präzise ausgearbeitet, sondern durch wenige Pinselstriche skizzenhaft angedeutet. Auch bediente er sich, etwa bei den gelben Lichtfunken des explodierenden Feuerwerks, einer Spritztechnik, die an gewisse Effekte der japanischen Kalligrafie erinnert. Entsprechend dem seinerzeit aktuellen, doch auch die Künstlerschaft polarisierenden Credo *Art for art's sake* tritt der Bildgegenstand zugunsten der reinen Farbwirkung zurück. John Ruskin, in seiner Eigenschaft als führender Kritiker des Viktorianischen Englands, verriss das Gemälde in seiner *Fors Clavigera* und bezeichnete den Maler als Betrüger. Er schrieb:

> For Mr. Whistler's own sake, no less than for the protection of the purchaser, Sir Coutts Lindsay ought not to have admitted works into the gallery in which the ill-educated conceit of the artist so nearly approached the aspect of wilful imposture. I have seen, and heard, much of Cockney impudence before now; but never expected to hear a coxcomb ask two hundred guineas for flinging a pot of paint in the public's face.[26]

Lange bevor Künstler*innen das Werfen von Farbe tatsächlich praktizierten, wurde der Farbwurf in beleidigender Absicht einem Künstler unterstellt, der zentrale Forderungen der Moderne des 20. Jahrhunderts – Spontaneität des Farbauftrags, Autonomie der Farbe, Freiheit der Form – bereits im 19. Jahrhundert umsetzte. Allerdings warf Ruskin Whistler nicht mangelndes Können vor, sondern bettete sein Urteil in eine allgemeine Kapitalismuskritik ein. Für den Sozialphilosophen

25 James Abbott McNeill Whistler: Nocturne in Black and Gold: The Falling Rocket, 1874/77, Öl auf Holz, 60,3 × 46,6 cm, Detroit Institute of Arts.

26 Ruskin, John: Fors Clavigera. Letter LXXIX (18.6.1877), in: Ders.: Fors Clavigera. Letters to the workmen and labourers of Great Britain, Bd. 7, London 1877, S. 181–204, hier S. 201.

Ruskin war Whistlers „schnelle“ Malerei ein Paradebeispiel für Kunstproduktion unter den Bedingungen des Kapitalismus, weil hier mit einem Minimum an Einsatz ein Maximum an Gewinn erzielt würde.[27]

Eine zentrale Frage in dem nachfolgenden, von Whistler angestrengten Verleumdungsprozess war demnach, wie lange der Künstler für die Fertigstellung seines Gemäldes gebraucht hatte (zwei Tage) und ob der Preis von 200 Guineen angesichts dieser kurzen Zeitspanne angemessen sei – ob also ein Missverhältnis zwischen dem handwerklichen Aufwand und dem geforderten Preis vorliege. „The labour of two days is that for which you ask two hundred guineas?“ – „No, I ask it for the knowledge I have gained in the work of a lifetime.“[28]

Für die Malerei des Abstrakten Expressionismus wurde Whistler zu einem wichtigen Gewährsmann, auch für Theodoros Stamos, den nach eigener Aussage besonders die *Nocturnes* des Viktorianischen Malers inspirierten.[29] Hier der „pot of paint in the public's face“, dort der „Bauchklatscher auf Öllake“: In der Satire offenbart sich die Ambivalenz in der Bewertung spontaner Malakte.

## Sensomotorische Malerei

Für Lothar-Günther Buchheim war die *taschen documenta* nicht die erste satirische Auseinandersetzung mit abstrakter Kunst. Bereits 1958 erschien eine Publikation mit dem Titel *Wie malt man abstrakt?*, die als satirischer Lehrgang knapp 30 unterschiedliche Methoden zur Herstellung abstrakter Gemälde beschreibt und illustriert.[30] Jede der vorgestellten „Techniken“ thematisiert auf die eine oder andere Weise spontanes Malen, indem sie die authentische künstlerische Artikulation oder Geste durch ein mehr oder weniger bizarres, jedoch meist unter vollem Körpereinsatz ausgeführtes Verfahren ersetzt. Besonders interessant erscheint dabei der *Boogiewoogismus*, öffnet er das spontane Malen doch

27 Vgl. Craven, David: Ruskin vs. Whistler: The Case against Capitalist Art, in: Art Journal, Bd. 37 (1977–1978), S. 139–143.

28 Whistler 1892 (wie Anm. 24), S. 15.

29 Vgl. Cavalliere, Barbara: Theodoros Stamos: Works from 1945–1984, Zürich 1984, S. 26.

30 Buchheim, Lothar-Günther: Wie malt man abstrakt? Eine leichtfassliche Anleitung. Methode Sailer/Mose, Feldafing 1958.

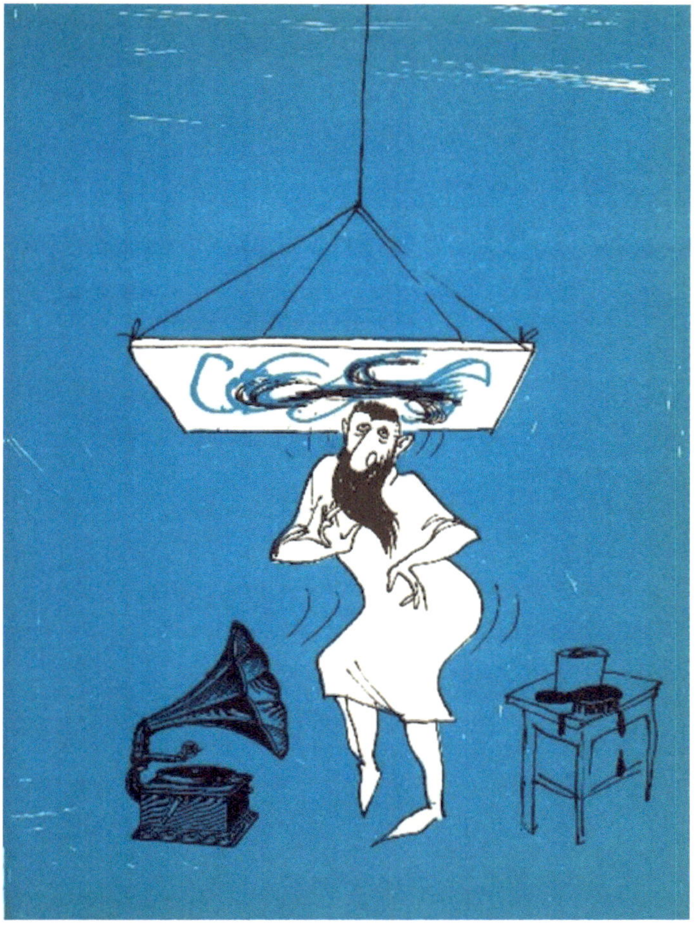

7| Moïse Depont: Boogiewoogismus, in: Buchheim, Lothar-Günther: Wie malt man abstrakt? Eine leichtfassliche Anleitung. Methode Sailer/Mose, Feldafing 1958.

zu einer Disziplin, für die Spontaneität in den 1950er Jahren ebenfalls eine wichtige Rolle spielte: zur Jazzmusik (Abb. 7). Im *Boogiewoogismus* wird die Farbe tanzend aufgetragen, wobei der Künstler sein eigenes Haar als Pinsel benutzt, während „[d]ie Arbeitsintensität [...] durch Jazzmusik und Anwendung von Juckpulver zweckmäßig gesteigert" wird.[31] Im Tanz entfaltet sich ein bestimmtes sensomotorisches

31 Ebd., o. S.

Potenzial, das hier als Bewegungsspur auf die Leinwand gebracht wird. Das ist gar nicht weit hergeholt: Auch Pollocks rhythmischer Malprozess weckte bei vielen Zuschauer*innen von Namuths Pollockfilm Assoziationen an einen Tanz[32] und er selbst suchte den Vergleich in der Betitelung seiner Bilder.[33] Auch Daniel Belgrad beschreibt Spontaneität als interdisziplinäres Phänomen, das sich in der US-amerikanischen Kunst der Nachkriegszeit auf unterschiedliche Weisen artikuliere: in der Malerei des Abstrakten Expressionismus ebenso wie im Bebop Jazz, im Modern Dance und in der Literatur der Beat-Generation. Alle diese Kunstäußerungen seien Ausdrucksformen einer spezifischen Mentalität und Teil einer Gegenkultur zum wirtschaftsliberalen Kapitalismus mit seinen Spontaneität verhindernden Disziplinierungsmodi aus gesellschaftlich reglementierter Arbeit, Freizeit und Konsum, repräsentiert durch den *American Way of Life*.[34]

In Buchheims Kunstsatiren wird der Abstrakte Expressionismus dagegen eher als Teil dieses Lebensstils betrachtet und mit kapitalistischer Kultur identifiziert. Die Arbeiten betonen durchweg die merkantile Verwertbarkeit der Bilder, etwa die astronomischen Preise, die dafür angeblich auf dem Kunstmarkt erzielt würden oder der märchenhafte Reichtum der Künstler. Die *taschen documenta* empfiehlt ihren Lesern daher den Erwerb einer Malmaschine, mit deren Hilfe abstrakt-expressionistische Bilder in Serie hergestellt werden könnten. Während also der Katalogteil mit satirischen Werkangaben wie „Sputum auf Gelatine" oder „Gepresster chewing gum auf Bauhaustapete" eine Vielzahl außerordentlich somatischer Malprozesse beschreibt,[35] werden künstlerische Unmittelbarkeit und Authentizität zuletzt entkörperlicht und an eine bizarre Kunstfabrik delegiert.[36] Dieses Paradoxon einer spontan-expressiven Maschine hatte die Karikatur indes schon im Zusammenhang mit dem Expressionismus als Pointe formuliert. So zeigt eine

32 Der Tanzwissenschaftler Roger Copeland bezeichnete Hans Namuths Pollock-Film als *one of the world's most significant dance films*. Copeland, Roger: Beyond expressionism: Merce Cunningham's critique of ‚the natural', in: Adshead-Lansdale, Janet; Layson, June: Dance History. An Introduction, London 2006, S. 182–196, hier S. 186.

33 Vgl. z. B. Jackson Pollock: *Rhythmical Dance*, 1948, Öl und Lack auf ausgeschnittenem Papier, 81,2 × 60,9 cm, Privatbesitz.

34 Vgl. Belgrad, Daniel: The Culture of Spontaneity: Improvisation and the Arts of Postwar America, Chicago 1998.

35 Vgl. Buchheim 1959 (wie Anm. 6), S. 11.

36 Ebd., S. 44 f.

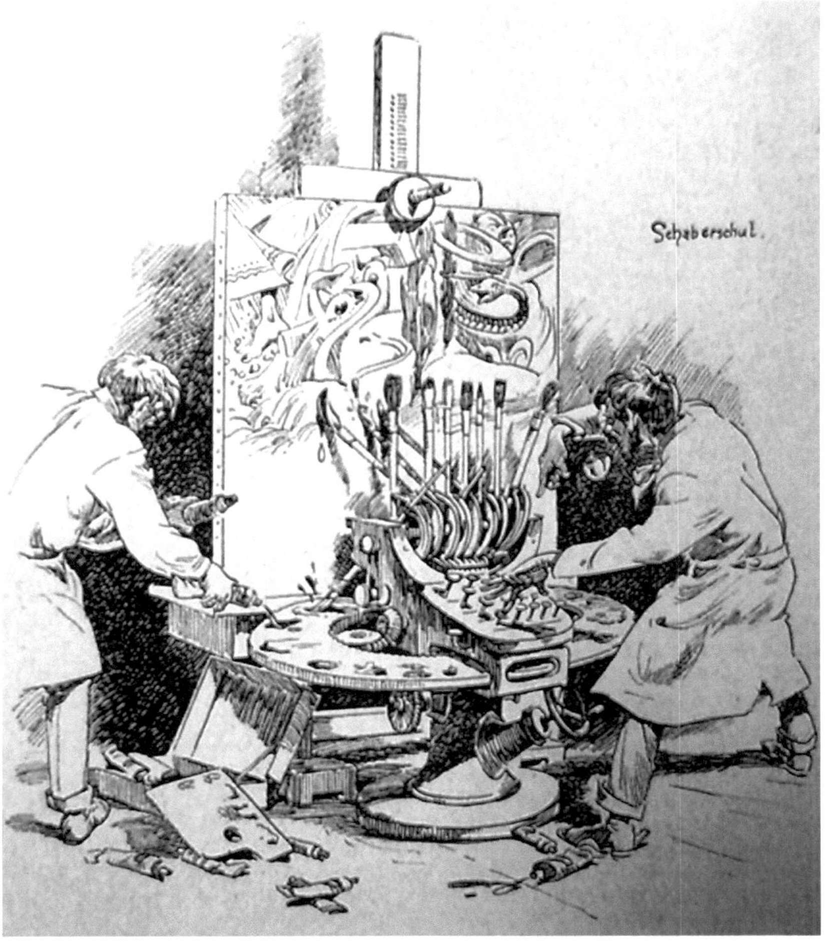


8| Max Schaberschul, Expressionistische Kunst: Die Malmaschine mit rotierender Palette, in: Illustrirte Zeitung, Bd. 151 (1918), Nr. 3928, S. 399.

1918 erschienene Karikatur des Dresdener Zeichners Max Schaberschul den Maler als äußerst dynamisch agierenden Maschinenmeister, der beim Bedienen der schreibmaschinenartigen Apparatur an einen Klaviervirtuosen erinnert (Abb. 8). Fast scheint es so, als würde die Maschine zur Extension des Körpers, dessen heftige Bewegung sie getreulich auf die Leinwand überträgt. Doch der eigentlich spontane Gestus muss in der Sequenzierung durch die Schreibmaschinentastatur verlorengehen.

Spontanes Malen wird in Karikatur und Satire auf unterschiedliche Weise vermittelt und es betrifft im 19. und 20. Jahrhundert verschiedene Kunstströmungen, vom Impressionismus und Neo-Impressionismus über den Expressionismus bis hin zum Abstrakten Expressionismus der 1950er Jahre. Da hier bestimmte vormals humoristische Topoi zum tatsächlichen maltechnischen Standard geworden sind – wie der Farbwurf, ein Motiv mit, wie gezeigt wurde, einer *longue durée* in der Karikatur – weicht die Satire auf andere Pointen aus. Denn wo der spontane Malakt in so hohem Maße öffentlich ausgestellt wird wie im Abstrakten Expressionismus, erscheint der Beitrag der Karikatur obsolet. Witze über spontanes Malen sind nur so lange wirklich komisch, wie das spontane Malen eine Regelverletzung darstellt. Danach rührt die Satire nur mehr an ältere Topoi oder weicht in ein rahmendes Szenario aus – wie das der Anleitung zur Herstellung abstrakter Kunst im *Do It Yourself-Verfahren* – von dem aus sich immerhin der Hype um künstlerische Authentizität trefflich veralbern lässt. Die Karikatur legt offen, wie sich die Schwerpunkte des Kunstdiskurses verlagern und die Spontaneität des Malaktes von einer zunehmend kommerzialisierten Kunstpraxis absorbiert wird. Indem sie das Authentische negiert und den Authentizität verbürgenden Körper des Künstlers zum Verschwinden bringt, rührt sie an ein neues Tabu: Die Übernahme der Kunst durch „kreative Maschinen", wie sie gerade in letzter Zeit durch das Aufkommen der NFT-Kunst und von Algorithmen erzeugten Bildern wieder in aller Munde ist. Die Karikatur dekonstruiert Merkmale des spontanen Malens wie Zufälligkeit, Impulsivität und Ungeplantheit, indem sie diese der Lächerlichkeit preisgibt. Andererseits produziert sie fortlaufend Bilder impulsiver Malakte, in denen Spontaneität immer wieder aufs Neue konstruiert wird. Diese doppelte Strategie ist das besondere Vermögen der Karikatur: Das Lachen über Kunst dient nicht nur der Herabsetzung von Künstler*innen, sondern kann auch zur Akzeptanz neuer künstlerischer Techniken und zur Etablierung neuer Kreativitätsmodelle, in diesem Fall der Spontaneität, beitragen.

Monika Wagner

# MANIFESTATIONEN DES SPONTANEN NACH 1945

## Somatische Malerei als Freiheitsbehauptung

Über die zweite Ausstellung der Pariser Künstlervereinigung, den *Salon des réalités nouvelles*, im September 1947, auf der Arbeiten von Wols, Hans Hartung, Georges Mathieu und vielen anderen zu sehen waren, äußerte der französische Kunstkritiker Jean-José Marchand „Il n'y a d'art véritable que dans la spontanéité".[1] In Deutschland kommentierte der Maler und Kunstkritiker Klaus Jürgen-Fischer 1955 in der Zeitschrift *Das Kunstwerk*, die Tendenz der neuen, informellen Malerei etwas distanzierter:

> In einem spontanen bildnerischen Akt sucht man jene Spaltung von Subjekt und Objekt zu überspringen, die die Grundlage einer um Form und Objektivierung ringenden Kunst ist [...] So stellt sich der Tachismus der abendländischen Tradition entgegen. Das Prinzip der formbetonten Malerei meidet er und versucht gleichsam Prozesse sichtbar zu machen". Auf diese Weise stellten die tachistischen Künstler „eine Beziehung zu Anschauungen und Praktiken des Fernen Ostens" her.[2]

Der Verzicht auf die Repräsentation der äußeren Welt zugunsten der Spur des Malaktes schien sich der ostasiatischen Kalligrafie anzunähern. Im Gegensatz zur geometrischen Abstraktion der Vorkriegszeit mit ihren ausgetüfelten Kompositionen wurde das tachistische Bild mit der Vorstellung von der Geschwindigkeit unmittelbaren Bildherstellung verbunden und als Ausdruck höchster Freiheit gefeiert.

1 Marchand, Jean-José (1947), zitiert nach Claustres, Annie: L'abstraction lyrique ou le mythe de la spontanéité, in: Pratiques 16 (2005), S. 8–25, hier S. 15.

2 Jürgen-Fischer, Klaus: Was ist Tachismus?, in: Das Kunstwerk 5/9 (1955/56), S. 18.

Spontaneität diente nach 1945 ‚im Westen' zur Charakterisierung einer freien, scheinbar von allen äußeren Einflussnahmen unabhängigen Malerei. Hans Hartung, Georges Mathieu und Karl Otto Götz galten als Exponenten künstlerischer Spontaneität, obwohl sie grundlegend verschiedene Arbeitsweisen praktizierten. Daher ist zum einen zu fragen, was als Indikator des Spontanen verstanden wurde. Zum anderen soll geklärt werden, was die Verquickung von Spontaneität und Freiheit in der Nachkriegszeit so dringlich werden ließ.[3]

## Spontane Malerei als Psychogramm

Werner Haftmann, der im deutschen Sprachraum seinerzeit prominenteste Kunsthistoriker der Moderne, behauptete in seinem einflussreichen Buch *Die Malerei des 20. Jahrhunderts* von 1954, die Werke des in Paris lebenden deutschen Malers Hans Hartung seien Ausdruck einer „spontanen Niederschrift der psychischen Regungen". Der Künstler verstehe „das gesamte Gebiet der bildnerischen Mittel als ein Arsenal psychographischer Schriftzeichen"[4]. Derartige Charakterisierungen der informellen, bzw. tachistischen Malerei, die sich u. a. auf die Gestaltpsychologie bezogen, waren während der 1950er Jahre typisch: Wenn der Begriff der Spontaneität auftauchte, war der des Psychogramms nicht weit. Carl Einstein hatte bereits in seiner Masson-Studie 1929 von der surrealistischen Strategie gesprochen „sich dem Strom der Kräfte hinzugeben: auf diese Weise gelangt man zu einem Psychogramm (écriture spontanée)".[5] Doch könne der Künstler, so Einstein, seinen spontanen Äußerungen „im Gemälde... ironisch den Kontrast der kontrollierten Gestaltung entgegenstellen".[6]

3 Siehe auch: In die Freiheit geworfen: Positionen zur deutsch-französischen Kunstgeschichte nach 1945, hg. von Isabelle Ewig, Martin Schieder, Berlin 2006.

4 Haftmann, Werner: Malerei im 20. Jahrhundert, München 1954, S. 461.

5 Einstein, Carl: André Masson, eine ethnologische Untersuchung, in: ders.: Werke 1929–1940, Bd. 3, hg. von Hermann Haarmann u. a., Berlin 1996, S. 539–543, hier S. 542. Siehe auch: Fleckner, Uwe: „Müde der biologischen Identität". Carl Einstein, André Masson, Pablo Picasso und die Revolte gegen den Tod, in: Magische Bilder, hg. von ders., Iris Wenderholm, Berlin, Boston 2017, S. 305–325.

6 Berning, Matthias: „Automatisches Schreiben" in Malerei und Lyrik: Carl Einstein als Theoretiker und Praktiker (?) des Surrealismus in Deutschland und Frankreich,

Von derartigen Relativierungen waren die Psychoadvokaten des Informel weit entfernt. Ihnen zufolge war das tachistische Bild allein Ausdruck der subjektiven Verfasstheit des Künstlers, die sich in der Malaktion als Spur bewahre, wie Haftmann betonte:

> Die gegenwärtige abstrakte Malerei hat diesen Ausdruck des Persönlichen und Spontanen im Menschen in einem eigenen Verfahren möglich gemacht. Momente der menschlichen Existenz können die Schrift der farbigen Formen spontan in Bewegung bringen und dadurch eine bildnerische Gestalt aufrufen, die Abdruck des Momentanen ... ist.[7]

Der Maler verschmilzt demnach im Prozess der Bildherstellung mit seinem Werk, so dass dessen jeweilige Befindlichkeit in seinen Hervorbringungen ablesbar bleibt. 1959 schrieb Haftmann im Vorwort zum Katalog der *documenta II* über die Gemälde von Jackson Pollock, Wols u. a., sie seien „die Schrifttafel, auf der der Künstler in spontaner Gestik die durch ihn hindurchgehenden Erregungen und Leidenschaften ... einzeichnet".[8] Die Bildherstellung erscheint dem Autor als „seismographisches Verfahren, das jeden Impuls von innen als Spur aufzeichnet"[9]. „Auskunft über einen Zustand" des Malers gebe insbesondere „das Formlose ... als das Indiz der reinen Spontaneität".[10] Jürgen-Fischer hielt es allerdings für „bezeichnend, dass Werner Haftmann ... nicht bildnerische, sondern psychologische Kategorien verwendet", was den Verlust „der bildnerischen Genauigkeit zugunsten der Psychologie des Ausdrucks" forciere.[11] Mit seinen psycho-mechanischen Betrachtungen entziehe Haftmanns die tachistische Malerei allen ästhetischen Maßstäben.

in: Karina Schuller, Isabel Fischer: Surrealismus in Deutschland, Münster 2016, S. 35–48, hier S. 41, http://www.ulb.uni-muenster.de http://www.ulb.uni-muenster.de

7 Haftmann (wie Anm. 3), S. 460.

8 Haftmann, Werner: Malerei nach 1945, in: Ausst.-Kat.: documenta II, Köln 1959, S. 13.

9 Haftmann (wie Anm. 3), S. 462.

10 Haftmann (wie Anm. 3), S. 463–64.

11 Jürgen-Fischer (wie Anm. 2), S. 21.

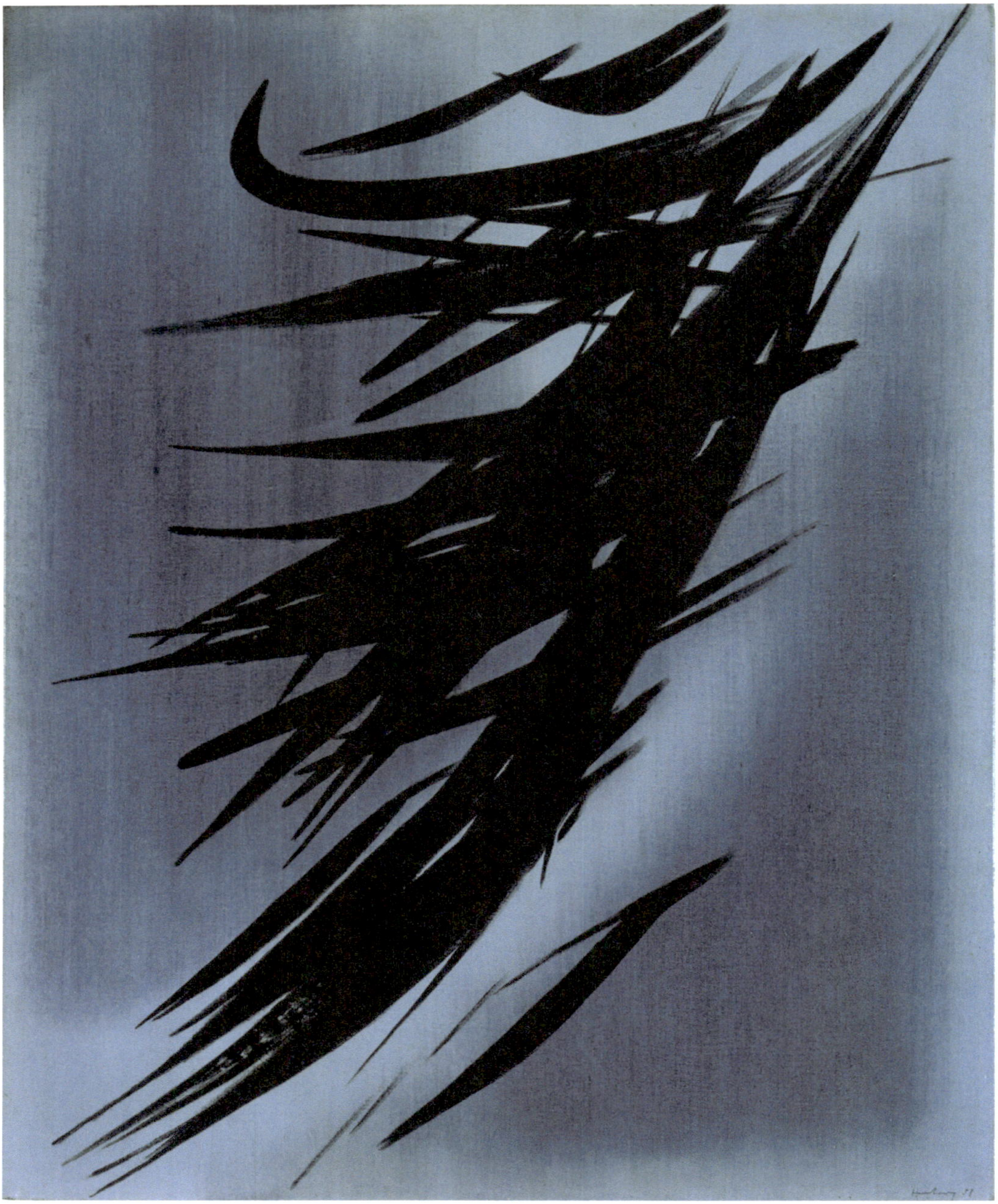

1| Hans Hartung, T 1958-3, Öl auf Leinwand, 92 × 93cm, Fondation Hartung-Bergman, Antibes.

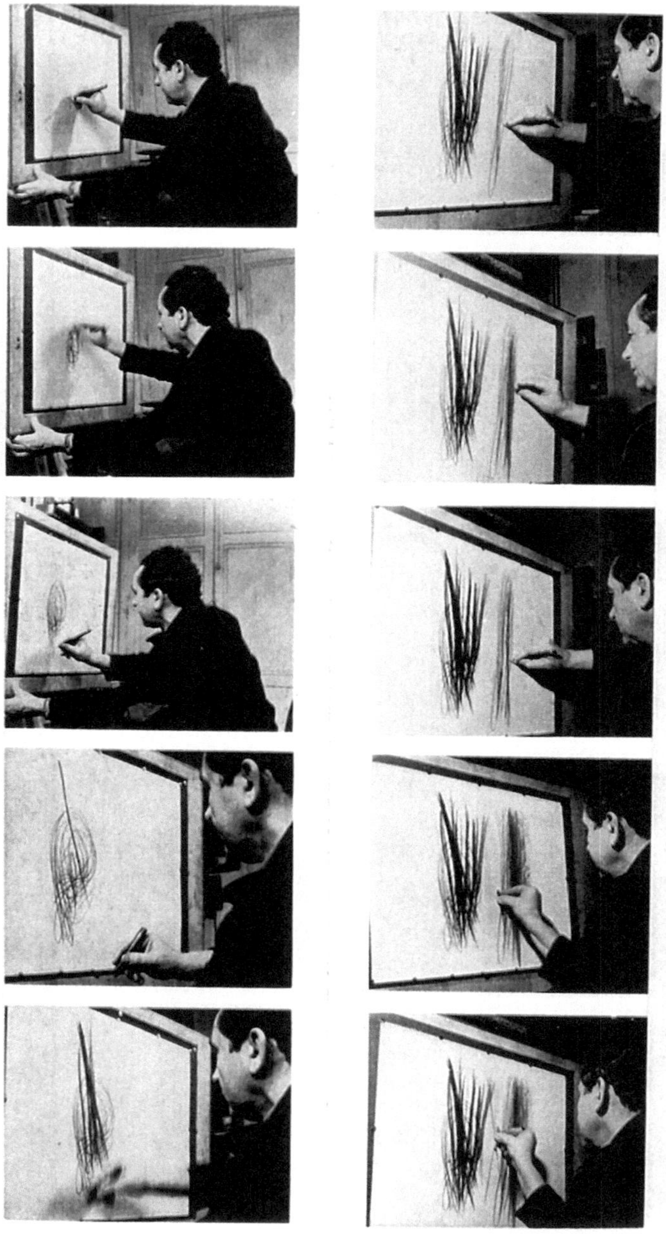

2| Louis Goldaine, Hans Hartung bei der Arbeit an einem Pastell,10 Phasen einer Fotoserie, in: Das Kunstwerk 12, 1959.

## Hartungs Spontaneitätsdarstellungen[12]

Auch der Rückschluss vom optischen Eindruck eines Gemäldes auf die Art seiner Herstellung konnte täuschen und führte im Fall von Hartung zu groben Fehleinschätzungen. Der 1904 geborene Maler, der seit 1935 in Paris lebte, hatte vor dem Zweiten Weltkrieg abstrakte Werke aus Linien und Flecken komponiert. Ihnen gingen schon in den 1930er Jahren detaillierte Kompositionsentwürfe in kleinen Formaten voraus. Diese planvolle Arbeitsweise, die Haftmanns Vorstellung von der „spontanen Niederschrift der psychischen Regungen" widersprach, nahm er nach dem Krieg wieder auf. Hartung ließ seine kleinformatigen Entwürfe mit Raster und Zirkel minutiös auf die Leinwand übertragen. Die bis um 1960 beibehaltene Arbeitsweise kollidierte mit der Vorstellung von der Leinwand als seismografischem Auffangorgan unmittelbarer, psychisch motivierter Gesten.

Doch spontanes Malen im großen Format war für Hartung nach 1945 schon aufgrund seiner schweren Kriegsverletzung wohl zunächst kaum möglich. Denn der Künstler, der in der Fremdenlegion auf französischer Seite gegen das NS-Regime kämpfte, wurde im Krieg so schwer verwundet, dass sein rechtes Bein amputiert werden musste. Die Bewegungseinschränkung ließ ihn statt spontaner großformatiger Gemälde weiterhin kleinformatige Tuschezeichnungen auf Papier entwerfen (Abb. 1). Deren Konturen übertrug ein Assistent auf farbig lasierte Leinwände und füllte die Binnenformen homogen aus. Die französische Kunsthistorikerin Annie Claustres konnte diese Übersetzungen der Entwürfe auf die Leinwand 2005 an einigen Arbeiten der 1950er Jahren überzeugend rekonstruieren.[13]

Die ausgefransten Formen in Hartungs Gemälden der 1950er Jahre, so etwa in demjenigen, das durch eine französische Briefmarke von 1958 berühmt wurde (Abb. 2), suggerieren Pinselzüge, wie sie in den chinesischen *one-stroke* Kalligrafien oder den Bambusmalereien aus Tusche entstehen, die in China seit einem

12 Der folgende Abschnitt orientiert sich an: Wagner, Monika: Malakt und Materialverhalten. Paris nach der Libération, in: Les Arts à Paris après la Libération: Temps et Temporalités, hg. von Thomas Kirchner u. a., Paris 2018, S. 129–146, https://doi.org/10.11588/arthistoricum.324.c4239

13 Claustres (wie Anm.1); Claustres, Annie: Die verborgene Werkstattpraxis Hans Hartungs, in: Spontanes Kalkül, Ausst.-Kat.: Museum der Bildenden Künste Leipzig 2007, S. 220–231.

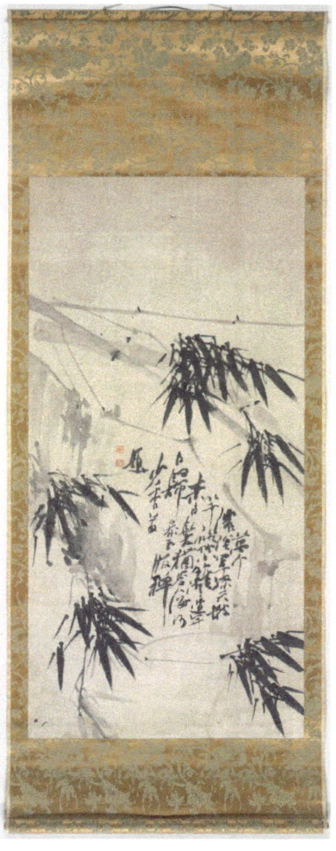

3| Chen Jiecan, Bambus, um 1800–1825, Hängerolle, Tusche auf Papier, 123 × 58cm, Rijksmuseum Amsterdam.

Jahrtausend praktiziert werden (Abb. 3). Assoziation an die Bambusmalerei speisen sich aus den vergleichbaren, wie vom Wind durchwehten blattähnlichen Formen. Marguerite Müller-Yao hat jedoch auf einen wichtigen Unterschied zwischen der kalligrafischen Tuschemalerei einerseits, der tachistischen Malerei andererseits, aufmerksam gemacht. Demnach lässt sich von dem für die Kalligraphie charakteristischen „spezifischen raumplastischen Duktus", dem „An- und Abschwellen der Pinsellinien" in der tachistischen Malerei nichts wiederfinden.[14] Denn allein das virtuose Aufsetzen der Pinselspitze und die Drehung des Pinsels erzeugen die Leichtigkeit der Pinselspuren mit ihrer unterschiedlichen Pigmentdichte. Demgegenüber zeigen Hartungs scheinbar flüchtig hingeworfene Formen mit ihren ausgefransten Enden vollkommen homogen ausgefüllte Flächen. Das macht stutzig und bei eingehender Betrachtung lassen Hartungs Oberflächen erkennen, dass sie sich keiner unmittelbaren ‚Niederschrift' verdanken.[15] Vielmehr handelt es sich um die *Darstellung* flüchtiger Formen, die spontane Pinselzüge suggerieren.

So lange die gestische Malerei als Psychogramm des Künstlers verstanden wurde,[16] wäre die Offenlegung von Hartungs tatsächlicher Entwurfs- und Transferpraxis wohl als Täuschung verstanden worden und hätte dem Ruf des Malers

14 Müller-Yao, Marguerite: Der Einfluss der Kunst der chinesischen Kalligraphie auf die westliche informelle Malerei, Bonn 1985, S. 104.

15 Hans Haacke erklärte, er habe „sich ein wenig wie betrogen (gefühlt), als ich erkannte, dass die ‚Schlenker', die so schnell dahingefetzt erschienen, tatsächlich eher sorgfältig gemalt waren". Ingo Arend: Ausstellungsbesprechung in: Kunstforum Bd. 190, 2008, S. 292.

16 Zu Hartungs „psychischer Improvisation" und Spontaneität s. Haftmann, Werner: Gruß an Hans Hartung. Über Formwandlung in seinem Werk, in: Ausst.-Kat.: Hans Hartung, Retrospektive 1921–1973, Nationalgalerie Berlin, 1975, o. S.

geschadet. Doch bereits 1958 schrieb Leopold Zahn, Hartungs Bilder, seien – „obwohl sie wie Improvisationen wirken ... das Ergebnis langer ‚Versuchsreihen'".[17] 1962 legte Hartung in einem Gespräch mit dem Maler und Autor Jürgen Claus offen, dass er bis vor zwei Jahren ausnahmslos Studien, meist Zeichnungen, für seine Gemälde angefertigt habe. Bezeichnenderweise äußerte er über seine neue Arbeitsweise, in der er auf Studien verzichtete: „Das Bild ist dadurch, glaube ich, wahrer geworden".[18] Der inzwischen als Spontanmaler berühmte Hartung bestätigte also die Überzeugungskraft unmittelbarer Pinselschrift, die er jedoch in der Zeit, als dieser Ruf entstand, keineswegs praktiziert hatte.

## Ohne Skizze

Die Vorstellung vom spontanen tachistischen Bild als unmittelbarer Entäußerung künstlerischer Kreativität auf dem Bildträger wurde durch die sieben heute legendären Fotos von Hans Namuth (Abb. 4), die Jackson Pollock bei der Arbeit in seinem Atelier zeigen, befeuert. Sie begleiten Robert Goodenoughs Artikel *Pollock Paints a Picture* von 1951, in dem der Autor die Arbeitsweise des Künstlers allerdings gerade nicht als Spontanakt charakterisiert: „A Pollock painting is not born easily, but comes into being after weeks, often months of work and thought. At times he paints with feverish activity, or again with slow deliberation".[19] Das tat den Spontaneitätszuschreibungen jedoch keinen Abbruch, denn die Fotos schienen die Annahme von der rauschhaft aktionistischen Bildgenese zu belegen. In einem Punkt aber bestärkten die Bilder den Text, in dem es klipp und klar heißt: „No sketches are used". Auch Harold Rosenberg ging 1952 in seinem legendären Artikel *The American Action Painters* auf das bei zeitgenössischen US-amerikanischen Künstlern verbreitete Arbeiten ohne Skizzen ein: „The painter

17 Zahn, Leopold: Eine Geschichte der modernen Kunst, Berlin 1958, S. 122.

18 Claus, Jürgen: Gespräch mit Hans Hartung (1962), in: Ders.: Theorien der zeitgenössischen Malerei in Selbstzeugnissen..., Reinbek bei Hamburg 1983, S. 84–86, hier S. 84.

19 Goodenough, Robert: Pollock Paints a Picture, Art News 50, No.3, 1951, wieder abgedruckt (ohne Fotos), in: Pepe Karmel: Jackson Pollock. Interviews, Articles, and Reviews, The Museum of Modern Art (1998), S. 75.

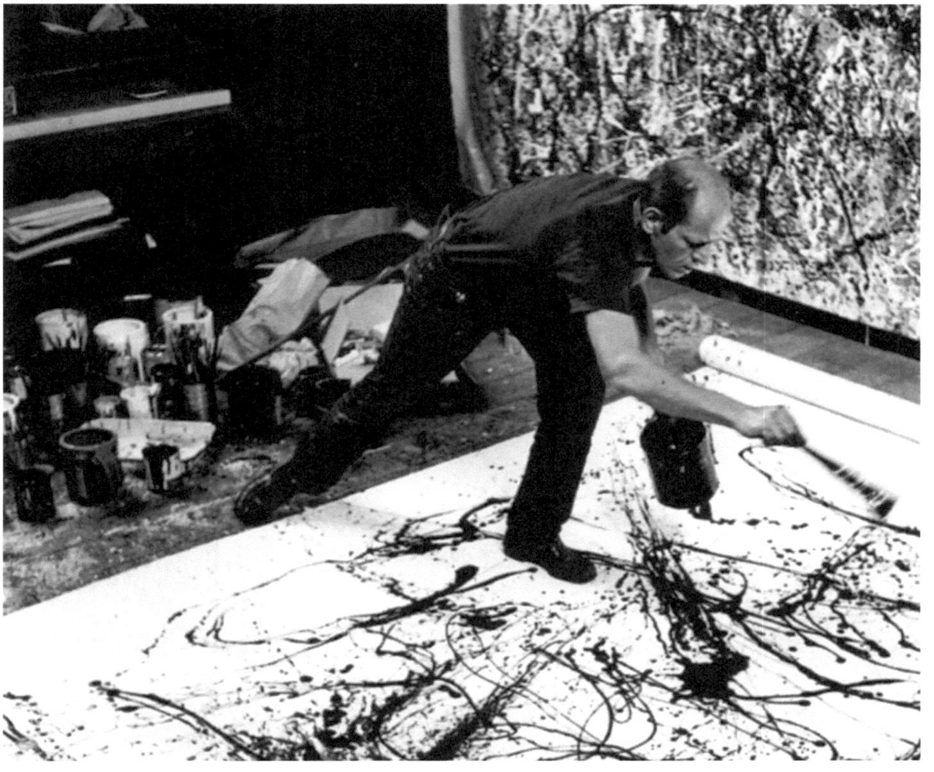

4| Hans Namuth, Jackson Pollock bei der Arbeit, Fotografie, 1950.

no longer approached the easel with an image in his mind; he went up to it with material in his hand to do something to that other piece of material in front of him". Die Malpraxis charakterisierte Rosenberg also als rein materialistischen Akt, dessen Aktualität er mit einer Anekdote untermalte: „‚B. is not modern', one of the leaders of this mode said to me the other day. ‚He works from sketches. That makes him Renaissance'".[20]

Skizzen waren tradierterweise der Modus, in dem erste Ideen und spontane Einfälle[21] auf Papier notiert wurden (vgl. den Beitrag von Yannis Hadjinicolaou). Deren hohe kennerschaftliche Wertschätzung basiert auf der angenommenen Nähe

20 Rosenberg, Harold: The American Action Painters, Art News 1, 1952, S. 22.

21 „Die spontane Aufnahme mit der erregenden Frische des ersten Eindrucks ist als Besonderheit und Vorzug der Zeichnung eigen" heißt es z. B. bei Friedländer, Max J.: Die Zeichnungen von Matthias Grünewald, Berlin 1927, S. 6.

von ausführender Hand zur ‚Idee'. Dagegen schien das *nach* Skizzen ausgeführte Werk jeglicher Spontaneität beraubt zu sein. Die gestische Malerei suchte indessen die Spontaneität der Skizze in das Gemälde zu retten.

## Mathieus Malperformances

Keine Skizzen – das war auch das Credo von Georges Mathieu, dem *enfant terrible* der tachistischen Kunstszene. Mathieus Malperformances waren – wohl nicht zuletzt angeregt durch die Publikation der Pollock-Fotos – theatralische Spontaneitätsaufführungen. Im Gegensatz zu Pollocks abgeschiedener Arbeit im Atelier auf Long Island, in das die Fotos erstmals Einblicke gewährten, agierte Mathieu gern vor großem Publikum.[22] Im Jahr nach der Publikation von Namuths Fotos, 1952, arbeitete er erstmals in Anwesenheit von Fotografen, ab 1954 auch vor laufender Fernsehkamera. Während seiner Japanreise feierten ihn 1957 Tausende enthusiastischer Zuschauer. Für sie fügte sich das Spektakel offenbar in die ostasiatische Tradition des Malens vor Publikum, wie dies in Japan zwischen dem 16. und 19. Jahrhundert verbreitet war und auf noch wesentlich älteren chinesischen Praktiken fußte (vgl. die Beiträge von Vera Wolff, Naoki Sato und Wei Hu).[23]

Mathieu, der einige Semester Philosophie studierte und sich mit Kalligrafie befasste, verwies u. a. auf Henri Michaux, der ihn auf entsprechende „pratiques artistiques des Orientaux" hingewiesen habe. Er sei es auch gewesen, der „das Konzept der Schnelligkeit in die Ästhetik des Okzidents" eingeführt habe.[24] Allerdings hat das rasche Arbeiten mit Tusche auf Papier andere Gründe als das Arbeiten mit Ölfarbe auf Leinwand. Denn das saugfähige japanische Papier nimmt, wie der Autor selbst anmerkte,[25] die Tusche sofort auf, so dass jedes Zögern während der Ausführung eine veränderte Intensität des Malmittels hinterlässt. Mathieu hingegen nutzte europäischen Traditionen entsprechend Ölfarbe und Leinwand, die er ungrundiert verwendete, so dass dem Bildträger zumindest eine gewisse

22 Wagner, Monika: Der kreative Akt als öffentliches Ereignis, in: Topos Atelier. Werkstatt und Wissensform, hg. von Michael Diers, dies., Berlin 2010, S. 45–58.

23 Ausführlich zu den japanischen Aufführungen: Hofmann, Alexander: Performing Painting in Tokugawa Japan, Berlin 2011.

24 Mathieu, Georges: De la révolte à la renaissance, Paris 1973, S. 102.

25 Mathieu (wie Anm. 24), S. 104.

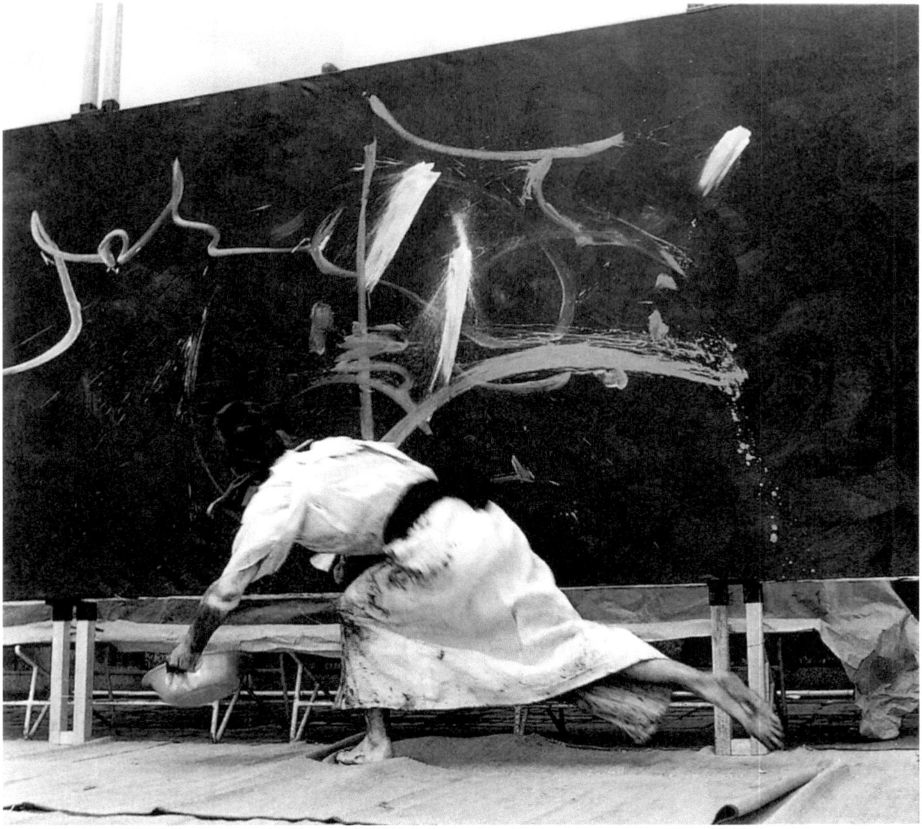

5| Georges Mathieu, Hommage an General Hideyoshi, 1957, Performance Osaka.

Saugfähigkeit eignete. Im Unterschied zu Pollock und den liegenden Bildträgern in Asien spannte er seine bis zu 12 Metern breiten Leinwände meist senkrecht auf und bearbeitete sie wie ein Florettfechter mit langstieligen Pinseln, die er als Hellebarten bezeichnete; dann wieder presste er die Ölfarbe pfundweise direkt aus der Tube auf die Bildfläche, was die Nähe zur Leinwand erfordert. Folglich musste er immer wieder Abstand nehmen, um zu prüfen, wie sich das soeben Gemalte zur Gesamtfläche verhielt; er nahm Anlauf, sprang mitunter empor und nutzte die Reichweite des gesamten Körpers für Hiebe auf die Leinwand, die er wie ein Kämpfer traktierte (Abb. 5). Doch im Unterschied zu Pollocks *all over* blieben die Spuren seines Agierens stets auf das Zentrum der Leinwand konzentriert. Mathieu betitelte seine Aktionen mit den Namen historischer Schlachten der jeweiligen Gegend und kleidete sich in entsprechende landesspezifische Kostüme, so dass der Kampfhabitus durch sein theatralisches Outfit unterstützt wurde (dazu der Beitrag von Vera Wolff).

Korrekturen schloss Mathieu ebenso aus wie Skizzen. Er vertraute stattdessen auf Unmittelbarkeit im „ekstatischen Zustand".[26] Damit sah er sich in der „Tradition östlicher Kalligraphen" und holte sich Unterstützung bei dem zeitgenössischen chinesischen Meister Tchan Kta-Ts'en, der anlässlich der Ausstellung seiner Werke in Paris geäußert habe, „[m]an sollte nie zuvor etwas erproben, bei diesen Skizzen verschwindet die schöpferische Begeisterung. Man muss es im ersten Wurf erreichen".[27]

Während Mathieu Hartung vorwarf, lediglich Handwerk zu betreiben[28] und „in der westlichsten aller akademischen Disziplinen zu arbeiten", trainierte er die Hand, indem er mit Feder und Tusche z. B. das rhythmische Auf und Ab von Linienverläufen durch gestische Bewegungen im Miniaturformat erzeugte. Damit vermied er zwar kompositorische Entwürfe, erzeugte aber lineare Figur-Grund-Konstellationen, die er in Anlehnung an die Kalligrafie „befreite Zeichen" nannte, weil sie im Unterschied zur Schrift von Bezeichnungen frei sind. So entwickelte er ein gewisses Repertoire an Formen, das sich einem habitualisierten, somatischen Wissen verdankt.

Im Unterschied zur durchweg positiven Aufnahme von Mathieus Malperformances in Japan, wohin Jiro Yoshihara, der Gründer der Gutai-Gruppe den Künstler eingeladen hatte, wurde er in den USA von Avantgardekünstlern als unglaubwürdig geschmäht. Als Art News im Februar 1955 in der Serie, in der auch Pollock vorgestellt worden war, Mathieus Aufführungen mit einem Begleittext seines Vertrauten Michel Tapié publizierte, erschien im New Yorker nicht nur eine Karikatur von Anatol Kovarksy auf den als Fechter agierenden Mathieu (Abb. 6),[29] sondern es folgte auch eine äußerst negative Reaktion amerikanischer Abstrakter Expressionisten: Barnett Newman geißelte Mathieus Aktion in einen Leserbrief als „burlesque of immediacy", als „inept and amateurish" und Clyfford Still schrieb:

26 Mathieu (wie Anm. 24), S, 200–201.

27 Mathieu zit. bei Claus, Jürgen: Malerei als Aktion (1963), Frankfurt/M. 1986, S. 68

28 Mathieu spricht von „signes d'artisan", Mathieu (wie Anm. 24), S. 107.

29 Großkopf, Anna: Die Arbeit des Künstlers in der Karikatur. Eine Diskursgeschichte künstlerischer Techniken in der Moderne, Bielefeld 2016, 240–241.

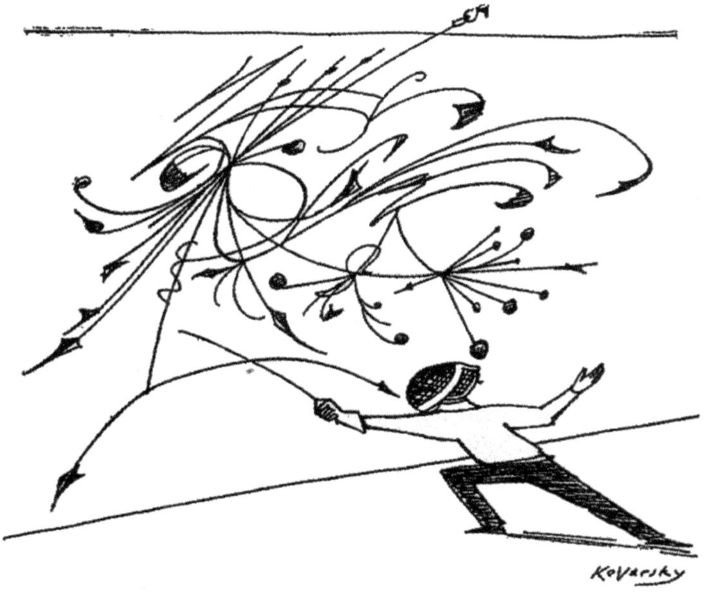


6| Anatol Kovarsky, o. T., Karikatur auf Mathieu als aktionistischen Maler, in: The New Yorker, 05.02.1955.

„I blush with the embarressment all artists must feel when viewing this sordid parody".[30] Schon Rosenberg hatte 1952 ein generelles Unbehagen an den von ihm als *actors* bezeichneten Künstlern geäußert, da kaum zu entscheiden sei, wer eine „authentische Rolle" spiele und wer nur gestikuliere.[31] Auch die deutschsprachige Presse kritisierte Mathieu als „Ein-Mann-Wanderzirkus"[32] und letztlich als Verräter an der Ernsthaftigkeit zeitgenössischer Kunst. Der schöpferische Akt, dem man einerseits nahekommen wollte, sollte andererseits ein Ateliergeheimnis bleiben. In einer Malperformance die Bildschöpfung scheinbar offen zu legen und damit auf den Vorgang des Malaktes zu reduzieren, kam ihrer Banalisierung gleich.

30 Warnock, Molly: Close Up, in: Artforum, summer 2011: https://www.artforum.com/print/201106/close-up-28359

31 Ebd.

32 Pack, Claus: Georges Mathieu und/oder die „Direkte Malerei", in: Österreichische Zeitschrift für Kunst, Handwerk und Wohnkultur 4 (1959), Nr. 9, S. 16–18, hier S. 16.

## K. O. Götz: Spontaneität durch Übung

Einen dritten Weg verfolgte Karl Otto Götz, dessen Arbeiten ebenfalls als Inbegriff des Spontanen galten (Abb. 7). Ähnlich wie Hartung hatte auch Götz bereits vor dem 2. Weltkrieg mit abstrakter Malerei experimentiert. Seit 1952 praktizierte er ein Malverfahren, das er stets betont prosaisch beschrieb: „Erst Kleister aufs Papier, dann mit Gouache schnell hineingearbeitet, dann mit dem Messer oder Rakel die Farbe aufgerissen".[33] Der Kleister verhindert, dass die Gouachefarbe vom Malgrund absorbiert wird, so dass sich die Farbe mit der Rakel wieder abziehen, bzw. umverteilen lässt (Abb. 8). Dieser zweite Malakt war dem Künstler besonders wichtig:

> Ich schreibe die erste Bildfaktur mit flüssiger Farbe und breitem Pinsel dunkel auf hellem Fond: Positiv. (Würde ich es hierbei belassen, wäre ich bestenfalls ein Kalligraph.) Danach schreibe ich mit einem Rakel ins Positive hinein: Negativ. Die negative helle Faktur verbindet sich mit dem Fond und bewegt ihn.[34]

Die sich durchdringenden gigantischen Pinsel- und Rakelspuren auf dem flach auf dem Boden liegenden Bildträger erfordern die Bewegung des gesamten Körpers.

Auch Götz setzte auf die Unmittelbarkeit raschen Arbeitens: „Keinerlei Veränderungen oder Retuschen sind erlaubt. Sie würden die Einmaligkeit und Frische der Bildfaktur stören.... Je geschwinder die Handschrift, je geringer die Schreibkontrolle, umso mehr Anonymes kommt zum Vorschein". Auf dieses Unvorhergesehene solle der Künstler während der Malaktion möglichst ohne abwägende Überlegungen reagieren, um aus der körperlichen Erfahrung heraus zu agieren: „Meine sogenannten ‚Wirbelbilder' z. B. zeichnen sich dadurch aus, dass sie in 3–4 Sekunden gemalt werden müssen, während zur Entwicklung dieses Typs

33 Karl Otto Götz zit. in Ausst.-Kat.: Grauzonen-Farbwelten. Kunst und Zeitbilder 1945–1955, hg. von Bernhard Schulz, NGBK Berlin, Berlin, Wien 1983, S. 215.

34 Götz, Karl Otto: Gemaltes Bild-Kinetisches Bild (1959), in: Le grand geste! Informel und Abstrakter Expressionismus 1946–1964, Düsseldorf Museum Kunst-Palast, Köln 2010, S. 304.

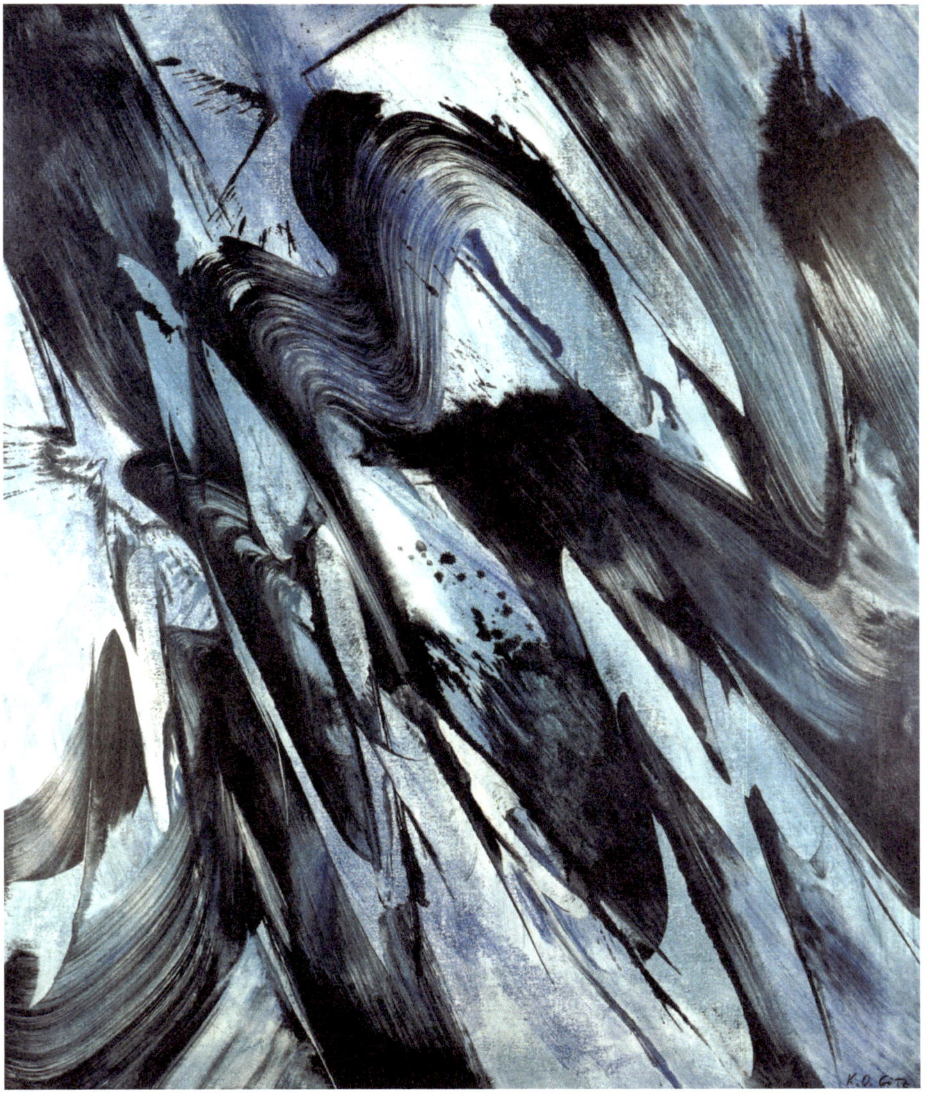

7| Karl Otto Götz, Tulva, 1957, Mischtechnik auf Leinwand, 175 × 145 cm, Westfälisches Landesmuseum für Kunst und Kulturgeschichte, Münster.

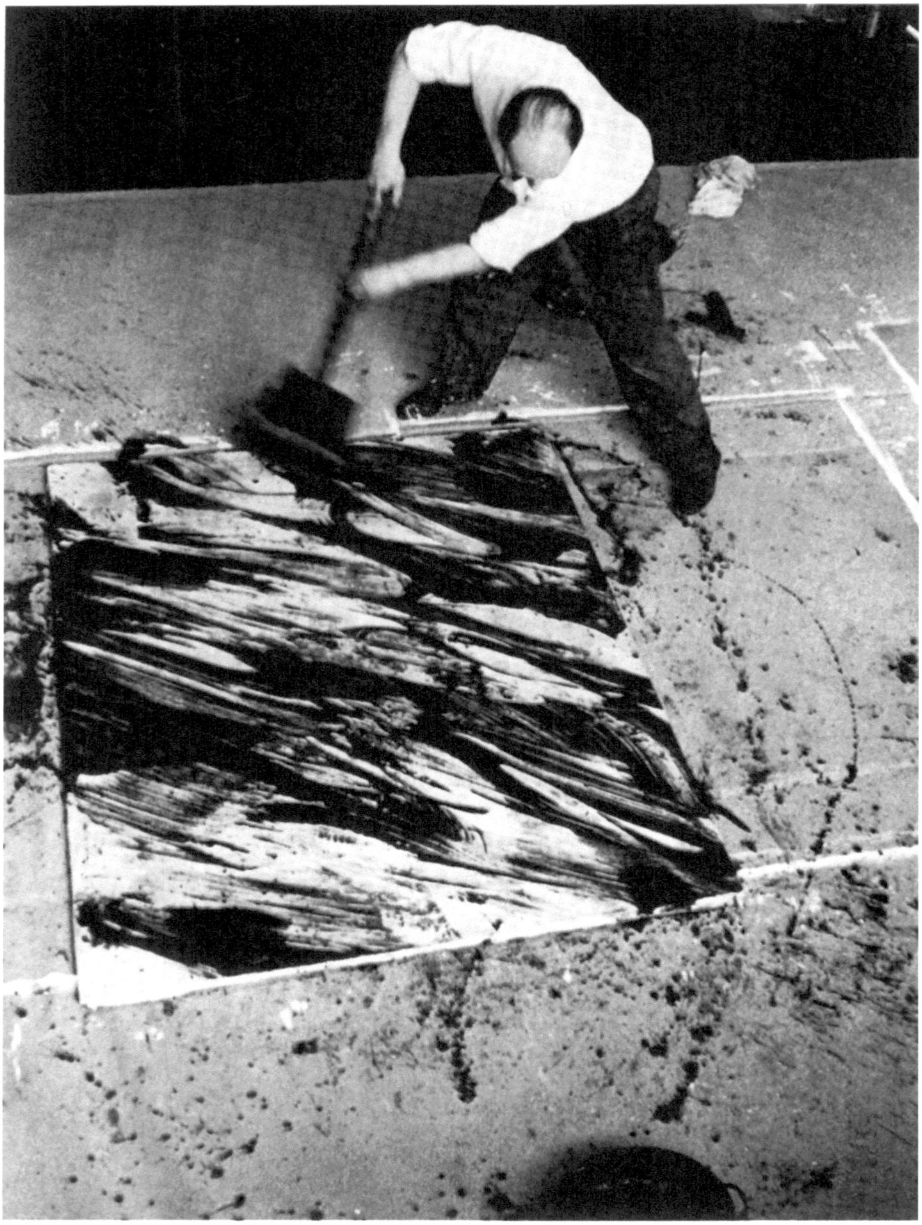

8| Karl Otto Götz bei der Arbeit im Düsseldorfer Atelier, 1959.

3–4 Jahre gebraucht wurden".[35] Das lässt an die topische Anekdote denken, wie sie u. a. von Hokusai überliefert ist. Ihr zufolge malte der Künstler in wenigen Minuten das Bild eines Hahnes vor den Augen seines Auftraggebers, der darauf jahrelang gewartet hatte. Die Zeit habe er gebraucht, so Hokusai, um durch Übung die Leichtigkeit und Geschwindigkeit der Darstellung zu erzielen.[36]

Anders als bei Mathieus öffentlichen Malaktionen, deren Erfolg vorprogrammiert war, führte bei Götz längst nicht jede Aktion zu einem aufbewahrenswerten Ergebnis. Vielmehr wurde das meiste vom Künstler noch im Atelier verworfen. Götz wehrte sich energisch gegen die Verknüpfung von Spontaneität und psychischem Zustand. Andernfalls gerieten die von ihm als misslungen bewerteten Arbeiten zum zensierten Ausdruck seiner psychischen Verfassung. Er konnte allerdings nicht verhindern, dass er von dem psychologisierenden Narrativ vereinnahmt wurde.[37] Nur vereinzelt finden sich Verfechter von Götz' Position: So schrieb der französische Dichter Jean Gorzio 1959 in der Zeitschrift *blätter und bilder*: „Der Maler schafft auf der Leinwand einen Ablauf von Bewegungen..., die trotz der Impulsivität mit der sie hergestellt werden, nie subjektive Gesten sind". Mit Blick auf die in Deutschland noch verbreitete Ablehnung gestischer Malerei heißt es, bei Götz handele es sich nicht um „die Handschrift eines delirierenden, von expressionistischem Geheul trunkenen Mündlings".[38] Der vehementen Negation setzte der Autor allerdings keine griffige positive Charakterisierung entgegen. Das entsprach der Schwierigkeit bei einem gestischen Bild, das *kein* Psychogramm sein sollte, zu benennen, was es zu sein beanspruchte.

## Spontaneität als Befreiung

Unabhängig von der tatsächlichen Werkprozess wurde nach 1945 all das, was nach gestischer Malerei aussah, als Ausdruck von Spontaneität verstanden: Während Hartung Spontaneität als gründlich vorbereitete gestische Figur dar-

35 Ebd.

36 Kris, Otto; Kurz, Otto: Die Legende vom Künstler. Ein geschichtlicher Versuch, Frankfurt/M. 1980, S. 127.

37 Schmalenbach, Werner in: Ausst.-Kat.: K.O. Götz. K.R.H. Sonderborg, Kestner-Gesellschaft, Hannover 1956, S. 5.

38 Gorzio, Jean: K.O. Götz oder die „cool-painting", in: K.O. Götz, hg. von Manfred de la Motte, Bonn 1978, S. 146.

stellte, gebärdete Mathieu sich als theatralischer Aktionist, und Götz vertraute auf Übung und Repetition.

Spontane Malerei konnte nach dem Ende von Krieg und Faschismus so dringlich werden, weil sie als Garant einer keinem äußeren Zweck und keiner Fremdbestimmung unterworfenen Äußerung des Künstlersubjekts verstanden wurde. Sie wurde als Ausdruck individueller wie als Postulat nach gesellschaftspolitischer Freiheit beansprucht. Diesbezüglich gingen die Meinungen jedoch auseinander. Während Robert Motherwell 1944 in den USA konstatierte, „die modernen Künstler verfügen allerdings nicht über eine gesellschaftliche, sondern über eine individuelle Erfahrung von Freiheit", hoffte Willi Baumeisters in seinem hierzulande einflussreichen Buch *Das Unbekannte in der Kunst* von 1947, dass „[d]urch den individuellen Freiheitsgedanken ... der allgemeine Freiheitsgedanke aufgerufen" werde.[39]

Die radikale Verantwortung des Künstlers für Freiheit als ethisches Prinzip betonte auch der Journalist und Kunsthistoriker René Guilly anlässlich der Pariser Ausstellung von Wols' Arbeiten im Mai 1947: „Die wesentliche Entdeckung der zeitgenössischen Malerei ist die Freiheit ... Nun hat aber diese Freiheit auch etwas Beängstigendes: Das eigene Ich, das ist wohl für jeden die gefährlichste und unzugänglichste Zone".[40] Die Formulierung korreliert dem verbreiteten existenzialistischen Freiheitsverständnis, dem Jean Paul Sartre in seiner wohl populärsten Schrift, *L'existensialisme est un humanisme* (1946) Ausdruck verlieh. Dort heißt es, jeder Einzelne sei unausweichlich "dazu verurteilt, frei zu sein", woraus seine ethische Verpflichtung resultiere.[41] Auch Albert Camus betonte in seinem Essay *Der Künstler und die Freiheit*, der 1950 in der deutschen Zeitschrift *Der Monat* erschien, die besondere Verantwortung des Künstlers: "Der Künstler ist seiner ureigenster Aufgabe nach ein Zeuge der Freiheit", für die er persönlich einzustehen habe.[42]

Die Freiheitsbehauptung wurde jedoch für die abstrakte Malerei – wie Jürgen Claus 1965 rückblickend schrieb – insgesamt in Anspruch genommen:

39 Baumeister, Willi: Das Unbekannte in der Kunst, Stuttgart 1947, S. 174.

40 Abgedruckt in: Ausst.-Kat.: Le grand geste! (wie Anm. 34), S. 245.

41 Sartre, Jean Paul: Der Existenzialismus ist ein Humanismus, in: ders.: Der Existenzialismus ist ein Humanismus und andere philosophische Essays, Reinbek bei Hamburg 2000, S. 145–192, hier S. 155.

42 Camus, Albert: Der Künstler und die Freiheit, in: Der Monat 1950, Nr. 17, S. 525.

> Eine Zeitlang erschien nach 1945 jede Ausstellung abstrakter Kunst a priori als eine Demonstration der Freiheit. In ihr hatte sich die Freiheit scheinbar verdinglicht, sie war eine Art weiße Weste und zwar um so mehr, als die diktierte Kunst östlicher Provenienz weiterhin thematisch gebunden blieb.[43]

In der BRD war die Freiheitsmetaphorik ein Politikum, das nicht allein als Gegenpol zur Kunst des NS, sondern auch zur Staatsdoktrin des Sozialistischen Realismus in der DDR figurierte.[44] So wertete der Schriftsteller und Kunsthistoriker Leopold Zahn Spontaneität innerhalb seines Systemvergleichs als Kern künstlerischer Freiheitsbekundung: „Massenkunst ist befohlene Kunst, ist Kunst ohne Spontaneität, ohne inneren Zusammenhang mit der Welt, in der wir leben", wobei er allerdings offenließ, wen er alles zu den „Diktatoren der modernen Massen" zählte.[45] Als oberstes Auswahlkriterium für die Kasseler *documenta*, nannte Haftmann dass die Werke „unbehindert von außerkünstlerischen Forderungen in Freiheit vollzogen" sein müssten, womit er den Ausschluss sämtlicher Künstler*innen aus dem Ostblock legitimierte.[46]

Als Apell für die Zeit nach dem Krieg publizierte die von 1942 bis 1949 im New Yorker Exil herausgegebene *Gazette des Beaux-Arts* im Juli 1945 den Artikel *Freedom and the Artist* des Soziologen und Philosophen Horace M. Kallen. Der an der neu gegründeten *School of Social Research* in New York lehrende, nicht unumstrittene Kallen sah Freiheit und Spontaneität in einer grundsätzlichen Verflechtung.[47] Spontane künstlerische Äußerungen erklärte er zum wichtigsten Generator einer

43 Claus, Jürgen: Kunst heute. Personen, Analysen, Dokumente, Reinbek bei Hamburg 1965, S. 12.

44 Damus, Martin: Kunst in der BRD 1945–1990, Reinbek bei Hamburg 1995, bes. S. 169–178.

45 Zahn, Leopold: Eine Geschichte der modernen Kunst. Malerei, Plastik, Architektur, Berlin 1958, S. 124.

46 Haftmann (wie Anm. 8), S. 15. Auch abstrakt arbeitende Künstler der DDR wie Hermann Glöckner oder Gerhard Altenbourg waren nicht vertreten.

47 Kallen, Horace Meyer: Freedom and the Artist, in: Gazette des Beaux-Arts XXVIII (1945), S. 5–26. Kallen war in den USA umstritten, weil er statt *Americanisation* ‚kulturellen Pluralismus' propagierte.

Ökonomie des kulturellen Überflusses, die ihm als Bedingung von Freiheit galt. Der spontane Künstler sei daher der „avatar of all the liberties of man".[48]

Harold Rosenberg äußerte sich skeptischer und betrachtete Spontaneität im amerikanischen Abstrakten Expressionismus als „a gesture of liberation, from Value – political, aesthetic, moral", aber nicht als Freiheit *für* etwas.[49] Kurz darauf findet sich diese Sicht auch bei Haftmann, der sich vom SS-Mann zum Freiheitsadvokaten wandelte.[50] Er vermisste „den schöpferischen Sinn der Freiheit in Richtung zu Etwas".[51]

## „Gedankenarbeit, die auf dem Rücken der Hand reitet"

Im Mittelpunkt der solchermaßen politisch wie ästhetisch „befreiten Kunst" stand die gestische Spur, in der sich, wie der eingangs zitierte Jürgen-Fischer schrieb, „Subjekt und Objekt" zu amalgamieren schienen. Arnold Gehlen, ein heftiger Kritiker des Jubels um künstlerische Spontaneität als „Entladung psychischer Vorgänge", wie Haftmann sie vertrat, bezweifelte, ob es eine derartige Spontaneität überhaupt geben könne. Vielmehr seien voraus gegangene Erfahrungen und Emotionen sowie die den „Materialien eigenen Ausdruckswerte und ihre Beziehungen untereinander" stets beteiligt: „Dabei geht viel halbbewusste, unterschwellige Gedankenarbeit ein, die sozusagen auf dem Rücken der Hand reitet".[52] In Gehlens dialektischer Verschränkung ist Spontaneität kein Gegenpol zum Intellekt, sondern immer schon mit Wissen imprägniert. Auf grundsätzlicher Ebene hat Maurice Merleau-Ponty in seiner *Phänomenologie der Wahrnehmung*, die 1945 in französischer Sprache erschien, das Verhältnis von somatischer und kognitiver Wahrnehmung theoretisiert. Während Sartres Existenzialismus um den freien Willen des Subjekts kreist, rückt Merleau-Ponty den Leib ins Zentrum sei-

48 Kallen (wie Anm. 47.), S. 26; Serge Guilbaut hat gezeigt, wie das künstlerische Freiheitsverständnis während des Kalten Kriegs in den USA politisch instrumentalisiert wurde.

49 Rosenberg (wie Anm. 20), S. 23.

50 Zu Haftmanns NS-Aktivitäten, s. Ausst.-Kat.: documenta. Politik und Kunst, Deutsches Historisches Museum, Berlin 2021, S. 245

51 Haftmann (wie Anm. 8), S. 14.

52 Gehlen, Arnold: Zeit-Bilder. Zur Soziologie und Ästhetik der modernen Malerei, Frankfurt, Bonn 1960, S. 129.

nes Freiheitsverständnisses. Die erstrebte Überwindung der Cartesianischen Dualität von Körper und Geist situiert er im Konzept von Erfahrung und der „Gewohnheit als motorischer Erwerb einer neuen Bedeutung".[53] Die Einverleibung generiere „ein Wissen, das in den Händen ist, das allein der leiblichen Betätigung zur Verfügung steht".[54] Die somatischen Fähigkeiten interagieren demnach zwar mit dem kognitiven Bereich, ohne sich jedoch von ihm steuern zu lassen. Merleau-Ponty führte damit eine lange Geschichte der Aufwertung der Hand zur *docta manus* fort.[55] In der Nachkriegszeit erklärt sich die hohe Attraktivität einer solchen Konzeption aus der Suche nach einem anderen Wissen durch das vorausgegangene Versagen einer „Politik der sogenannten Vernunft".[56] Das ‚Wissen der Hände' erschien – wie die häufig kompensatorisch in Anspruch genommene ostasiatische Kalligrafie[57] – von aller Gedankenarbeit befreit zu sein. So konnte die spontane, nicht-darstellende Malerei als gegen alle ideologischen Indoktrinierungen und Beeinflussungen gefeit gelten. Selbst wenn man der Argumentation folgt, bleibt zu fragen, mit welchem ‚Wissen der Hände' man es nach 1945 zu tun hatte? Konnte sich auch das Kriegs*hand*werk dort eingenistet haben? Und wie, bliebe zu fragen, ließe sich das einverleibte Wissen wieder loswerden?

53 Merleau-Ponty, Maurice: Phänomenologie der Wahrnehmung (1945), Berlin 1966, S. 172.

54 Ebd., S. 174.

55 Warnke, Martin: Der Kopf in der Hand, in: Ausst.-Kat.: Zauber der Medusa, Europäische Manierismen, Wien 1987, S. 55–61. 1934 war zudem in Paris Henri Focillons „L'Èloge de la main" erschienen.

56 Leonhardt, Jacques: Die abstrakte Kunst. Eine Debatte der 50er Jahre, in: Die Zähmung der Avantgarde, hg. von Gerda Bauer, Martin Damus, Basel 1997, S. 214.

57 Die deutsche Ausgabe von Henri Focillons „Lob der Hand" (französische Erstausgabe Paris 1934) wurde 1959 von Hann Trier mit kalligrafisch anmutenden Illustrationen ausgestattet.

# AUTORINNEN- UND AUTORENVERZEICHNIS

Anna Grosskopf ist seit 2015 Kuratorin und stv. Direktorin am Bröhan-Museum, Landesmuseum für Jugendstil, Art Deco und Funktionalismus in Berlin. Sie studierte Kunstgeschichte, Philosophie und Germanistik in Köln und Hamburg, wo sie 2013 promoviert wurde. Ihre Monografie „Die Arbeit des Künstlers in der Karikatur. Eine Diskursgeschichte künstlerischer Techniken in der Moderne" erschien 2016. Die Autorin forscht und publiziert heute überwiegend zu ihren Ausstellungsprojekten im Bereich der angewandten Kunst und des Designs vom 19. Jahrhundert bis in die Gegenwart.

Yannis Hadjinicolaou, PD Dr. (2023), Universität Hamburg, ist Akademischer Rat a. Z. am Institut für Kunstgeschichte der Universität Bonn. Davor war er als wissenschaftlicher Mitarbeiter in Berlin und Hamburg tätig und hatte Fellowships u. a. an der New York University Abu Dhabi. Seine Dissertation „Denkende Körper – Formende Hände. Handeling in Kunst und Kunsttheorie der Rembrandisten" erschien 2016 (Englisch 2019). Schwerpunkte der Forschung sind: Kunst und Kunsttheorie der Frühen Neuzeit, Politische Ikonologie der Falknerei, Geschichte und Theorie der Kunstgeschichte. Sein jüngstes Buch heißt „The Art of Medieval Falconry" (2024).

Wei Hu promovierte an der East China Normal University (2002) und arbeitet seit 2000 an der Tongji-Universität, wo er seit 2016 ordentlicher Professor ist. Sein Buch „From the Thought of Revelation to the Idea of Untrammeled Class: The Development of Painting Thought during Yuan Dynasty", wurde 2010 in Peking (Tuan Jie Press) veröffentlicht. Von 2015 bis 2021 war er Mitglied des

Beirats für das Humboldt-Forum im Berliner Schloss. Er war Rudolf-Arnheim-Gastprofessor an der Humboldt-Universität zu Berlin (Sommersemester 2016). Von 2020 bis 2025 war er Mitglied des wissenschaftlichen Beirats des Forschungsprojekts der Humboldt-Universität „Matters of Activity".

Karin Leonhard: Kunsthistorikerin. 2001 Dissertation „Zur Interieurmalerei Jan Vermeers"; 2004–2011 wissenschaftliche Assistentin an der KU Eichstätt-Ingolstadt; 2009–2011 Fellow am KHI in Florenz; 2011–2013 Senior Research Fellow am Max-Planck-Institut für Wissenschaftsgeschichte, Berlin, 2013–2015 Professur an der Universität Bonn; seit 2015 an der Universität Konstanz. Seit 2014 Ehrenkuratorin des Rijksmuseums Amsterdam. Forschungsschwerpunkte: Kunst- und Naturtheorien in der Frühen Neuzeit; Methodologie der Kunstgeschichte, u. a. Dialog zwischen Kunstgeschichte und Restaurierungswissenschaften.

Matthias Krüger ist seit seiner Habilitation (2018) Privatdozent an der LMU in München. Nach Studium und Promotion (2004) in Hamburg war er wissenschaftlicher Mitarbeiter in Hamburg, Bern, München und Bamberg. Seither hatte er Vertretungsprofessuren in Hamburg, München und Frankfurt sowie Gastprofessuren in Venedig und Graz inne. Sein wichtigster Forschungsschwerpunkt liegt auf den künstlerischen Materialien, Techniken und Utensilien. In dieses Gebiet fallen seine Dissertation „Das Relief der Farbe. Pastose Malerei in der französischen Kunstkritik 1850–1890" (2007), der von ihm mitherausgegebene Tagungsband „Werkzeuge und Instrumente" (2012) sowie zahlreiche Aufsätze.

Naoki Sato (geb. 1965), Professor für Ästhetik und Kunstgeschichte, Tokyo University of the Arts. Doktor der Literaturwissenschaft. Sein Spezialgebiet ist die deutsche und nordische Kunstgeschichte. Von 1993 bis 2010 arbeitete er als Kurator am National Museum of Western Art, Tokyo. Ausstellungen: „Vilhelm Hammershøi. The Poetry of Silence" (2008), „Albrecht Dürer. Religion/Portraits/Nature-Prints and Drawings" (2010) und „Helene Schjerfbeck. Reflections" (2015). Zu seinen jüngsten Publikationen zählen „How to look at Western Art, taught at Tokyo University of the Arts" (2021) und „Fancy Picture. The Origin and Development of ‚kawaii' Art in the British Art History" (2022).

Monika Wagner studierte zunächst Malerei, dann Kunstgeschichte in Hamburg und London. Sie war wissenschaftliche Assistentin an der Universität Tübingen und leitete das Funkkolleg Moderne Kunst. 1987–2009 lehrte sie Kunstgeschichte an der Universität Hamburg. Arbeitsschwerpunkte: Kunst des 18.–20. Jahrhunderts, Semantik künstlerischer und architektonischer Materialien (Das Material der Kunst, 2001; Marmor und Asphalt, 2018), Studien zu Farbe in Kunst und Kunstgeschichte (William Turner, 2011; Kunstgeschichte in Schwarz-Weiß. Reproduktion und Methode, Göttingen 2022).

Friedrich Weltzien, geb. 1967, seit 2013 Professor für Kreativität und Wahrnehmungspsychologie an der Hochschule Hannover im Bereich Design und Medien. Er studierte Kunstgeschichte, Philosophie und klassische Archäologie in Freiburg, Wien, Köln und Berlin. Promotion 2002 im Graduiertenkolleg „Körperinszenierungen" der FU Berlin zu Ernst Wilhelm Nay im Kontext der Körperdiskurse der 1940er Jahre; Habilitation 2011 zum Fleck als ästhetisches Phänomen in der Romantik. Schwerpunkte in Lehre und Forschung bedienen Diskurse und Theorien zeitgenössischer kreativer Praktiken. Dabei spielen Produktionsästhetiken und Theorien der Kreativität eine große Rolle.

Vera Wolff ist Kunst- und Wissenschaftshistorikerin und arbeitet zurzeit am documenta Institut. Zuvor war sie Oberassistentin an der ETH Zürich, Gastwissenschaftlerin am Kunsthistorischen Institut in Florenz – Max-Planck-Institut, Mitarbeiterin des Nationalen Forschungsschwerpunkts „Bildkritik eikones" an der Universität Basel und des Hamburger DFG-Projekts zur Erforschung der Materialikonographie. Arbeitsschwerpunkt: Wissensgeschichte der modernen und zeitgenössischen Kunst. Publikationen u. a. Die Rache des Materials. Eine andere Geschichte des Japonismus, 2015.

# PERSONENREGISTER

# BILDNACHWEIS

Für den Beitrag von Karin Leonhard

Abb. 1: Florenz, Galleria degli Uffizi; Abb. 2: Herzog Anton-Ulrich-Museum, Braunschweig; Abb. 3: Staatliches Museum Schwerin, Gemäldegalerie.

Für den Beitrag von Yannis Hadjinicolaou

Abb. 1: Wikimedia Commons; Abb. 2 und 3: Foto Y.H; Abb. 4, 5, 6: Public Domain; Abb. 7: Chapman 2010, S. 299; Abb. 8: Commons.

Für den Beitrag von Friedrich Weltzien

Abb. 1, 2, 3,4: Deutsches Literaturarchiv Marbach; Abb. 5: Justinus-Kerner-Verein 2005, S. 124; Abb. 6: Kerner 1998, o. S.

Für den Beitrag von Wei Hu

Abb. 1: Precious Traces of Clerical Script of All the Dynasties 2002, Book 1, S. 2; Abb. 2: The Complete Collection of Chinese Ritual Bronze 1996, Book 5, S. 75; Abb. 3: Chinese National Treasures of Painting 2002, S. 54; Abb. 4: Foto H.W.

Für den Beitrag von Naoki Sato

Abb. 1: Ausst.-Kat. Kyoto 2018, S. 16; Abb. 2: Ausst.-Kat. Kyoto 2018, S. 56; Abb. 3: Ausst.-Kat. Kyoto 2018, S. 61; Abb. 4: Sato 2019, S. 72; Abb. 5: Sato 2019, Buchdeckel; Abb. 6: Ausst.-Kat. Nara 2017, S. 42; Abb. 7: Public Domain; Abb. 8: Ausst.-Kat. Kyoto 2018, S. 98; Abb. 9: Tsuruta 2006, Tafel XII; Abb. 10: Tsuruta 2006, S. 41.

Für den Beitrag von Vera Wolff

Abb. 1: Schwarz-Weiß-Fotografie: Meiji Fujikura, aus: Ausst.-Kat. Shinohara Pops! The Avant-Garde Road Tokyo/New York. Ikegami, Hiroko; Tomii, Reiko (Hg.), Samuel Dorsky Museum State University of New York, New Paltz, Albany 2012, S. 49.; Abb. 2: Ausst.-Kat. Turner, Hugo, Moreau. Entdeckung der Abstraktion. Rosenberg, Raphael; Hollein, Max (Hg.), Schirn Kunsthalle Frankfurt, München 2007, S. 82, Kat. 37.; Abb. 3: Public Domain, https://en.wikipedia.org/wiki/Haboku_sansui#/media/File:Sesshu_-_Haboku-Sansui.jpg; Abb. 4, 5: Schwarz-

Weiß-Fotografien: François René Roland, Archiv der Autorin; Abb. 6: Schwarz-Weiß Fotografie: Otsuji Kiyoji, Otsuji Seiko Collection, Musashino Art University Museum & Library, Tokio, aus: Ausst.-Kat. Gutai: Splendid Playground, Munroe, Alexandra; Tiampo, Ming (Hg.), Solomon R. Guggenheim Museum, New York 2013, S. 170, Tf. 75.; Abb. 7: Klein 1964, Tf. 40–41; Abb. 8: U.S. National Archives and Records Administration, Public Domain, https://commons.wikimedia.org/w/index.php?curid=16053580; Abb. 9 Schwarz-Weiß-Fotografie: Kenji Ishiguro, aus: Ausst.-Kat. Out of Actions: Between performances and the Object, 1949–1979, The Geffen Contemporary at The Museum of Contemporary Art, Los Angeles, New York 1998, S. 149.; Abb. 10: Schwarz-Weiß-Fotografie: Peter Moore.

Für den Beitrag von Matthias Krüger

Abb. 1, 2, 3: Wikipedia; Abb. 4: Commons; Abb. 5: Michon 1875, S. 89; Abb. 6: Michon 1875, S. 90.

Für den Beitrag von Anna Grosskopf

Abb. 1, 4, 5: Commons; Abb. 2: Pinterest; Abb. 3: BNF; Abb. 6: The New Yorker Collection / The Cartoon Bank; Abb. 7: Archiv der Autorin; Abb. 8: Staatsbibliothek Berlin.

Für den Beitrag von Monika Wagner

Abb. 1, 2, 5,6, 7, 8: © VG Bild-Kunst, Bonn 2024; Abb. 3: Commons; Abb. 4: © Pollock-Krasner Foundation/VG Bild-Kunst, Bonn 2024.